深圳精神研究

刘剑 黄震 等◎著

SHENZHEN
SPIRITS

中国社会科学出版社

图书在版编目(CIP)数据

深圳精神研究 / 刘剑等著. —北京：中国社会科学出版社，2023.7
ISBN 978-7-5227-2128-6

Ⅰ.①深… Ⅱ.①刘… Ⅲ.①精神文明建设—研究—深圳 Ⅳ.①D648

中国国家版本馆 CIP 数据核字（2023）第 112799 号

出 版 人	赵剑英
责任编辑	喻 苗
责任校对	胡新芳
责任印制	王 超

出　　版	中国社会科学出版社
社　　址	北京鼓楼西大街甲 158 号
邮　　编	100720
网　　址	http://www.csspw.cn
发 行 部	010-84083685
门 市 部	010-84029450
经　　销	新华书店及其他书店
印　　刷	北京明恒达印务有限公司
装　　订	廊坊市广阳区广增装订厂
版　　次	2023 年 7 月第 1 版
印　　次	2023 年 7 月第 1 次印刷
开　　本	710×1000　1/16
印　　张	16
插　　页	2
字　　数	238 千字
定　　价	85.00 元

凡购买中国社会科学出版社图书，如有质量问题请与本社营销中心联系调换
电话：010-84083683
版权所有　侵权必究

目　　录

第一章　绪论 …………………………………………………… (1)
　　第一节　研究背景 ………………………………………… (2)
　　第二节　研究现状 ………………………………………… (5)
　　第三节　创新之处 ………………………………………… (9)
　　第四节　研究意义 ………………………………………… (12)

第二章　"深圳精神"的起源 …………………………………… (18)
　　第一节　"深圳精神"的内涵和特点 …………………… (18)
　　第二节　"深圳精神"与岭南文化 ……………………… (29)
　　第三节　"深圳精神"与"东纵精神" ………………… (39)

第三章　从"拓荒牛精神"到"深圳精神"
　　　　　——"深圳精神"的生长之路 ………………… (50)
　　第一节　深圳经济特区成立与"拓荒牛精神"的提出 ………… (50)
　　第二节　经济特区的快速发展与"特区精神"的诞生 ………… (77)
　　第三节　"特区精神"向"深圳精神"的升华 ……………… (87)

第四章　从"敢闯敢试"到"十大观念"
　　　　　——"深圳精神"的生动实践 ………………… (107)
　　第一节　敢闯敢试 ………………………………………… (107)
　　第二节　开放包容 ………………………………………… (117)
　　第三节　务实尚法 ………………………………………… (129)

1

第四节 奉献社会 …………………………………………（140）

第五章 叩响时代强音的"新时代深圳精神"
　　——"深圳精神"的时代升华 ………………………（149）
　第一节 "新时代深圳精神"提出的背景 ………………（149）
　第二节 "新时代深圳精神"的提炼 ……………………（159）
　第三节 "新时代深圳精神"的先锋引领 ………………（174）

第六章 新时代深圳精神的践行路径 ……………………（190）
　第一节 发扬新时代深圳精神，引领社会主义先行示范区
　　　　 建设 ………………………………………………（190）
　第二节 发扬新时代深圳精神，弘扬粤港澳大湾区人文
　　　　 精神 ………………………………………………（210）
　第三节 让深圳精神融入日常行为，教育青年做追梦者、
　　　　 奋斗者 ……………………………………………（222）

参考文献 ……………………………………………………（234）

后　记 ………………………………………………………（253）

第一章 绪论

深圳，是中国改革开放后诞生的一座现代化城市，也是一片承载着光荣革命历史的红色热土。近代史以来，深圳人民走在反帝反封建斗争的前列，先后爆发了九龙海战、三洲田起义等争取民族独立的战争，分别打响了中英鸦片战争的第一炮和孙中山领导推翻清朝封建统治斗争的第一枪。到了新民主主义革命时期，深圳人民在中国共产党领导下，为民族独立、人民解放和国家富强做出了重大的贡献。在抗日战争时期，在深圳这块土地上，不仅建立了"中国抗战中流砥柱"之一的东江纵队，还诞生了伟大的"东纵精神"。在改革开放时期，深圳成为我国第一个经济特区，在这片改革、开放、创新的土地上，深圳人民以"敢为天下先"的气魄，勇于开拓，敢闯敢试，不仅创造了"深圳速度"和"中国奇迹"，还先后诞生了"拓荒牛精神"[①]"特区精神""深圳精神"和"新时代深圳精神"，成为深圳经济特区（以下简称深圳特区）社会经济发展的不竭动力，是深圳人民为我国改革开放事业奉献的精神财富。

[①] 深圳市委门口的《孺子牛》雕塑最初名为《开荒牛——献给深圳特区》。由此，深圳特区精神最早的提法是"开荒牛精神"。当时有人质疑："我们将来开完荒到底还要不要做牛呢？"经过深圳市委领导班子讨论，最终把雕塑命名为《孺子牛》。普通市民则更多地称这座雕塑为"拓荒牛"。在20世纪八九十年代，"开荒牛"和"拓荒牛"的说法曾交替出现。我们认为，"拓荒牛"更能传达敢闯敢干、不畏艰险、勇往直前的深圳特区精神。为了行文方便，本研究统一称为"拓荒牛""拓荒牛精神"。

第一节　研究背景

2021年，中国共产党迎来建党百年庆典。一百年来，中国共产党带领各族人民披荆斩棘、前赴后继、艰苦奋斗、开拓进取。在新民主主义革命时期（1921—1949年），历经北伐战争、土地革命战争、抗日战争、解放战争等重大斗争，最终推翻了帝国主义、封建主义和官僚资本主义三座大山，建立了新中国，从而实现了中华民族解放和国家独立，彻底结束了长达一百多年半殖民地半封建社会的历史，开始进入了人民当家作主的新社会。接着，在社会主义革命和建设时期（1949年10月至1978年12月），经过抗美援朝、"三大改造"和"十年建设"，战胜了霸权主义的武装挑衅，建立了社会主义基本制度，开始了伟大的社会主义建设事业，实现了迈向社会主义社会的伟大飞跃。此后，在改革开放和社会主义现代化建设新时期（1978年12月至2012年11月），党和国家的工作重点转移到社会主义现代化建设上来，实行对内改革和对外开放的伟大战略决策，建立起有中国特色的、充满活力的社会主义市场经济体制，实现了从温饱不足到迈向全面小康社会的历史性跨越。特别是党的十八大以来，以习近平同志为核心的党中央，坚持和加强党的全面领导，确立了"五位一体"总体布局和"四个全面"战略布局，① 全力推动实现"两个一百年"奋斗目标，② 实现中华民族伟大复兴的中国梦，中国特色社会主义事业进入新的历史阶段。建党百年所取得的这一切历史伟绩，有力地说明了"中国共产党一经诞生，就把为中国人民谋幸福、为中华民族谋复兴确立为自己的初心使命。一百年来，中国共产党团结带领中国人民进行的一切奋斗、一切牺牲、一切创造，归结起来就是一个主题：实现中华民族伟大复兴"，雄辩地证明了，"这一百年来开

---

① "五位一体"即：经济建设、政治建设、文化建设、社会建设、生态文明建设。"四个全面"即：协调全面建成小康社会、全面深化改革、全面依法治国、全面从严治党。

② 第一个"一百年"，是指中国共产党成立100周年时全面建成小康社会；第二个"一百年"，是指中华人民共和国成立100周年时建成富强民主文明和谐美丽的社会主义现代化强国。

辟的伟大道路、创造的伟大事业、取得的伟大成就，必将载入中华民族发展史册、人类文明发展史册！"。①

一百年来，中国共产党人不断弘扬"坚持真理、坚守理想，践行初心、担当使命，不怕牺牲、英勇斗争，对党忠诚、不负人民的伟大建党精神"，② 在长期的革命斗争中，赴汤蹈火，前赴后继，用鲜血和生命构建起中国共产党人精神谱系。

在迎来建党百年前夕的2020年，恰逢深圳特区成立40周年。1980年8月26日，第五届全国人民代表大会常务委员会第十五次会议通过了由国务院提出的《广东省经济特区条例》，深圳与珠海、汕头、厦门等市正式成为我国首批经济特区。40多年来，在党中央、国务院的正确领导下，深圳人民以"摸石头过河"的胆识和"杀出一条血路"的勇气，以及"敢闯敢试、敢为人先、埋头苦干"的精神，在经济、科技、文化和制度建设等方面，开创了我国发展史上的一千多个"中国第一"，迅速成为中国重要的经济中心、金融中心、创新中心之一，跻身于全球范围内最具竞争力城市的前列，创造了世界城市工业化、现代化发展的"深圳速度"和"中国奇迹"。

在中国特色社会主义进入新时代，党中央、国务院再次赋予深圳特区新的历史使命和责任担当。2019年2月18日，中共中央、国务院印发了《粤港澳大湾区发展规划纲要》，提出了深圳特区新的战略定位，强调深圳要"发挥作为经济特区、全国性经济中心城市和国家创新型城市的引领作用，加快建成现代化国际化城市，努力成为具有世界影响力的创新创意之都"。接着，在同年8月9日，中共中央、国务院颁布了《关于支持深圳建设中国特色社会主义先行示范区的意见》，支持深圳高举新时代改革开放旗帜、建设中国特色社会主义先行示范区，创建社会主义现代化强国的城市范例，在更高起点、更高层次、更高目标上推进

---

① 习近平：《在庆祝中国共产党成立100周年大会上的讲话》，人民出版社2021年版，第3、7—8页。
② 习近平：《在庆祝中国共产党成立100周年大会上的讲话》，人民出版社2021年版，第8页。

改革开放，形成全面深化改革、全面扩大开放新格局，更好实施粤港澳大湾区战略，为实现中华民族伟大复兴的中国梦提供有力支撑。该意见的颁布，标志着深圳正式从先行先试"经济特区"步入率先建设"社会主义先行示范区"的新时代。

40多年来，深圳特区人民在改革开放的实践过程中，在为国家创造巨大物质财富的同时，也为全国人民奉献了宝贵的精神财富，即"深圳精神"。从历史来看，"深圳精神"的最早源头，可以追溯到抗日战争时期的东江纵队，它是中国共产党领导下，在华南地区建立的第一支抗日武装力量，与琼崖纵队、八路军、新四军并称为"中国抗战的中流砥柱"。广大东江纵队的官兵，在深圳这片土地上，英勇奋战，流血牺牲，不仅书写了东江纵队的光荣历史，还诞生了伟大的"东纵精神"，即"忠贞不渝、矢志不移的爱国情怀；百折不挠、一往无前的坚定信念；万众一心、和衷共济的团结意识；英勇无畏、赴汤蹈火的英雄气概；心怀天下、顾全大局的宽广胸襟"，其内涵与"红船精神""伟大建党精神"高度一致，一脉相传。深圳特区建立后，有一批曾经是东江纵队的官兵，担任了特区政府的领导干部，如大家熟知的袁庚、陈仁、刘波、林江等，他们既是"东纵精神"的传承者，又是"深圳精神"的实践者，在他们的带领下，深圳特区人民艰苦奋斗，努力拼搏，用他们的青春、热血和汗水，铸造了当代的"深圳精神"。从"深圳精神"的形成过程看，它先后经历了如下四个阶段。

一是深圳特区建立初期的"拓荒牛精神"。1982年冬到1983年春，党中央决定从全国各地调入两万多名基建工程兵，参加特区经济建设。他们在深圳劈山开路，移土填海，平整土地，建设高楼，被誉为"特区的拓荒牛"。因此，深圳特区成立初期就以"开拓进取""敢闯敢试"作为"拓荒牛精神"的内涵而提出来，成为"深圳精神"的最初表达。

二是20世纪80年代中期。1986年，深圳特区提出了"建立既不同于香港又不同于内地的社会主义计划指导下的、以市场调节为主的商品经济体制"的目标，意味着深圳特区开始从"杀出一条血路"进入"走出一条新路"的时期。根据这一形势需要，深圳特区在1987年召开了第一次思想政治工作会议。会上，在"拓荒牛精神"的基础上，提出了"开拓、创新、献身"的特区精神，以适应特区建设的需要和突出特区的地位、功能和特色。

三是20世纪90年代至21世纪初期。1990年，深圳迎来特区成立10周年，在总结深圳特区10年发展经验基础上，进一步提炼和概括了深圳"特区精神"的精髓，正式把"特区精神"完善为"深圳精神"，"开拓、创新、团结、奉献"成为这一时期"深圳精神"的主要内涵。2002年，经过慎重研究，深圳政府部门决定将深圳精神重新概括为"开拓创新、诚信守法、务实高效、团结奉献"，至此基本奠定了"深圳精神"的内涵。

四是进入中国特色社会主义新时代。2017年，党的十九大召开，标志着中国特色社会主义进入新时代。新时代的深圳特区也迎来了新机遇和新使命，赋予了"深圳精神"的新内涵和新价值。深圳特区以此为契机，于2020年3月对"深圳精神"再次进行了系统的提炼和总结，形成了"敢闯敢试、开放包容、务实尚法、追求卓越"的"新时代深圳精神"。

基于上述历史脉络和现实背景，2021年深圳推出了哲学社会科学规划课题《从"红船精神"到"深圳精神"研究》，既是对中国共产党人的精神谱系在深圳的传承和实践，也是对"深圳精神"在特区建立40多年来的归纳总结，两者之间有着密切的关系。

第二节　研究现状

中国共产党人的精神谱系是中国共产党领导广大人民群众在伟大的社会主义革命、建设和改革实践过程中形成的精神硕果。21世纪以来，对中国共产党人的精神谱系研究逐渐成为学术研究领域的前沿课题，特别是对"红船精神"研究不断深入，研究新成果不断推出，既有党和国家领导人的新观点，也有学术界的新理论。现有资料表明，最早提出"红船精神"概念和内涵的是时任浙江省委书记的习近平同志，于2005

年6月21日在《光明日报》上发表了《弘扬"红船精神"走在时代前列》的文章,在文中首次公开提出"红船精神"的概念,并概括和阐释了"红船精神"的内涵,即"开天辟地、敢为人先的首创精神,坚定理想、百折不挠的奋斗精神,立党为公、忠诚为民的奉献精神"。① 这一精辟的论述,不仅揭示了中国共产党人精神谱系的历史之源,而且也为开展"红船精神"研究指明了方向,奠定了学术研究的理论基础。此后,以"红船精神"为主题的研究成果层出不穷。2013年6月,教育部与中央党史和文献研究院联合首批8个"高等学校中国共产党革命精神与文化资源研究中心",自2015年4月以来,对中国共产党百年历史进程中形成的30多种革命精神进行全面研究,推出了包括《红船精神》在内的32本"中国共产党革命精神系列读本"。此外,代表性的还有张志松、黄化著《红船精神史学探源及其教育实践研究》(浙江大学出版社,2014年6月),通过对"红船精神"的历史考察和教育实践的系统描述,将历史细节置于近现代史民族复兴走过的漫漫长河中进行阐述,紧扣早期共产党人救国救民的文化自觉,站在当今复兴中华、全面建成小康社会的高度来揭示"共产党辛苦为民族,共产党一心救中国"的历史事实;赵金永、吕延勤主编《红船精神》(中共党史出版社,2017年1月),该书系统论述了红船精神形成的历史背景、理论来源、文化根基和阶级基础,结合中国共产党革命和建设的具体实践,在此基础上总结了红船精神的历史地位和时代价值;罗汉平著《红船精神》(四川人民出版社,2018年9月),该书围绕"红船精神"的产生、发展和内涵,结合习近平总书记的论述,讲述了"红船精神"诞生的历史背景,承载的民族复兴期盼,昭示的共产党人的初心和使命,以及时代背景所赋予的伟大意义;张政主编《红船初心——"红船精神"的理论与实践》(人民出版社,2019年7月),该书整理了习近平总书记部分重要讲话精神,吸收了理论界、党史界新的研究成果,从为什么要学习"红船精神"、什么是"红船精神"、"红船精神"的历史意义是什么、"红船精

---

① 习近平:《弘扬"红船精神"走在时代前列》,《光明日报》2005年6月21日。

神"的当代价值是什么四个方面阐述"红船精神"的深刻内涵，彰显"红船精神"的时代价值；左功叶、李小春、占冯著《红船精神研究史略》（中国社会科学出版社，2020年11月），该书以"红船精神"研究产生、发展的全过程为研究对象，以学术史的范式对"红船精神"研究的各个方面的历史和现状进行考察、梳理与分析，揭示"红船精神"研究产生、发展的条件、过程、特点和规律，总结其中的成败得失和经验教训；彭冰冰著《红船精神——深刻内涵、精神实质与新时代意义》（人民出版社，2021年1月），该书从中国共产党创建的历史现场，揭示"红船精神"产生的历史背景、理论来源和实践依据，深入分析"红船精神"概念提出的时代背景和理论意义，对"红船精神"的深刻内涵及其与走在时代前列的关系进行马克思主义理论的深度阐释，揭示"红船精神"的新时代意义和构建人类命运共同体理念阐释红船精神的世界意义。截至目前，有关"红船精神"研究的学术著作已有30多部问世，学术研究论文则有760多篇（截至2022年3月5日）。

"深圳精神"自1987年首次提出后，就有部分专家学者对其开展研究。最早一篇研究论文为于东发表的《井冈大道通深圳——论井冈山精神与深圳精神的继承》（《毛泽东思想研究》1993年第1期），该文把经济改革比喻为获得了第二次解放，就井冈山精神与当代深圳精神的一脉相承关系做了论述。此后相关论文陆续见于各种期刊，代表性的有王连喜《重铸深圳精神的基本原则与思路》（《特区理论与实践》2002年第4期），该文提出了重铸"深圳精神"必须体现先进性和创新性、体现现代深圳人的精神风貌和进取个性、体现深圳移民城市的开放品质和团结奉献的精神、体现社会主义市场经济所要求的法治精神等9条原则和思路；刘文韶的《深圳精神的由来与发展》（《特区理论与实践》2002年第6期），该文对"深圳精神"的由来和发展进行了归纳分析，提出了21世纪"深圳精神"的提炼与概括，必须符合新世纪新时代新文明的要求，符合深圳建设发展的需要，体现特区特征、社会主义特征、现代化和国际化的特征；刘志山的《移民文化与深圳精神》（《特区理论与实践》2002年第5期），该文对深圳特区移民文化的特点和特区移民精神的内涵进行分析，并提出了21世纪"深圳精神"应体现出"开拓创新、团结奉献、求真向善、励学思进、明礼诚信"的新内涵；杨华的《新时期深圳精神之思想探源》（《中共天津市委党校学报》2013年第4期），该文对新时期"深圳精神"的内涵、思想源泉进行了分析，认为传统的"深圳精神"在新时期的传承与弘扬，必须注重优秀传统文化的传承与创新、"敢为天下先"的深圳精神大放异彩以及新、老深圳精神之间的内在联系等观点；孙晓玲的《深圳精神与中国特色社会主义城市文化自觉》（《特区经济》2020年第9期），该文对"深圳精神"的构建历程和重要内涵进行了回顾和分析，认为"深圳精神"的本质上属于中国特色社会主义先进文化和体现了文化自觉和文化自信的时代价值；张一鸣的《深圳精神的生成逻辑与时代价值》（《特区经济》2021年第1期），该文分析"深圳精神"生成的历史进程和哲学逻辑，认为"深圳精神"是一种适应时代发展的动态文化演进，它兼具中国传统文化的烙印和现代文化的气息，既充分彰显中国特色社会主义文化的先进性，又对标国际先进文化，展示了深圳的城市风貌，为凝聚人心力量和对标国际一流城市提供价值导向，引领粤港澳大湾区多元文化融合发展和文化认同，成为为大湾区多元文化融合提供支点。截至目前，有关"深圳精神"研究的学术论文共有30多篇。

在"深圳精神"研究著作方面，目前有三本：一是陈金龙，蒋积伟主编的《特区精神》（中共党史出版社，2019年7月），该书以"深圳精神"为核心，论述了特区精神的形成，阐释了特区精神的主要内涵和基本特征，论述了特区精神的传承路径和独特的时代价值；二是由中共深圳市委宣传部，深圳市社会科学院编的《新时代深圳精神》（海天出版社，2020年12月），该书通过词条释义、长篇通讯、案例故事、专家访谈等形式，首次对"新时代深圳精神"从宏观到微观、从理论到实践进行系统全面的深化解读和理论阐释。这些研究成果有着较高的学术价值和社会价值，对"深圳精神"形成、发展和深化起到了推动作用，特别是对文化部门的决策也起到了促进作用；三是《拓荒牛的记忆》（人民出版社，2021年5月），该书记录了深圳特区建立之初的2万基建工程兵，在集体转业为国企建筑施工企业职工后，他们克服了难以想象的艰难困苦，为深圳的建设立下了汗马功劳，成为深圳的"拓荒牛"，铸造了"开拓、创新、团结、奉献"的"拓荒牛精神"，是一部研究"深圳精神"的宝贵资料。

第三节 创新之处

纵观前述有关"红船精神"和"深圳精神"的研究成果，可以说是丰富而多样的。首先，研究者从不同的学科和角度提出了诸多有思想高度和学术深度的理论观点，进一步充实了中国共产党人的精神谱系理论宝库，为开展"从'红船精神'到'深圳精神'研究"提供了理论指导和政治方向；其次，研究者充分发挥自身优势，深入挖掘各种文献资料和历史素材，为本课题的深入研究提供了宝贵的研究资源；再次，在研究方法上，研究者运用文献研究法、实证研究法、比较研究方法、个案研究法等，这些实用而有效的研究方法，为本课题开展研究提供了经验和方法的借鉴。

在看到取得成绩的同时，也存在一些不足之处，主要表现在四个方面：一是有关"深圳精神"研究的成果较少，因而不能在政治高度上突出"深圳是改革开放后党和人民一手缔造的崭新城市，是中国特色社会主义在一张白纸上的精彩演绎"，[①] 也不能在精神层面上彰显"深圳精神"是国家道路与深圳探路的使命、国家崛起与深圳担当的抱负、国家转型与深圳先行的责任、国家梦想与深圳模式的贡献等精神内涵；二是"深圳精神"的研究方式大多停留在叙事式的描写，而缺乏学科理论的分析，没有形成"深圳精神"研究的理论体系；三是"深圳精神"研究领域主要集中在深圳特区精神文明建设和文化建设领域，大多从现实角度出发进行归纳和总结，缺少从"深圳精神"的历史脉络和文化传承的

---

① 习近平：《在深圳经济特区建立40周年庆祝大会上的讲话（2020年10月14日）》，《人民日报》2020年10月15日第2版。

角度进行纵向研究；四是"深圳精神"研究基本集中在纵向的经度研究，而缺乏横向的纬度研究，由此而导致"深圳精神"与中国共产党人的精神谱系研究成果不多。鉴于这些存在的问题，在新时代背景下，加强"深圳精神"的深入研究就显得极为重要。

鉴于这些研究不足，本课题试图从以下三个方面实现突破和创新。

其一，视角创新。从研究成果看，在以往有关"深圳精神"研究成果中，与中国共产党精神谱系进行比较研究的仅有于东的《井冈大道通深圳——论井冈山精神与深圳精神的继承》一篇。为此，本课题是首次把"红船精神"到"深圳精神"结合起来进行研究，在大历史的视野下，厘清"深圳精神"的历史源头和当代发展的脉络，进一步揭示"深圳精神"与"红船精神""伟大建党精神""改革开放精神""特区精神"等中国共产党人的精神谱系具有同根同源和一脉相承的关系。

其二，理论创新。从研究领域看，以往对"深圳精神"研究集中在深圳特区精神文明建设和文化建设领域，从现实角度出发进行归纳和总结，但缺少从"深圳精神"的历史脉络和文化传承的角度进行纵向研究。"红船精神"作为中国共产党革命精神的源头，在中国共产党诞生后不久，就在深圳地区得到了传播和实践。1925年7月，深圳建立了最早的地方党组织；1928年2月，召开了广东省第一个县级党代会，即中国共产党宝安县第一次党员代表大会；1938年8月，建立了华南地区第一支抗日武装队伍——东江纵队，诞生了"东纵精神"，成为"深圳精神"的最早源头。改革开放后，深圳成为我国第一个经济特区，形成了"深圳精神"，与中国共产党人的精神谱系中的"改革开放精神"和"特区精神"高度一致。进入中国特色社会主义新时代，与时俱进的"深圳精神"升华为"新时代深圳精神"。从历史与现实来看，"东纵精神""深圳精神"和"新时代深圳精神"，尽管表述有所不同，但其核心内涵都体现出"首创、奋斗、奉献"的思想内涵，这些都是本课题在研究成果中提出的理论观点。

其三，资料创新。从研究资料看，以往研究资料主要运用各级政府文件、新闻报刊文章、典型人物事例等，较多地集中在改革开放时期

"深圳精神"的形成过程、内涵变化和时代价值等方面,而关于"深圳精神"形成的历史渊源、文化底蕴和社会群体等方面则研究较少,由此也造成了与这方面相关的研究资料相当少,因而不能从整个社会角度反映"深圳精神"的全貌,为此,本课题在前人取得的研究成果基础上,通过运用文献研究法、实证调查法来收集一些深圳历史文化资料,如地方志书、民间文献、口述资料等,这些资料都是"深圳精神"不可或缺的珍贵资料,特别是在深圳原住民的家谱中有不少记载了其先辈在新民主主义革命时期和改革开放时期的杰出人物和先进事迹。通过深入挖掘这些资料,不仅能进一步丰富"深圳精神"研究的资源宝库,也为本课题研究提供最根本的文献支撑。

　　通过上述三方面的创新研究,可以取得一些新的研究成果,一是从理论上阐释深圳等经济特区是中国共产党人把马克思主义基本原理同中国具体实际相结合的伟大创举,是社会主义制度和市场经济有机结合起来的生动实践,是中华优秀传统文化创造性转化和创新性发展的丰硕成果。经济特区建设的实践经验进一步丰富了科学社会主义的理论宝库;二是从实践上解决中国特色社会主义发展方向问题。40多年来,深圳特区在物质、精神、制度、文化等方面取得的成就,为中国改革开放事业起到了示范和引领作用。2020年,《粤港澳大湾区发展规划纲要》和《关于支持深圳建设中国特色社会主义先行示范区的意见》的颁布,标志着深圳特区从"先行先试"向"先行示范"转变,在更高起点、更高层次、更高目标上推进改革开放,形成全面深化改革、全面扩大开放新格局。习近平总书记指出,深圳是改革开放后党和人民一手缔造的崭新城市,是中国特色社会主义在一张白纸上的精彩演绎。[①] 深圳特区40多年的成功实践和社会成就,无论是理论上还是实践上,是对"中国共产党为什么能,中国特色社会主义为什么好,归根到底是因为马克思主义行"的最有力回答和最深刻诠释。

---

① 习近平:《在深圳经济特区建立40周年庆祝大会上的讲话(2020年10月14日)》,《人民日报》2020年10月15日第2版。

第四节　研究意义

伟大的革命实践产生伟大的革命精神。"红船精神"作为党的革命精神之源和先进性之源,"同井冈山精神、长征精神、延安精神、西柏坡精神等一道,伴随中国革命的光辉历程,共同构成我们党在前进道路上战胜各种困难和风险、不断夺取新胜利的强大精神力量和宝贵精神财富"。① "深圳精神"诞生于改革开放时期和社会主义现代化建设时期,是"改革开放精神"和"特区精神"在深圳特区的生动实践和丰富完善,它"与深圳40年来所创造的物质财富一起,成为深圳对全国人改革开放和现代化建设做出的重要贡献。凝练了特区人民的共同记忆,引领和激励了深圳人民意气风发走进新时代,推动了深圳改革开放各项事业蓬勃发展"。② 因此,开展《从"红船精神"到"深圳精神"研究》具有重要的现实意义。

第一,有助于进一步拓宽中国共产党人的精神谱系研究领域。新民主主义革命时期的深圳,于1925年7月中旬建立了深圳历史上的第一个党支部,即中国共产党宝安县支部。1926年3月,在县城南头的郑氏宗祠正式成立了中国共产党宝安县第一届委员会。1928年2月23日,在松岗燕川的素白陈公祠,正式召开了中国共产党宝安县第一次党员代表大会。据资料考证,这次会议还是广东省第一个县级党代会,也是全国最早召开的县级党代会。深圳红色革命的星星之火,从此开始发展成为燎原之势。抗日战争爆发后,在中国共产党领导下,于1938年10月建立了华南地区第一支抗日武装力量,成为"中国抗战的中流砥柱"之一和"华南人民抗战的一面光荣旗帜",在这里诞生了与"红船精神""伟大建党精神"一脉相传的"东纵精神"。改革开放以来,深圳特区人民创造了诸多举世瞩目的物质财富和精神财富,

---

① 习近平:《弘扬"红船精神"　走在时代前列》,《光明日报》2005年6月21日。
② 中共深圳市委宣传部 深圳市社会科学院编:《新时代深圳精神》,海天出版社2020年版,第2页。

进一步丰富和发展了"改革开放精神""特区精神"深刻的思想内涵。从历史和现实来看,"深圳精神"的渊源、形成和发展,离不开中国共产党的英明领导,始终贯穿于中国共产党领导的每一个历史时期,是中国共产党人的精神谱系在深圳的伟大实践和思想结晶,因此本课题研究,不仅可以弥补以往对"深圳精神"研究的不足,而且可以拓宽中国共产党人精神谱系的研究领域,从时间维、空间维、价值维和领域维等方面,从而进一步丰富和发展中国共产党人精神谱系的资源宝库和理论体系。

第二,有助于"深圳精神"的传承和弘扬。习近平总书记指出,"40年来,深圳坚持解放思想、与时俱进,率先进行市场取向的经济体制改革,首创1000多项改革举措,奏响了实干兴邦的时代强音,实现了由经济体制改革到全面深化改革的历史性跨越",[①] 不仅发挥了体制改革"试验田"和对外开放重要"窗口"的作用,成为全国改革开放的旗帜和标杆,还创造了举世瞩目的"深圳速度""深圳质量""深圳效益",如建设中国改革开放后第一个商品房小区、发行新中国第一张股票、第一个打破"大锅饭",在企业实行结构工资制、率先取消粮油食品凭票供应制度、敲响土地使用权公开拍卖"第一槌"……40多年来,凭借"杀出一条血路"的勇气,创造了1000多项全国第一的"深圳经验",成为全国改革开放的旗帜和标杆。为了更好发挥深圳特区在改革开放新征程中的引领示范作用,进一步推广"深圳经验"的现实价值,国家发展改革委于2021年7月21日发布了《关于推广借鉴深圳经济特区创新举措和经验做法的通知》(发改地区〔2021〕1072号),鼓励各地结合实际学习借鉴。[②] 在该通知所附《深圳经济特区创新举措和经验做法清单》中,共有五个方面47条,内容包括体制管理、城市治理、产业发

---

① 习近平:《在深圳经济特区建立40周年庆祝大会上的讲话(2020年10月14日)》,《人民日报》2020年10月15日第2版。

② 《国家发展改革委关于推广借鉴深圳经济特区创新举措和经验做法的通知》,2021年7月21日,中华人民共和国发展和改革委员会网站,2022年6月19日访问(https://www.ndrc.gov.cn/xxgk/zcfb/tz/202107/t20210729_1292065.html?code=&state=123)。

展、文化科技创新、精神文明建设和生态文明建设等方面，涉及科技、教育、产业、食品安全、环境治理等多个领域。这些经验是深圳特区40多年来改革开放实践的经验总结，是深圳社会经济文化发展的不断积累、锤炼出的文明成果，是深圳改革开放事业发展的不竭动力，凝结着深圳特区人民的智慧，在很大程度上体现了"深圳精神"的创新性和先进性内涵。因此，本课题研究有助于"深圳精神"的传承和弘扬，为深圳建设中国特色社会主义先行示范区的强大精神动能，激励深圳特区人民和全国人民一道积极投身新时代中国特色社会主义建设。

第三，有助于推动深圳市党史学习教育活动深入发展。在中国共产党迎来百年华诞之际，2021年2月，中共中央于印发了《关于在全党开展党史学习教育的通知》，决定在全党开展党史学习教育活动，深入学习贯彻习近平新时代中国特色社会主义思想，巩固深化"不忘初心、牢记使命"主题教育成果。20日上午，习近平总书记在党史学习教育动员大会上发表重要讲话，要求全党同志要"做到学史明理、学史增信、学史崇德、学史力行，教育引导全党同志学党史、悟思想、办实事、开新局"，"以昂扬姿态奋力开启全面建设社会主义现代化国家新征程，以优异成绩迎接建党一百周年"。在全社会范围广泛开展"学习党史、新中国史、改革开放史、社会主义发展史，广大党员要以学习党的历史为重点，做到知史爱党、知史爱国，在学习领悟中坚定理想信念，在奋发有为中践行初心使命"。[①] 在这次重大学习教育活动中，深圳的"四史"资源得到了深入挖掘，"深圳精神"得到了进一步的传承和弘扬，如中国共产党深圳地方党史、东江纵队和"东纵精神""新时代深圳精神"等发挥了重要作用，有效配合了深圳全市范围内的党史学习教育活动。

为了巩固党史学习教育成果和把学习活动引向深入，2021年12月28日，习近平总书记在党史学习教育专题民主生活会上强调，要"持之以恒推进党史总结、学习、教育、宣传，让正确党史观更深入、更广泛

---

① 习近平：《在党史学习教育动员大会上的讲话》，人民出版社2021年版，第11、27页。

地树立起来，让正史成为全党全社会的共识，教育广大党员、干部和全体人民特别是广大青年坚定历史自信、筑牢历史记忆，满怀信心地向前进"。① 根据党中央和广东省党史学习教育总结会议的部署和要求，全面总结深圳市党史学习教育的成果和经验，深圳市委于 2022 年 1 月 23 日召开党史学习教育总结会议。会上，广东省委副书记、省长、深圳市委书记王伟中同志指出，"要巩固拓展党史学习教育成果，建立党史学习教育常态化长效化机制，继续把党史总结、学习、教育、宣传引向深入，走好新的赶考之路，奋力肩负好习近平总书记、党中央赋予深圳的新时代历史使命"。深圳市委副书记、市长覃伟中同志则强调，"要不断巩固拓展党史学习教育成果，确保将党史学习教育成果转化为建设深圳先行示范区的强大动力"。② 在这一背景下，本课题作为"习近平新时代中国特色社会主义思想研究及党史学习教育研究课题"，有着丰富的"四史"素材，其研究成果有助于今后党史学习教育活动的深入发展。

第四，有助于构建深圳特色的学校思想政治教育体系。新时代的中国，面临着新的社会背景、新的发展要求，进一步加强思想政治教育工作尤其具有重要的时代意义。习近平总书记在党的十九大报告中指出："要全面贯彻党的教育方针，落实立德树人根本任务，发展素质教育，推进教育公平，培养德智体美全面发展的社会主义建设者和接班人。"③ 习近平总书记在 2019 年 3 月举行的学校思想政治理论课教师座谈会上强调，"办好思想政治理论课，最根本的是要全面贯彻党的教育方针，解决好培养什么人、怎样培养人、为谁培养人这个根本问题"。④ 为了进一步做好思想政治理论课改革创新，第四，习近平总书记在学校思想政治理论课教

---

① 《中央政治局召开党史学习教育专题民主生活会》，2021 年 12 月 28 日，人民论坛网，2022 年 6 月 19 日访问（https：//baijiahao.baidu.com/s？id = 1720405659452204477&wfr = spider&for = pc）。

② 林捷兴：《深圳市党史学习教育总结会议召开》，《深圳特区报》2022 年 1 月 24 日第 A1 版。

③ 习近平：《决胜全面建成小康社会 夺取新时代中国特色社会主义伟大胜利——在中国共产党第十九次全国代表大会上的报告》，人民出版社 2017 年版，第 45 页。

④ 习近平：《思政课是落实立德树人根本任务的关键课程》，人民出版社 2020 年版，第 9 页。

师座谈会上还提出了"八个相统一"的要求和准则。①2022年10月，习近平总书记在党的二十大报告中指出，"培养什么人、怎样培养人、为谁培养人是教育的根本问题。育人的根本在于立德"，再次强调"要全面贯彻党的教育方针，落实立德树人根本任务，发展素质教育，推进教育公平，培养德智体美全面发展的社会主义建设者和接班人"②，为新时代学校思想政治教育工作指明了方向与路径。

  为不断增强思政课的思想性、理论性和针对性，2019年以来，中共中央办公厅、国务院办公厅、教育部等先后印发了《关于深化新时代学校思想政治理论课改革创新的若干意见》（2019年8月）、《教育部等八部门关于加快构建高校思想政治工作体系的意见》（2020年4月）、《深化新时代教育评价改革总体方案》（2020年10月）、《关于新时代加强和改进思想政治工作的意见》（2021年7月）等一系列文件，对大中小学校思想政治教育工作提出了新的精神指引和更为深刻的要求。习近平总书记在2022年1月11日举行的省部级主要领导干部学习贯彻党的十九届六中全会精神专题研讨班上讲话强调，"要用好学校思政课这个渠道，推动党的历史更好进教材、进课堂、进头脑，发挥好党史立德树人的重要作用。要用好红色资源，加强革命传统教育、爱国主义教育、青少年思想道德教育，引导全社会更好知史爱党、知史爱国"③。深圳是改革开放后诞生的一座现代化城市，是中国共产党领导下的顶层设计和中国特色社会主义制度理论实践的伟大成果，在长期的历史发展和社会变迁过程中，积淀了深厚历史传统文化底蕴和光荣的革命历史，有着非常丰富的、具有地方特色的思政教育资源。"深圳精神"是这些资源的重

---

  ① "八个相统一"即政治性和学理性相统一、价值性和知识性相统一、建设性和批判性相统一、理论性和实践性相统一、统一性和多样性相统一、主导性和主体性相统一、灌输性和启发性相统一以及显性教育和隐性教育相统一。参见田丽、赵婀娜、黄超、吴月《大思政课，总书记心中的一件大事》《人民日报》2022年5月22日第1版。
  ② 习近平：《高举中国特色社会主义伟大旗帜　为全面建设社会主义现代化国家而团结奋斗——在中国共产党第二十次全国代表大会上的报告》，人民出版社2022年版，第34页。
  ③ 《习近平在省部级主要领导干部学习贯彻党的十九届六中全会精神专题研讨班开班式上发表重要讲话》，2022年1月10日，新华网，2022年6月19日访问（https：//baijiahao. baidu. com/s？id = 1721653270074466119&wfr = spider&for = pc）。

要组成部分,有着极高的历史价值、文化价值、精神价值和教育价值,能为构建深圳特色的学校思想政治教育体系提供丰富资源和重要素材。

综上所述,"深圳精神"源于新民主主义革命时期,形成于改革开放时期,升华于中国特色社会主义新时代。它与"红船精神""伟大建党精神"薪火相传,集中体现了社会主义核心价值观的思想内涵,"承载着深圳人民的政治认同、思想认同、文化认同和情感认同",① 成为深圳特区广大人民群众不断开拓进取、团结拼搏和创造奇迹的精神力量。新时代的深圳特区再次被赋予了新的历史使命和责任担当,担负起粤港澳大湾区建设和中国特色社会主义先行示范区建设的引领者和示范者,迈上了中国特色社会主义伟大实践的新征程。我们既要大力传承"红船精神""伟大建党精神""改革开放精神"和"特区精神",发扬"拓荒牛精神",弘扬"新时代深圳精神",时刻牢记习近平总书记的嘱托,在新的时代征程上,坚定不移按照党中央的伟大决策和英明部署,永葆"闯"的精神、"创"的劲头、"干"的作风,努力创建社会主义现代化强国的城市范例和创造更大的、让世界刮目相看的"深圳奇迹",为中国式现代化发展大局贡献"深圳力量"!

---

① 陈雷刚:《新时代深圳精神的重要特征与当代价值》,《深圳特区报》2020 年 11 月 3 日第 B2 版。

第二章 "深圳精神"的起源

起源问题是现代科学研究中公认的重大问题。卢梭在《论人类不平等的起源和基础》中回顾了人类从自然状态向社会状态过渡的历史进程,为政治学、社会学、法学和伦理学研究奠定了思想基础,被誉为"学术名著中的不朽经典"。达尔文在《物种起源》一书中提出了"物竞天择、适者生存"的演化理论,对自然科学和社会科学都产生了广泛而深远的影响。恩格斯在《家庭、私有制和国家的起源》一书,分析了人类社会早期的历史,揭示了原始社会制度解体和以私有制为基础的阶级社会形成的过程,被视为马克思主义国家理论的代表作。此外,像"宇宙的起源""人类的起源""文明的起源""科学的起源"等问题已经成为现代自然科学、社会科学和人文科学研究领域具有重大理论意义的基本问题。从这个意义上讲,探讨深圳精神的起源是研究深圳精神无法回避的重大课题。在探讨深圳精神的起源问题之前,我们需要搞清楚"深圳精神"的内涵与特点。

第一节 "深圳精神"的内涵和特点

一 "深圳精神"的内涵

从地缘环境来看,深圳位于珠江口东岸,隶属于中华人民共和国广东省,是中国第一个经济特区,与国际大都会香港一水之隔。作为改革开放的标志,深圳市是中国最重要的国际门户之一,也是中国经济最发达的城市之一,其人均 GDP 在全国大中城市中常年位居第一。深圳是中国南方重要的高新科技创新和生产要地,而且也是世界前列的集装箱海港。深圳市产业配套体系完善,形成了四个支柱产业,分别是高新技术产业、金融业、现代物流业、文化创意产业。深圳市还是国内首个将"绿色GDP"指标用于评估整体城市发展质量的城市。目前,深圳的经济发展呈现低投入、低能耗、高产出、高效益的局面。可曾想到,在如此显著的成就之下,40多年前深圳还只是一个经济落后的边陲小镇。现在,深圳已发展为成为两千多万人口的共同家园,城市精神也渐具形态。可见,深圳经济特区不仅是改革开放和现代化建设的领跑城市之一,它不仅创造经济发展奇迹,也形成了具有代表性的城市精神。

从定义来看,城市精神可以理解为城市的"价值"驱动力,为城市发展提供了动力、指明了方向。城市精神就像一个指标,衡量着一个城市或地区的形象、风貌、品质,是引领发展的重要灯塔。城市的可持续发展离不开城市精神,城市精神的缺失或贫瘠也会导致一系列问题,例如发展方向偏误、发展动力不足等。失去了城市精神,城市发展可能会失去活力。深圳精神开始于深圳特区成立之初,其中,较有代表性的有"敢闯敢试"的精神和早期的"拓荒牛"精神。1987年深圳特区思想政治工作会议总结深圳人民在建设特区奋斗中的所展现出的精神面貌,将特区早期"拓荒牛"精神高度概括为"开拓、创新、献身"的"特区精神",深刻诠释了当时深圳特区与特区人民勤于耕耘、不辞辛苦、敢于拼搏、积极奉献的精神面貌。深圳特区的发展随着时间的推移而持续深化,实现了突出的经济建设成就,吸引了大量外来人口迁入,引起了深圳特区建设城市环境的改变,面临的现实社会问题也有所不同。由此,深圳精神也需要结合现实社会需求进行调整。1990年,深圳市第一次党代会召开,大会对深圳精神进行提炼、修改和补充,形成了八个字的"深圳精神",即开拓、创新、团结、奉献。[①] 在"特区精神"的基础上新加入"团结"的内容,由此寄希望于全国各地前来共建深圳的劳动者能够齐心协力、心手相连,共同建设深圳家园。

---

① 刘文韶:《深圳精神的由来与发展》,《特区理论与实践》2002年第6期。

精神文明建设是深圳特区自成立以来的重点任务。精神来源于人的实践，是对人的实践的升华与提炼。由此，描述深圳建设者实践风貌的"特区精神"也随着实践现实的变化而变迁。同时，深圳精神也是推进深圳持续发展的需要。进入21世纪以来，面对中国加入WTO之后对城市国际化建设的现实需求，加之社会挑战与风险叠加等现实因素，深圳迫切需要建立起一个能够重复展现城市特色、准确刻画深圳人的价值观念与精神风貌、并且能够持续激励深圳建设者创新活力、激发工作动力的新深圳精神。为了获得这样的"深圳精神"，早在2002年，深圳市委宣传部、市文明办联合深圳主要媒体联合举行了关于"深圳精神如何与时俱进"的社会公共讨论，深圳精神被凝练概括为"开拓创新、诚信守法、务实高效、团结奉献"16个字，这是深圳人民在建设经济特区伟大实践中所展现的精神风貌的生动展现。2010年深圳经济特区建立30周年之际，评选出"深圳十大观念"。为了响应建设社会主义先行示范区的目标，2020年10月，深圳市委六届十五次全会上报告发布了"敢闯敢试、开放包容、务实尚法、追求卓越"的"新时代深圳精神"。

"敢闯敢试"的深圳精神，这显示了四十多年来深圳在改革开放实践创新过程中的重要象征，也是未来深圳发展的重要方向。改革开放以来，深圳一共创造了一千多项"全国第一"。从"三来一补"，到"中国硅谷"；从一个边陲农业县到国际化大城市、中国特色社会主义先行示范区，成长出来了华为、腾讯等国内外领先的企业，探索出一条开拓创新的发展之路。作为中国经济改革的先行之地，深圳在过去40多年当中以前所未有的气质和魄力，立于改革开放的潮头，遇险拆险，行难破难，一路前进，领航中国特色社会主义建设。在中国特色社会主义建设的新时代，面对新的历史挑战和时代使命，深圳在先行示范区建设的道路上继续进行着开创性的事业，并继续传承着上一代深圳"拓荒牛精神"和以舍我其谁、当仁不让的精神，扛起了新时代改革创新的探索责任，树立前瞻性的治理思维，带头探索全面建设社会主义现代化国家的新道路，形成了一系列具有先进性和典型性的新实践案例，在新时代里继续创造令世人瞩目的发展奇迹。

第二章 "深圳精神"的起源

"开放包容"的深圳精神，充分展示了"深圳与世界没有距离"的改革格局、"来了，就是深圳人"的发展视野和"鼓励创新、宽容失败"的创新品质。改革开放成就了深圳，其中"开放"已经成为深圳的灵魂之一，也是深圳再创辉煌的新动力。作为一个对外开放度极高的深圳，是中国口岸数量和出入境人数位于前列的地区。2021年，深圳全市货物进出口贸易额达创纪录的3.54万亿元人民币，实现了连续第29年居内地外贸城市首位的成绩。[①] 可以说，深圳开放的市场环境创造了包容的社会氛围。"包容"具体表现于作为移民城市的深圳对外来人口的包容与开放。自20世纪80年代起，深圳创新性地施行人事制度和政策改革，劳动力市场自由流动带来了数以百万、千万计的人口流量。一千个人来深圳就会有一千种理由，最核心的便是通过劳动创造财富改变人生。因此"来了，就是深圳人"是深圳对于外来人口最为真诚的邀请。改革创新是一种探索行为，没有前人的道路可供借鉴学习，深圳在长期改革实践中形成了"鼓励创新，宽容失败"的价值观念，极大地激发了深圳干部群众干事创业和创新创造的动力。

"务实尚法"的深圳精神，这是对深圳人埋头苦干、务实高效、崇尚法治、遵从规则的素描与刻画。1992年南方谈话结束后，"空谈误国，实干兴邦"的口号标志语在深圳蛇口到处可见，明显而又刻意地弘扬一种新的价值观和发展观：减少争论、多干实事，"堵饶舌者之利口，壮实干家之声色"，呼应"发展才是硬道理"的历史使命。改革开放40多年来，深圳人自始至终追求"空谈误国，实干兴邦"的精神，埋头苦干、求真务实，稳稳地围绕着经济建设不动摇，由此成功地创造了人类工业化、现代化、城市化历史上的一个奇迹。在全力尝试发展的道路上，深圳一直坚持改革的"破"与法治的"立"双重思路，不断持续地开展法治建设。深圳认识到制度、体制、机制对于社会治理的重要性，积极推进改革，打破落后体制机制，最大化地释放了城市生产力；法治作为

[①] 吴德群、肖尔卿：《深圳2021年外贸出口实现29连冠 进出口3.54万亿元创历史新高》，2022年1月20日，深圳新闻网，https://appatt.sznews.com/jzApp/files/szxw/News/202201/20/730234.html。

改革的重要内容，对于适应生产力发展的新体制机制有重要的保障作用。1987年深圳开启新中国土地拍卖第一槌，这具有划时代意义的第一桩土地拍卖生意创造了土地使用权有偿出让使用的范例，为房地产的大发展奠定了基础。2019年《中国营商环境与民营企业家评价调查报告》显示，"法治"成为深圳良好营商环境的一大突出优势。自获得"经济特区立法权"以来，深圳积极、充分地发挥立法探索者的角色，首次建立起社会主义市场经济所需要的法律体系架构，成为我国地方立法数量最多的城市。同时，以法治化建设为抓手，实现了经济建设、民主法治等方面的综合发展，这也践行了马克思主义哲学中的系统性思维。

"追求卓越"的深圳精神，展现了深圳作为中国改革开放与社会主义现代化建设排头兵的特性，也是先行示范区和全球标杆城市的战略目标部署。先行示范区和全球标杆城市要求深圳在各领域、各环节、各方面上取得最好的结果和最高的标准；实质上便是要追求最高品质，精益求精地进行改革创新工作。20世纪80年代中期，深圳速度以"三天一层楼"的标志性特征树立了时代标杆。在改革开放的发展进程中，深圳和其他地区一样也遭遇到土地空间狭隘、资源紧缺、发展成本高等各类困难，对于质量型经济增长模式具有极大的需求，由此对于"深圳质量"已然成为深圳持续发展的战略选择。进入新世纪以来，深圳通过加大政策支持力度创新发展文化创意产业，"深圳设计"已然成为新的城市名片和增长动力。深圳紧抓"高质量发展，高品质生活"时代议题，在城市核心竞争力层面上不遗余力，在战略优势建构上先行一步，取得了具有代表性的成绩。进入新时代，深圳再一次推陈出新，深圳实践是创新思维、系统思维、战略思维的集中展现，立足高质量发展高地，带头建设能够展现高质量发展要求的现代化经济体系。在法治建设领域，深圳带头建设公平正义的民主法治社会环境。在文明建设层面上，深圳带头建设现代城市文明。在民生建设层面上，深圳带头建设共建共治共享的社会治理与共同富裕的民生发展格局。在可持续发展上，深圳是积极践行人与自然和谐共生的美丽中国建设的标杆型城市。总之，深圳在对标全球城市发展典范的建设过程中，始终将最高标准作为参考系和奋斗目标，在深圳精神的指引下，深圳日渐跻身全球发展引领者行列。

自深圳经济特区成立以来，深圳这座城市见证了经济与社会多个层面的历史性飞跃。深圳精神的确立先后经历了三个阶段，每个阶段都经过了时间的洗礼和积淀。深圳的发展是从经济特区开始，之后发展先行示范区，见证了从先行先试到先行示范的过程。在此基础上，习近平新时代中国特色社会主义思想的时代背景赋予了深圳新使命，深圳经济特区基于新定位重新起航。深圳特区的发展被置于国家发展战略规划部署和粤港澳大湾区建设的重要一环，积极推进经济、民生、文明、法治、生态等方面可持续性综合发展，到2035年成为中国建设社会主义现代化国家的城市标杆，到21世纪中叶成为竞争力、创新力、影响力卓著的全球标杆城市，要求把构建能够体现社会主义文化繁荣兴盛的现代城市文明摆在优先发展位置，推动实现硬实力和软实力的协同进步，为中国特色社会主义先行示范区建设提供了强大的内生动力。

二 "深圳精神"的特点

"深圳精神"具有本土特色性、创新探索性和多元多样性三大特点，彰显了深圳的城市特色，夯实了深圳的建设根基，展现了深圳立足全球发展的统合型视野，体现了深圳致力于实现创新引领的使命担当，补足了深圳创新型发展强劲的精神原动力。"深圳精神"可以直接透视于深圳经济特区发展建设的创新型实践，生动刻画了深圳经济特区建设过程中所凝结成的精神文明成果。自特区成立至今已经过了40多年的岁月洗礼，始终秉持"敢闯敢试、敢为人先、埋头苦干"的特区精神，在城市现代化建设领域实现了前所未有的地方发展奇迹，其中形成了一系列重要探索经验，包括了治理理念、实现路径、制度结构、机制创新等方面。从现实意义和实践价值来看，深圳精神在中国特色社会主义事业建设和发展过程中发挥了先行示范和独具特色的引领功能。

一是"深圳精神"的本土特色性。深圳处于中国大陆最南边的岭南地区，岭南文化发源于此。岭南地区的文化积淀传承至今，深圳精神成为了其中一个重要结晶，蕴含着丰富的历史文化内涵，释放了显著的精神价值。深圳精神是对中华文化的继承与发展，是传承中华文化的结晶。岭南地区对内依傍发达的珠江水系衔接祖国内陆广大腹地，对外依托多条航线对接东南亚乃至南亚、中东等广大地区，占据着突出的地缘资源，对外开放也是其长期以来所进行的社会活动，在频繁的对外交往实践中，积累了丰富的通商经验，内化于今天的深圳实践。优秀的地缘环境和丰富的对外交往经验，使岭南文化在以传统汉文化为主体的同时兼容并包了许多南越本土文化，生成了聚内通外的多元文化融合体，也展现出明显的重视商业、对外开放、包容性强的文化特性，形成了开放包容、冒险开拓、实利重商等的优秀精神品格。总而言之，"深圳精神"是对核心的岭南文化的继承与发展，去粗取精，结合了近代岭南文化中关于特权的反抗、对平等精神的向往与追求等内容，从而为深圳经济特区精神文明建设的筑牢了优秀的岭南传统精神之基。深圳还汇集着来自全国各地的劳动人民，是全国第二个56个民族的劳动者全都囊括的城市。"来了，就是深圳人！"因其独具魅力的开放胸怀和热情包容的城市文化，五湖四海的劳动者都被这座魅力之城所吸引而来，共同建设这座城市，践行"敢为天下先"、争做改革开放排头兵的城市格言，营造出强积极性的正向激励和富有人性化的容错空间的城市软环境。在新时代的征程上，深圳将继续这份发展热情，在已取得的城市建设成果之上，继续创造新的成果，打造一个社会主义现代化强国的城市范例，将其地缘优势所创造的红利输送到祖国内地，带动全国范围内的发展。此时，深圳精神已不再局限于深圳这片土壤，而是在更广阔的场域释放着效能，成为了中国精神的重要的、富有生命力的组成部分。

二是"深圳精神"的创新探索性。深圳经济特区的建设与发展也是一个自主探索的创新探索过程。深圳经济特区在起步探索时期，既没有可供借鉴的实践范本，也缺乏可供参考的理论知识。换言之，深圳经济特区建设是第一次尝试性的试验。因此，"深圳精神"作为深圳经济特区建设发展过程中形成的创新性产物，可以被认为是马克思主义基本原理与我国改革开放伟大实践相结合的成果，是马克思主义中国化的伟大结晶，"深圳精神"的提出是推动马克思主义中国化历史进程向前发展的重要一环。在全国实行计划经济的背景下，深圳经济特区大胆先试、勇闯潮头，承担国家之重任，率先开展市场经济实验，以期寻找到一条适合中国国情的、能够带动全国经济社会发展的中国特色道路。"深圳精神"的本质是对马克思主义创新理论的切实执行，其执行过程包括治理观念层面的破旧立新、治理机制层面的创新尝试等，目标是推动生产力最大化提升与释放。深圳经济特区推动市场的充分竞争，不仅推动了社会生产力的大发展，还以契约精神和法治精神滋养人心，在经济建设基础上，奠定了法治社会建设的社会基础。城市精神激励并引导着这座城市中人们的行为选择，在深圳精神的影响下，深圳人大胆践行积极进取，勇于创新，勤于思考，敢于打破成规，在工作中追求卓越、力争卓越，从而形成了深圳特区与深圳人所特有的精神气质。除此之外，"深圳精神"的形成也标志着马克思主义中国化理论的进一步发展。在深圳经济特区的建设过程中，深圳广大干部群众坚持解放思想、实事求是的基本原则，践行"敢闯敢试"的实践观，用"深圳精神"引领深圳经济特区建设。深圳精神及其实践还提出并验证了社会主义和资本主义之间的关系，其得出的结论是：市场经济并非资本主义所特有的，社会主义国家同样能够吸纳市场经济体制，在坚持以公有制为主体的基础上释放市场经济活力，能够产生积极的发展红利。与此同时，深圳经济特区建设敢闯敢试的实践风格背后必然需要一套容错性较强的制度予以支持。正是有着国家政策的支持，深圳经济特区才能在面对风险时更有底气。因此，深圳精神具备着宽容开放的特点。

三是"深圳精神"的多元多样性。"深圳精神"的形成是中华民族文化演进的一个部分，它还延伸出了多种多样的文化形态，是中国传统文化和现代文化兼容并蓄的缩影，也是对国外先进文化甄别吸纳，从而使其服务于城市建设过程的窗口。从深圳精神的文化谱系来看，它兼容了粤、港、澳三地文化精华的产物，成为农耕文化和海洋文化的融合体，在文化融合体内部长期进行着历史、风俗、语言等多个方面的交流，被烙上了深刻的人文价值之印。葡萄牙人自16世纪开始在澳门居住。19世纪第一次鸦片战争后，珠江口东岸的香港和珠江口西岸的澳门相继被英国和葡萄牙侵占，粤、港、澳进入三地分治历史阶段。在"深圳精神"的感染、带动和凝聚下，深圳经济特区获得了迅速崛起的可能性，取得了令祖国骄傲、令世界瞩目的发展奇迹，深圳用一座城市的建设之路诠释了文化之魅力。在这样的城市魅力的吸引下，周边地区，如广东、香港、澳门都对"深圳精神"产生精神层面的赞美与认同，进一步推进了文化融合。由此，深圳精神成为打通粤、港、澳三地的文化壁垒的突破口，为大湾区多元文化融合创造了一个可以撬动的新支点。

三 深圳精神与特区精神的关系

特区精神产生于经济特区的建设过程之中，发源于经济特区探索中国特色社会主义道路的历史进程中，是对中国革命精神的丰富与拓展。特区精神是改革开放精神的重要组成部分，延续了中国共产党的精神血脉，是中国共产党精神谱系的重要内容。特区精神不仅包括深圳精神，还包括珠海精神、汕头精神、厦门精神和海南精神。

深圳经济特区于1987年最早提出"特区精神"的概念，并把其概括为"开拓、创新、献身"。此后"特区精神"的内涵经过三次修改和完善，直至2019年提出"新时代深圳精神"。"特区精神"内涵不断丰富的过程，也是"特区精神"与"深圳精神"呈现双螺旋式结构攀升的历史进程。

1990年，中共深圳市委常委会决定将"特区精神"的内涵加以扩充完善，增加了"团结"二字，把"献身"改为"奉献"，同时把"特区精神"更名为"深圳精神"，以增强深圳党员干部和广大市民的使命感和责任感。至此，"深圳精神"（或称有深圳特色的"特区精神"）完整地概括为"开拓、创新、团结、奉献"八个大字。在深圳市委的引导下，深圳各级党组织要求党员干部弘扬"深圳精神"，把开拓创新作为使命，把自觉奉献作为行为规范和精神追求，不断提升自己的精神境界。

2000年11月14日，在深圳经济特区建立20周年之际，深圳将"特区精神"总结为10大方面："敢闯、敢冒、敢试、敢为天下先的改革精神；奋发有为、只争朝夕的创业精神；自立、自强、自信的拼搏精神；团结友爱、扶贫济困的互助精神；诚实守信、廉洁奉公的奉献精神；爱岗敬业、健康文明的人文精神；公正严明、规范有序的法治精神；崇尚知识、完善自我的学习精神；公开透明的民主精神；面向世界的开放精神。"① 这"十大精神"丰富和发展了"开拓、创新、团结、奉献"的"深圳精神",是对经济特区精神文明建设的生动诠释。

进入21世纪,中共深圳市委与时俱进,组织全市党员干部和广大市民开展深圳精神大讨论,集思广益,凝铸共识。2002年8月,中共深圳三届六次全会对"深圳精神"("特区精神")进行新的概括,形成了新的表述:"开拓创新、诚信守法、务实高效、团结奉献"。在深圳精神大讨论的过程中,特区精神的内涵伴随着特区的发展建设而更加丰富,深圳广大党员普遍受到一次深刻的观念更新和精神提升的思想教育。

2010年5月,时任深圳市委书记王荣同志在做党代会报告时,将"特区精神"归纳为7个方面:"敢闯敢试、敢为天下先的改革精神;海纳百川、兼容并蓄的开放精神;追求卓越、崇尚成功、宽容失败的创新精神;'时间就是金钱、效率就是生命''空谈误国、实干兴邦'的创业精神;不畏艰险、敢于牺牲的拼搏精神;团结互助、扶贫济困的关爱精神;顾全大局、对国家和人民高度负责的精神。"② "七大精神"产生于深圳经济特区二次创业的具体实践过程中,是深圳精神文明建设的新成就,是在"十大精神"基础上的进一步升华和提炼,是推动经济特区在新的起点上"走出一条新路"的强大精神动力。

党的十八大以后,中国特色社会主义进入新时代。2018年4月13日,习近平总书记在庆祝海南建省办经济特区30周年大会上的讲话中,对"特区精神"的内涵进行了新的概括。他指出,经济特区要勇于扛起历史责任,"发扬敢闯敢试、敢为人先、埋头苦干的特区精神,始终站在改革开放最前沿"。③ 深圳各级党组织立即组织党员认真学习总书记对

---

① 杨春南、徐江善、郭嘉玮:《特区精神》,《新华每日电讯》2000年11月15日第2版。
② 黄超、叶明华:《"特区精神"再更新》,《南方日报》2010年5月24日。
③ 习近平:《论中国共产党历史》,中央文献出版社2021年版,第191页。

"特区精神"的新概括，使大家普遍认识到，"特区精神"是深圳、珠海、汕头、厦门、海南五大经济特区改革创新精神的整体概述。所有特区都要在新时代深化改革扩大开放的历史进程中，继续发扬已经形成的"特区精神"。深圳作为先行示范区，必须继续"先行先试，大胆探索，为全国提供更多可复制可推广的经验"。[①]

2019年8月9日颁布的《中共中央 国务院关于支持深圳建设中国特色社会主义先行示范区的意见》（以下简称《意见》），遵照习近平总书记对"特区精神"的新概括，要求深圳"进一步弘扬开放多元、兼容并蓄的城市文化和敢闯敢试、敢为人先、埋头苦干的特区精神"。深圳随即组织广大党员认真学习《意见》，进一步明确"特区精神"在深圳建设中国特色社会主义先行示范区过程中的作用和内涵，充分认识"特区精神"在新时代的新功能。

2020年10月9日，中共深圳市委六届十五次全会期间正式发布经过重新提炼概括的"新时代深圳精神"："敢闯敢试、开放包容、务实尚法、追求卓越"。这16个字的"新时代深圳精神"，以习近平总书记关于特区精神的新概括为指引，以《意见》提出的"开放多元、兼容并蓄的城市文化"为基础，进一步彰显了"特区精神"的深圳特色，反映出深圳作为先行示范区的精神风貌，既与中央有关精神保持高度一致，又体现出深圳鲜明的城市特色。这可以视为"特区精神"在深圳的又一次升华，是深圳党建工作在思想引领层面的又一次创新。

2020年10月14日，习近平总书记在深圳经济特区建立40周年庆祝大会上的讲话中进一步指出，"要弘扬以爱国主义为核心的民族精神和以改革创新为核心的时代精神，继续发扬敢闯敢试、敢为人先、埋头苦干的特区精神，激励干部群众勇当新时代的'拓荒牛'"。[②] 习近平总书记的这段话，把特区精神和民族精神、时代精神并列，作为一个精神系列而提出来，目的是要求广大干部群众在新时代大力弘扬和继续发扬这

---

① 习近平：《论中国共产党历史》，中央文献出版社2021年版，第191—192页。
② 习近平：《在深圳经济特区建立40周年庆祝大会上的讲话》，《人民日报》2020年10月15日第2版。

些精神。深圳党员干部通过学习总书记的讲话，深刻认识到，"特区精神"在新时代已升华为深圳特区建设先行示范区的精神动力和所有特区奋进新时代的精神资源。深圳必须充分利用好这份精神资源，创造出令世人刮目相看的新的奇迹。

第二节 "深圳精神"与岭南文化

自古以来，岭南地区在中外关系、商品贸易和文化交流中占据重要地位。一方面，岭南文化的发展不断受到海外文化的影响；另一方面，岭南人民具有下南洋的风俗，拥有大量旅居海外的华侨华人。华侨文化、移民文化是岭南文化的重要组成部分。深圳是广东的重点侨乡之一，祖籍深圳的海外侨胞、港澳同胞和归侨侨眷超过100万人，其中旅居海外的华侨华人近50万人，分布在58个国家和地区。①

一 岭南文化的内涵

岭南作为一个地域性概念，包括今天的广东省、海南省、广西壮族自治区的大部分地区和香港、澳门两个特别行政区，可简称为"三省两区"。岭南之称有古义和今义两种解释。古义一般指五岭以南的土地。在传统社会的理解中，岭南是不包括大海的，大海也没被视为国土。在现代社会，人们对疆域的理解突破了单纯的土地视野，学术界有人认为应该把南海纳入到"岭南"的理解中来，"领"可解释为五岭，"南"可解释为南海。这种理解有积极意义，但略显机械。我们认为，可以将"岭南"解释为"五岭以南至整个南海"，"岭海环抱""岭海一体"是"岭南地区"的主要特点。② 这样，"海洋文化"就成为"岭南文化"不可分割的组成部分了。

广东是一个行政概念，岭南是一个文化概念。尽管广东文化不等等

---

① 严晓明等编著：《深圳侨务史志》，海天出版社2012年版，第29页。
② 韩强：《岭南文化概说》，广东人民出版社2020年版，第9—10页。

同于岭南文化，岭南文化也不仅仅是广东文化，我们仍然可以把广东文化看作是岭南文化的典范性代表。前些年，广东政界和学界有人提出广州历史文化地位的"四地"说，即：广州是岭南文化中心地、海上丝绸之路发祥地、近代民主革命策源地、改革开放前沿地。这一论点得到了社会各界广泛的接受和由衷的认同。

不同学科对岭南文化的内涵有不同的界定。研究者大都从人的本质、实践和活动方式三个方面去界定岭南文化的涵义。陈乃刚、李权时和左金宝等人对岭南文化内涵的界定颇具代表性。陈乃刚认为，岭南文化是以中华优秀传统文化为主导，古南越族文化基因为潜质，外来文化为养料的多元文化结构，具有自成一格的文化特质。① 李权时、李明华、韩强认为，"岭南文化是岭南人民在长期的社会实践中创造的物质文化和精神文化的总合"。② 叶金宝、左鹏军、崔承君认为，岭南文化是岭南地区的人民在改造自然、社会和人自身的实践基础上产生和形成的生产方式、生活形态以及创造的物质财富和精神财富的总合。③ 岭南文化兼具原生文化、边缘文化、农耕文化、商贸文化、移民文化、贬谪文化、华侨文化等特质。岭南文化同秦晋文化、齐鲁文化、中原文化、巴蜀文化、吴越文化、荆楚文化等一样，都是华夏文化中独具特色的地域文化，是中华民族优秀传统文化的重要组成部分。

我们更认同韩强对岭南文化的定义。韩强运用文化哲学的研究方法，对"岭南文化是什么"这一问题进行了总体性和纲要性的概括，比较完整地回答了岭南文化相比于其他地域文化的独特性和唯一性。韩强提出"岭海环抱"的生态系统观，认为岭南文化是"岭南人本质力量的外化或对象化，是岭南人在岭海一体的疆域和独特自然生态中，通过具有特异性质的海洋文化实践和土地文化实践所创造的自然物质文化、社会生

---

① 陈乃刚：《论岭南文化的潜质与优势》，载深圳大学中国文化与传播系主编《文化与传播》（第三辑），海天出版社1995年版，第363页。
② 李权时、李明华、韩强主编：《岭南文化（修订本）》，广东人民出版社2010年版，第14、19—24页。
③ 叶金宝、左鹏军、崔承君：《关于岭南文化的整体性认识》，《学术研究》2023年第3期。

活文化、精神心理文化所有成果和价值相对平衡的总系统,是在中华汉文化体系中从边缘型文化走向主流文化之一的历史过程的总和。"① 与其他地域文化相比,岭南文化的独特价值主要来自海洋文化的贡献,它在历史上与以中原为代表的土地文化传统和周边游牧文化传统相互砥砺;而在沿海文化比较中,南海之广阔、优越的交通位置,最早开通太平洋——印度洋的南海航线这一中国海上丝绸之路的主线等优势,使其迥然不同于其他沿海区域,成就了岭南文化的独特魅力。

二 岭南文化的特点

岭南文化既不同于半封闭、凝固式的大陆文化,也异于流动性、展拓性的海洋文化;既不是以重农抑商为特征的农业社会文化,也不完全是以商品经济为主的工商文化。岭南文化是兼具农耕文化、山地文化、海洋文化、商贸文化、移民文化、华侨文化、贬谪文化等多种亚文化类型且以商贸文化为鲜明特色的复合型文化类型。②

我们认为,岭南文化不是封闭的,而是开放性的;不是一元的,而是多元性的;不是独尊的,而是兼容性极强的;不是保守的,而是具有强烈进取精神特质的;不是求稳的,而是极具冒险精神的;不是守旧的,而是富有敢为天下先的创新精神;不是静态守成的,而是动态求变的;不是强于务虚的,而是强于务实的;不是凝固的,而是善于变通的。这种定位使我们得出以下结论:岭南文化最重要的特质就是开放、兼容、创新。这使岭南文化与中国其他地域文化在历史文化哲学层面存在重大区别。③

第一,岭南文化是我国地域文化开放时间最早、开放程度最深、开放范围最广的地域文化。首先,岭南地区北枕五岭,南临大海。海洋给岭南带来巨大的开放优势。黑格尔曾指出:"大海给了我们茫茫无定、浩浩无际和渺渺无限的观念;人类在大海的无限里感到他自己底无限的时候,他

---

① 韩强:《岭南文化概说》,广东人民出版社2020年版,第44页。
② 叶金宝、左鹏军、崔承君:《关于岭南文化的整体性认识》,《学术研究》2023年第3期。
③ 李权时:《岭南文化历史哲学三题》,《探求》2021年第5期。

们就被激起了勇气，要去超越那有限的一切……鼓励人类追求利润，从事商业……挟着人类超越了那些思想和行动的有限的圈子。"① 岭南面向海洋的自然地理环境，形成了一种开放的文化心态。这种开放的环境，有利于形成海洋文化，促进文化开放和发展。其次，多元一体经济的开放格局。古代中国是一个农业大国，以农为本，盛行"重农抑商""重农全农"，产业结构单一，也比较封闭。而岭南也以农为本，却是"重农不抑商""重农非全农"，多种经营，多元发展，呈现出经济开放的态势。这种开放的产业结构，是进一步对外开放的前提和条件。再次，历史悠久的开放传统。岭南是中国最早对外开放的地区之一。自汉代开始，岭南一直是中国对外交流的通道，广州一直是中国对外贸易的中心，两千多年来长盛不衰。长期对外开放的悠久历史，沉淀为一种开放的文化底蕴。最后，远离中心的开放环境。古代中国的政治中心、文化中心在北方；岭南处于边缘化地位，受政治约束和儒家文化影响较轻，思想和行动的自由度较高。这样的政治思想环境，有利于文化开放和文化交流，推动文化发展。

第二，岭南文化的开放导致了岭南文化的兼容。岭南文化的产生和发展，就是岭南文化和其他文化的多种要素、多种成分、多种形态兼容的产物。岭南文化的兼容在岭南文化发展的时空中时时处处可见。在时间序列上，兼容一直伴随岭南文化的产生和发展，贯穿整个历史过程。秦征南粤，开启了华夏文化与岭南文化冲突与融合的新过程。海上交通，开启了岭南文化与佛教文化、伊斯兰教文化冲突与融合的新篇章。明清以来的中西文化交流开启了岭南文化与西方文化冲突与融合的新阶段。岭南文化兼容的特质有两件事情必须提及，一是中国历史上的四大移民高潮，对岭南文化发展的重大影响。② 社会的大移民，是文化的大流动、

---

① ［德］黑格尔：《历史哲学》，王造时译，上海书店出版社2006年版，第83—84页。
② 古代中国有过四次大规模的中原人移民岭南地区的高潮，分别为：秦汉时期的第一次中原移民高潮、两晋南北朝时期的第二次移民高潮、两宋时期的第三次移民高潮和明末的第四次移民高潮。参见李权时、李明华、韩强主编《岭南文化（修订本）》，广东人民出版社2010年版，第167页。

文化的大兼容、文化的大发展。岭南文化的繁荣与发展，同中国的几次大移民有着密切的关系。二是"西学东渐"。在古代，外国文化较早传入岭南。鸦片战争后，西方列强打开了中国大门，岭南成为外国资本侵华的通道和前沿，也成为中西文化碰撞、交融和发展的前沿。"西学东渐"首先在广东发生，广东成为向西方学习、寻找救国救民的近代思想策源地，有力地促进了中西文化交流，促进了岭南文化的发展，也促进了中国近现代文化的形成和发展。

第三，岭南文化兼容的结果导致岭南文化的创新。文化在兼容中，各种文化因素在碰撞、交融，势必产生新的文化因素，以至新的文化形态。岭南文化就是在不断的兼容中，实现文化的不断创新。其创新是多方面的，无论物质文化层面，还是制度文化层面、精神文化层面，岭南文化都有许多创新。在古代，多元一体的物质生产格局，一年三熟的水稻农耕技术，"水果王国"的种植工艺，桑基鱼塘的经营方式，干栏、围屋、骑楼的建筑风格，"食在广州"的饮食文化，"铁莫良于广铁"的美誉，"广绣""广钟""广雕"等"广货"名扬海内外。到了近代，岭南物质生产，创造了中国许多的第一，第一个照相机，第一架飞机，第一个医院，第一个报馆……这些都是岭南的创造、创新。至于精神文化的创新，有许多亮点，特别是惠能佛教哲学、陈白沙心学、孙中山革命哲学三大哲学的创立，是岭南文化创新的典范，为岭南文化历史哲学留下了浓浓的一笔，在中国思想文化史上发生着重大而深刻的影响。惠能创新佛教哲学（成为禅宗六祖），实现了佛教的中国化和平民化，在佛教发展史上有划时代的意义。陈白沙创立的岭南心学，改变了中国传统文化的发展路向，率先由传统文化向近现代文化转变。孙中山创立的革命哲学，为我国资产阶级民主革命奠定了理论基础，提供了思想武器，有力地促进了我国资产阶级民主革命的发展。

改革开放40多年来，广东创造了中国经济发展史空前的伟绩，震惊了世界。岭南传统文化在改革开放春风的沐浴下，继承传统，借鉴吸收，通过现代化转型和重塑，形成新的岭南文化，塑造了"敢为人先、务实进取、开放兼容、敬业奉献"的"广东人精神"[①]和"厚于德、诚于信、敏于行"的新时期"广东精神"[②],推动了广东乃至中国改革开放和社会主义现代化建设的进程。

三 岭南文化为"深圳精神"提供开放基因

深圳作为经济特区,是中国改革开放的前沿阵地,也是中国改革开放丰硕成果的集中体现。"开放"是深圳这座城市最重要的特质。"开放"与"封闭"相对,指"与外界相联系"。从内涵来看,"开放"在现代汉语辞典中具有动词和形容词两种词性。作为动词,"开放"主要有两层意思:一是(花)展开,比如百花开放;二是解除封锁、禁令、限制等,允许进入、通行或利用,比如公园免费开放。作为形容词,"开放"是指性格开朗,思想开通,不受约束,比如性格开放、思想开放。"改革开放"中的"开放"主要是指对外开放,就是积极参与经济全球化条件下的国际经济合作和竞争,扩大与世界各国的交流,吸收和借鉴人类社会所创造的一切文明成果。作为"深圳精神"的"开放",既包括了现代汉语词典对"开放"的内涵定义,也深受岭南文化、"广东人精神"、新时期"广东精神"的深刻影响。

岭南文化是深圳文化的根本所在,岭南文化构成了深圳文化的母体。[③] 岭南文化主要由广府文化、客家文化、潮汕文化、桂系文化和海南文化构成。深圳地处珠江三角洲地区,同时受到广府文化和客家文化的辐射和熏陶。深圳本地的原住民基本上由广府语系人和客家人组成,其中客家人占比达到60%,差不多是广府语系人数的2倍。从历史上看,客家人曾多次大规模迁入深圳。客家文化是深圳本土文化的重要组

[①] 朱小丹:《弘扬广东人精神 建设和谐广东——序"广东人精神丛书"》,刘小敏:《古今镜像:广东人精神之经纬》,广东人民出版社2005年版,序言,第3页。

[②] 汪洋:《坚持社会主义市场经济的改革方向 加快转型升级建设幸福广东》,《南方日报》2012年5月16日第A01版。

[③] 杨果:《深圳青年创新文化基因解码:孵化场域、精神传承与内在动力》,《广东青年研究》2021年第1期。

成部分。① 开放、兼容、创新的岭南文化为"特区精神""深圳精神"提供了开放基因，这也是改革开放初期邓小平在广东画了三个圈创建经济特区的文化历史依据。

"深圳精神"的开放基因源自广东人"海纳百川"的开放精神，表现为开阔视野、开阔胸襟，兼收并蓄、择善而从，开拓创新、对外辐射三个方面。②

首先，开阔视野、开阔胸襟是广东率先对外开放的前提条件。广东人普遍具有比较开阔的视野，比较开阔的胸襟。开阔视野，就是以开明、开通、开化的姿态放眼全国，放眼世界，把握世界潮流；开阔胸襟，就是宽宏大度，尊重他人的尊严和权利，以平和的心态对人对事。

鸦片战争以来，地处中国南大门的广东最早遭受列强凌辱，受害程度最深。同时，广东人也最早"睁开眼睛看世界"，向西方寻求救国救民的真理。毛泽东赞赏的向西方寻求真理的四位代表人物——洪秀全、康有为、严复、孙中山，有三位是广东人。近代广东是中国人开眼看世界的窗口，是中国新思潮的集散地，是中国民主革命的策源地。正是广东人海纳百川的开放精神，开启了中国近代化的进程。林则徐和魏源"睁眼看世界"，郑观应的代表作《盛世危言》，开启了清朝学习西方"长技"、实行变法自强之先河；容闳率先引进西方制造业，创办"江南制造局"，主持幼童留学计划，开留学之风；康有为和梁启超发起戊戌变法，最早把民主政治主张引入中国这片古老的大地；孙中山提出"民族、民权、民生"的"三民主义"，成为激励国人复兴中华民族的精神力量；中国最早接触和介绍马克思学说的也是向国外寻找真理的广东籍人士，为中共党组织的创建奠定了思想基础。

改革开放以来，广东人对外地人的态度特别能体现开阔的胸襟。"孔雀东南飞""东西南北中，发财到广东"等俗语是广东吸引力的明证。

---

① 黄震：《深圳"滨海客家"定位初探》，《深圳信息职业技术学院学报》2021年第6期。
② 秋丽云：《海纳百川：广东人的开放精神》，广东人民出版社2005年版，第2—3页。

20世纪八九十年代,中国很多地区存在严重的地方主义或排外倾向,但广东特别是珠江三角洲地区,外地人感觉到的是环境的宽松。20世纪90年代中期,广东吸纳的外地农民工达到650万人;21世纪初期,广东的外地农民工的总体规模超过1000万人;2021年,已经超过4200多万农民工在珠三角地区就业。① 2008年以来,深圳出台居住证制度,推行积分入户、积分入学、发放学位补贴等政策,流动人口进入社区党支部和居委会,改善流动人口的公共服务质量,推动流动人口的渐进市民化,践行"来了,就是深圳人"的城市观念。广东和深圳张开双臂拥抱来自五湖四海的劳动力大军,也用开放的姿态检验了自己作为中国改革开放前沿阵地兼收并蓄的强大包容力。

其次,兼收并蓄、择善而从是广东对外开放的主要内容。兼收并蓄,是指把内容不同、性质不同的东西都吸收进来,善于博采众长;择善而从,是指选择有意义的东西予以效法,善于在甄别优劣的基础上借鉴别人的经验。

在古代中国,发达的海外贸易,让岭南人广泛吸收了海外不同国家和地区的文化。其中印度文化、阿拉伯文化和天主教文化对岭南文化的影响尤为深远。东汉到南北朝时期,大量外国僧人进入岭南传教和翻译佛经。唐朝时,六祖惠能创立禅宗,推动佛教在中国的发展,广州成为佛教重要的传播中心,丰富了岭南地区的文化内涵。唐宋时期,伊斯兰教也通过阿拉伯商人传入岭南。广州的怀圣寺(今光塔寺)是伊斯兰教传入中国最早兴建的清真寺。明朝时,天主教耶稣会大规模传入岭南并对岭南文化产生重要影响。罗明坚、利玛窦曾经在肇庆(端州)居留达6年之久,借传播西方科技知识的途径开展传教活动,开启了中西文化交流的新篇章。岭南人以一种开放、包容的态度对待外来宗教,形成国内少有的"七教并存"的现象。② 佛教的兴盛和伊斯兰教、天主教的传入,是岭南文化与海外文化碰撞、融合的先声。由此,多种来源的岭南

---

① 《2021年农民工监测调查报告》,《中国信息报》2022年5月6日第2版。
② 韩强:《岭南文化概说》,广东人民出版社2020年版,第261、265页。

文化，明显不同于以儒家文化为主体的中原文化，显示出开放、多元、兼容、活力等特点。

19世纪以来，西方文化取代印度、阿拉伯文化，通过香港、澳门和众多华侨，直接进入了岭南人的生活，对岭南民俗起着潜移默化的影响。岭南人因此而"得西方风气之先"。直到20世纪初，广东一直是各种革命势力的中心。岭南人反传统的超前意识，直接来自西方文化的启迪。郑观应、容闳、康有为、梁启超、孙中山等引进并介绍西方社会的政治学说，让岭南地区成为近代中国资产阶级维新思想的启蒙之地和资产阶级民主革命的根据地。康有为、梁启超的戊戌变法，孙中山的辛亥革命，与内地传统的中国农民革命如义和团运动等有着明显的差别，就在于引入了西方文化中的民主机制。这是传统中国式的农民革命不可能达到的高度。

改革开放以来，深圳以海纳百川、开放包容、兼收并蓄的胸怀，热情拥抱每一个来到特区的人，对各种进步文化兼收并蓄，对各种进步观念和生活方式予以尊重和接纳。"英雄不问出处""鼓励创新，宽容失败""深圳，与世界没有距离""来了，就是深圳人！""同在一方热土，共创美好明天""玩命地干，拼命地玩""每个人都有做太阳的机会""我不同意你的观点，但我捍卫你说法的权利""我的生活与你无关""你不可改变我"等观念是深圳开放包容、兼收并蓄的城市文化的最好证明。[①]

最后，开拓创新、对外辐射是广东人对外开放的广泛影响。开拓创新，就是在兼收并蓄、择善而从的基础上对所吸纳的文明成果根据自身特点进行创造性转换，不断解放思想、实事求是、与时俱进，形成自己的品牌；对外辐射，就是指将自己开拓创新后形成的新品牌推向内地、推送国外、推向全球，树立自己的良好形象，实现自身质的飞跃和超越。

中国传统社会长期有"忍让"传统和"不为天下先"的士大夫行为规则，认为冒险行为是不足取的。凡遇事以忍让退避、明哲保身为上策，

---

① 王京生主编：《深圳十大观念》，深圳报业集团出版社2011年版，第360—361页。

墨守成规，怕出风头，怕做第一。俗话说"人怕出名猪怕壮""出头的橼子先烂""树大招风""枪打出头鸟"，唯有循规蹈矩、亦步亦趋、人云亦云，才是最稳妥的处世之道。但岭南人也许是个例外。岭南人大都是从北方迁徙过来的。古代移民在性格上就具有冒险的倾向。没有冒险精神和冒险行为，就不可能有远离故土辗转到一个尚属荒蛮之地的家族大迁徙。岭南人选择冒险的行为方式，也是一种生存需要。用老华侨的话来说："如果在家里一日有三餐的话，就不用出洋去受苦了。"①

岭南人注重实际又能坚韧不拔，对冒险行为普遍持肯定态度，这种开拓创新、大胆进取的观念成为"深圳精神"的文化基因。改革开放四十多年来，"开拓创新"是深圳精神最核心的精彩内容，深圳发挥"中央授权的改革先行试验区"②的作用，深圳人一直都是第一个敢吃螃蟹的勇敢改革者。腾讯和华为是深圳开拓创新、对外辐射的两张名片。

腾讯是深圳辐射全国、走向世界的一张名片。2010年3月，腾讯QQ最高同时在线用户数突破1亿，这是人类进入互联网时代以来，全世界首次单一应用同时在线人数突破1亿。微信已成为当今中国人的日常生活方式。目前微信的全球用户超过12亿，位居世界第三。腾讯用了20多年的时间，从一家只有三五个人的小公司跻身世界500强，并一度超过5000亿美元的市值，2023年成为全球第六大互联网公司。可以说，腾讯的发展历程本身就体现了开拓创新、敢闯敢冒的"深圳精神"。

华为是深圳辐射全国、影响世界的另一张名片。华为用30年的时间，成为全球领先的信息与通信（ICT）基础设施和智能终端提供商。华为秉持开放、合作、共赢的理念为全球30多亿人口提供服务，致力于构建万物互联的智能世界。华为是世界500强企业中唯一一家没有上市的民营企业，连续两次跻身世界50强，完全靠自己顽强的毅力和灵活的战术抵抗住了美国4年来的多轮制裁，展现出了强大的创新实力。可以说，华为的发展历程展现了开拓创新、追求卓越的"深圳精神"。

---

① 杨国标等著：《美国华侨史》，广东高等教育出版社1989年版，第12页。
② 陈家喜、黄卫平等著：《深圳经济特区的政治发展（1980—2010）》，商务印书馆2010年版，第7页。

除了传统的岭南文化以外,"特区精神""深圳精神"还从中国共产党的红色革命精神中汲取力量。

第三节 "深圳精神"与"东纵精神"

东江纵队是中国共产党领导下,在华南地区缔造的一支抗日武装力量,与党的性质、指导思想、宗旨和纲领有着高度一致性,同时受到地缘、人缘、文缘等因素的影响,又呈现出其鲜明的特色。从本质来看,"东纵精神"既是中国共产党人革命精神在深圳地区的实践,又是"深圳精神"的历史之源。

一 东江纵队的历史贡献

东江纵队建立后,在司令员曾生、政治委员尹林平、副司令员兼参谋长王作尧和政治部主任杨康华等人领导带领下,在华南敌后艰苦复杂的环境中,在对敌斗争中由小到大,由弱到强,逐步发展壮大成为一支蜚声国际的抗日劲旅。队伍由初创时的200多人发展到1.1万余人,民兵1.2万人,转战东江两岸、港九敌后,粤北山区和韩江地区39个县市,为中国人民抗日战争和世界反法西斯战争的胜利发挥了重要作用,做出了杰出贡献。

第一,抗击与牵制大量日伪军兵力,战绩显著。抗战初期,日军在华南地区的战略意图是占领广州、海南岛等地,妄图封锁整个华南地区,切断中国同国际社会的联系,达到其灭亡全中国的目的。日军在华南地区共有"约三个半师团、两个独立旅团,合计四个半师团八万多人"。此外,还有5个师的伪军。其中五十七师团就分布在广九铁路沿线,遭到了东江纵队的顽强抵抗;在广州、从化至粤北地区的日伪军,大部分也被东江纵队所抗击。东江纵队和琼崖纵队、珠江纵队等各纵队,相互配合,沉重打击了日伪军。这样就拖住了日军在华南的主力部队既不能"南进",也不能"北上",为全国及时调整和部属抗战战略,最后彻底打败日本侵略者发挥了重要作用。

据不完全统计，到抗战结束时，东江纵队与日伪军作战达1400余次，毙伤日、伪军6000余人，俘虏与投诚3500多人，还与国民党顽军作战600多次，粉碎了他们借日伪军之力、加紧消灭我军的图谋。东江纵队共缴获各种枪械6500余件，火炮25门，击沉击伤敌船80余艘，俘获敌船40余艘，炸毁敌飞机4架。在我军节节胜利的影响下，东江纵队先后争取18起伪军起义投诚。东江纵队大量歼灭敌人有生力量，牵制了敌人大量兵力，破坏敌人的交通运输和通信联系，积极配合全国抗日战场和盟军的反攻作战，成为"广东人民解放的旗帜"和"华南敌后战场的中流砥柱"。[①]

第二，建立了6个抗日根据地和3个抗日游击地，收复了大量沦陷国土。随着东江纵队的不断发展和壮大，部队相继建立了路西、路东、增龙博、惠东、海陆丰、北江东岸6个抗日根据地和港九新界、北江西岸、东岸上游3个抗日游击基地，总面积超过3万多平方千米，人口达450万人。其中，博罗县罗浮山成为华南敌后抗日游击战争的指挥中心。东江抗日根据地由几块彼此分割、跨地区的根据地组成，且处于日、伪、顽军的分割包围之中，因此，这里没有统一的民主政府，只是建立了几个互不隶属的县级政权。到抗战胜利前，东江抗日根据地建立了适应根据地彼此分割和跨地区特点的多种建制形式的抗日民主政权，包括东宝行政督导处[②]、路东行政委员会、惠东行政督导处、博罗县人民政府、海丰县人民政府以及北江东岸抗日动员委员会等六个县级民主政权和一批区、乡、村抗日民主政权。部队在根据地内废除国民党政府的苛捐杂税；实行减租减息运动，发展生产，救灾度荒；组织动员农会、工会、共青团、妇救会等各种群众性抗日救国团体。这些根据地的建立和巩固，

---

① 曾生：《坚持华南战场抗战的一面旗帜》，载《东江纵队志》，解放军出版社2003年版，第16—17页；肖毅：《试论华南抗日武装——东江纵队的历史功绩》，《红广角》2011年第10期；广州地区老游击战士联谊会东江纵队分会：《东江纵队在八年抗战中的主要贡献》，《源流》2015年第9期。

② 东宝行政督导处旧址有两处，分别位于深圳市宝安区燕罗街道燕川社区二区20号陈氏宗祠与燕川社区北巷6号泽培陈公祠。2006年3月，被深圳市人民政府公布为市爱国主义教育基地。2021年4月，被深圳市委公布为第三批党史教育基地。

不仅开辟了敌后战场，扩大了部队的回旋范围，还成为东江纵队坚持抗战的坚强后盾。

第三，营救被困在香港的文化名人和爱国民主人士。抗战爆发后，许多著名民主人士和文化人士在国统区，和中共一起坚持抗战，反对国民党消极抗日、积极反共的方针，遭到顽固派迫害。他们在中共中央、南方局的安排下撤退到香港，继续从事抗日救国活动。1941年12月，日军占领香港，香港总督向日军投降。不久，日军开始大肆搜捕进步的文化界人士和爱国民主人士。1942年元旦，广东人民抗日游击队遵照中共中央指示，在日军的严密封锁下，展开了秘密营救被困留在香港的民主人士、文化界人士的斗争。

1942年1月，秘密大营救开始。曾生在宝安县白石龙村天主堂（现位于深圳市龙华区民治街道）负责接待工作①，梁鸿钧负责部队的军事指挥，王作尧负责从港九至游击区交通线的警戒和护送工作。东江纵队在香港地下党组织的配合下，经过6个多月的紧张斗争，将茅盾、邹韬奋、胡绳等一大批文化人士，从香港安全撤到羊台山（现位于深圳市龙华区），并安全护送到解放区。少数爱国民主人士则乘船到沙鱼涌（现位于深圳市龙岗区）登岸，何香凝、柳亚子等被直接护送到汕尾港，还有10多名文化界人士被护送到澳门，再转到大后方。这场秘密大营救使800多名文化界人士、爱国民主人士及其家属安全脱险，无一人遭到不幸。东江纵队创造了"未响一枪，没有伤亡一个人"的奇迹，大大提高了中国共产党的威望，促进了抗日民族统一战线的巩固，赢得了国内外各界人士的赞誉。②

第四，参与国际反法西斯统一战线，营救国际友人，与盟军合作抗

---

① 1941年4月，日军对白石龙村进行扫荡，烧毁了神父房和修女房，只剩下天主堂保存至今，现位于深圳市龙华区民治街道民丰路白石龙老村1栋。2005年，深圳市宝安区维修天主堂，新建中国文化名人大营救纪念馆展厅，在此基础上建成中国文化名人大营救纪念馆。2012年11月，中国文化名人大营救纪念馆被深圳市委公布为第一批党史教育基地。2020年9月，入选第三批国家级抗战纪念设施、遗址名录。

② 中共深圳市委办公厅、中共深圳市委党史研究室编：《初心使命：深圳红色故事》，深圳报业集团出版社2020年版，第391—402页。

日。东江纵队在广东战场开展抗日游击战争，歼灭了大批日军有生力量，实质上就是参加反对德意日为轴心的战争，为世界反法西斯战争做出贡献。根据中共中央的指示，东江纵队在太平洋战争爆发前就开始与盟军合作。太平洋战争爆发后，中共中央提出建立太平洋各民族的广泛的反法西斯统一战线，还提出"应争取英美政府及其军事机构同我们合作"。香港沦陷后，1942年3月港九大队侦察到一批英军战俘被囚禁在启德机场，即刻派短枪队前去营救。港英警察司汤姆逊和英军战地医院赖特上校等一批英国军官被顺利救出。此后，东江纵队与英军服务团合作，共营救原港府官员和国际友人100余人。

1944年，东江纵队先后营救了美军第14航空队的8名遇险飞行人员。此举受到美英盟军的高度重视。美军陈纳德将军写了感谢信，并派欧戴义博士和联络官到东江纵队司令部，要求与我军合作。经中共中央批准，东江纵队与盟军建立联络站和电台，负责收集日军情报和气象资料。东江纵队还专门成立一个联络处，由袁庚担任处长，负责与盟军联系。东江纵队提供的情报，提高了美军袭击日军军事设施的命中率。尤其是关于日军精锐部队波雷129师团南下的情报，让美军大喜过望。美方来电说："你们关于波雷部队129师团的情报是我们所得的唯一的报告。"在华美军总部盛赞东江纵队联络处"是美军在华南中国最重要的情报站"。1944年7月，美国《美亚杂志》称颂东江纵队"是纪律良好、经验丰富，获得当地居民和国外爱国团体支持的一支很强的军队"。[①]

第五，组织反战同盟，分化瓦解敌人。东江纵队专门成立了敌工科，贯彻执行同八路军、新四军一样的俘虏政策，加强对日伪军的政治瓦解和对日军俘虏的思想教育和管理，在生活上给予优待，从思想宣传上瓦解敌军。日军俘虏在东江纵队的宣传和教育下，志愿要求成立反战组织。1945年6月，"日本人民反战同盟华南支部""台湾人民解放同盟"和

---

① 杨康华：《在毛泽东思想指引下奋战八年》，载《东江纵队志》，解放军出版社2003年版，第47—48页。

"朝鲜人民独立同盟华南支部"先后成立。反战同盟成立后,其成员积极进行反战宣传,主动编制日语反战传单,号召日军反战,起到了良好的宣传鼓动效果。日本投降后,他们继续与东江纵队并肩战斗,了解日军战俘的情况,向战俘解释我军政策、进行说服工作,并协助做好战俘遣返工作。当反战同盟成员回国时,都很感谢东江纵队对他们的帮助,表示同中国人民世代友好相处。①

对于东江纵队的历史贡献,中共中央和中央军委给予了充分肯定和高度评价,指出"你们全体指战员在华南沦陷区组织和发展了敌后抗战的人民军队和民主政权,至今天已成为广东人民解放的旗帜,使我党在华南政治影响和作用日益提高,并成为敌后三大战场之一"。② 1945年4月,朱德在中共七大会议上所做的《论解放区战场》报告中,将东江纵队与琼崖纵队、八路军、新四军并称为"中国抗战的中流砥柱"。新中国成立后,杨尚昆主席称赞"东江纵队是华南人民抗战的一面光荣旗帜"。习仲勋副总理则用"光辉的历程,严峻的考验,重大的贡献",对东江纵队予以了崇高的评价。1983年,东江纵队成立40周年时,开国上将王震将军题词:"南域先锋,海外蜚声,艰苦风范,永继永存。"2003年,东江纵队成立60周年时,中央军委副主席、国务委员兼国防部长迟浩田上将题词:"东江纵队的光辉业绩永远是我们学习的楷模。"

二 "东纵精神"的内涵

从抗日战争到解放战争,东江纵队的广大官兵,为了祖国领土完整、民族独立、人民解放,在深圳这片土地上,英勇奋战,流血牺牲,不仅书写了东江纵队的光荣历史,还诞生了伟大的"东纵精神"。那么,"东纵精神"的主要内容是什么?主要有以下五种不同的观点。

---

① 张正:《东江纵队在反法西斯战争中的地位和作用》,《华南师范大学学报》(社会科学版)1985年第3期。
② 《中共中央、中央军委对华南根据地工作指示》(1944年7月15日),载《东江纵队志》,解放军出版社2003年版,第510页。

第一种观点是广东省党史研究室在关于东江纵队的特点及精神的座谈会中提出来的。2004年6月,广东省党史研究室在广州从化召开关于东江纵队的特点及精神的座谈会。会议认为,东江纵队之所以能在强敌面前拖不垮、打不烂,靠的是一种精神力量。东纵精神突出体现在"爱国主义的民族精神,翻身解放的共产主义精神,艰苦卓绝、奋不顾身的革命英雄主义精神,反法西斯同盟的国际主义精神"。① 与会者认为,东江纵队是广东人民在抗日战争中的一面旗帜,是广东人民的骄傲。探讨东江纵队斗争的特点,弘扬东纵革命精神,对建设广东文化大省、加强青少年思想道德建设具有深远的现实意义。东纵精神不仅是广东人民乃至全国人民宝贵的精神财富,还是加强青少年理想信念和思想品德教育的重要抓手。

第二种观点是原东江纵队武装部长、武工总队总队长、广东省政协原副主席、广东省委统战部原部长郑群提出来的。郑群曾撰文指出,东江纵队的战斗历程贯穿一条主线,就是"高度的爱国主义和艰苦奋斗、不怕牺牲、一往无前的革命精神"②。郑群在抗战时期先后任东江后方特委武装干事、武工队政委、特委委员、武装部长、武工总队总队长;在解放战争时期担任中国人民解放军粤赣湘边纵队东江第二支队副司令员、司令员、第四支队政治委员。郑群对"东纵精神"的概况和总结突出的是"革命精神",在《广东党史》《同舟共进》等期刊多次出现。2013年12月,郑群在《纪念东江纵队成立七十周年》的讲话中,把东纵精神进一步拓展为"高度的爱国主义精神和艰苦奋斗、不怕流血牺牲、义无反顾、舍家为国、一往无前的革命精神"。③ 这一观点代表了东江纵队老一辈革命家的观点,在广东主流媒体有一定的影响力。

第三种观点认为,东纵人铸就了"铁心向党、赤心为民、骁勇善战、百折不挠"的东纵精神。这种观点经常出现于《深圳特区报》等媒体④,

---

① 孝纪:《弘扬东纵精神 启迪年轻一代》,《源流》2004年第8期。
② 郑群:《东江纵队的特点及其精神》,《广东党史》2005年第4期。
③ 郑群:《纪念东江纵队成立七十周年》,《南方日报》2013年12月14日第4版。
④ 尤波:《发扬东纵精神 续写春天故事》,《深圳特区报》2021年6月1日第B4版。

不仅在深圳地区主流媒体得到了广泛的认可，在广东省委机关报《南方日报》中也经常能见到。①"东纵精神"在深圳经济特区建立初期得到了生动体现，许多东江纵队的老战士比如袁庚、陈仁、刘波、林江等，在深圳各条战线发挥他们的智慧与力量，创造一个又一个新的业绩。可以说，东纵精神是鼓舞一代又一代深圳人开拓进取、勇于创新的动力源泉，并推动形成了"敢闯敢试、敢为人先、埋头苦干"的特区精神。

第四种观点是原深圳市委书记李鸿忠对东纵精神做的归纳总结。2006年6月，李鸿忠在深圳市委召开的"纪念东江纵队北撤60周年座谈会"上提出，在抗日战争中孕育的"东纵精神"，是深圳特区发展的不竭动力。东江纵队不仅为民族独立、国家解放建立了赫赫功勋，而且铸造了伟大的"东纵精神"。"东纵精神"的内涵就是："忠贞不渝、矢志不移的爱国情怀；百折不挠、一往无前的坚定信念；万众一心、和衷共济的团结意识；英勇无畏、赴汤蹈火的英雄气概；心怀天下、顾全大局的宽广胸襟。"②

第五种观点被写进了惠州市博罗县东江纵队纪念馆的简介里，得到了官方的权威认可。这种观点认为，东江纵队在斗争中铸造了伟大的"东纵精神"，即"信念坚定、百折不挠的革命英雄主义精神，报国为民、敢于担当的爱国主义精神，无私奉献、开放包容的国际主义精神"。这一观点得到了广东主流媒体比较广泛的认可和接受，时任广东省委副书记、省长朱小丹在《在纪念东江纵队成立七十周年大会上的致辞》中提到过③，也经常出现在惠州的党报《惠州日报》中。④ 其实，这三句话是东江纵队"6种精神"的其中3种。根据惠州市政协主席刘耀辉在市

---

① 赵继东，雷群昆：《传承东江纵队精神 更好履行职责使命》，《南方日报》2016年12月3日第F2版。
② 叶晓滨：《"东纵精神"是特区发展不竭动力》，《深圳特区报》2006年6月30日第A1版。
③ 朱小丹：《在纪念东江纵队成立七十周年大会上的致辞》，《红广角》2013年第12期。
④ 本报评论员：《发展是对东纵精神最好的继承弘扬》，《惠州日报》2013年12月3日第F2版。

政协机关学党史、接受革命传统教育活动上的讲话,东纵精神的完整表述是"信念坚定、百折不挠的革命英雄主义精神;报国为民、敢于担当的爱国主义精神;不畏艰险、顽强拼搏的艰苦奋斗精神;解放思想、敢闯新路的勇于开拓精神;胸怀天下、强国富民的顾全大局精神;无私奉献、开放包容的国际主义精神"。①这"6种精神"中的另外3种,在报纸杂志等主流媒体中并不多见。

我们认为,关于东纵精神的归纳总结,"铁心向党、赤心为民、骁勇善战、百折不挠"的概括简单易记、朗朗上口,在深圳地区影响比较大;"信念坚定、百折不挠的革命英雄主义精神,报国为民、敢于担当的爱国主义精神,无私奉献、开放包容的国际主义精神"的概括比较全面,被写进东江纵队纪念馆简介就是对这一总结的最大肯定。这两种概括各有千秋。东纵精神是伟大建党精神(包括"红船精神")和建军精神在广东地区的实践,不仅是深圳人民、广东人民乃至全国人民的宝贵精神财富,还是中华民族精神的重要组成部分之一。

三 "东纵精神"是"深圳精神"的历史之源

新中国成立后,东江纵队广大官兵积极投身于伟大的社会主义事业建设之中。改革开放和深圳特区成立后,担任深圳特区重要领导岗位的干部,有一批曾经是东江纵队的官兵,如大家熟知的有袁庚(招商局集团原常务副董事长、招商局蛇口工业区创始人)、陈仁(东江纵队民运员,粤湘桂边纵队第一支队司令部干事;1979年担任深圳市委常委,深圳市革委会原副主任)、刘波(原粤赣湘边纵队东江第二支队三团一连指导员;1981—1990年,任深圳市委常委、纪委书记;1990—1994年,任深圳市第一届政协副主席)、林江(1981年,任深圳市委常委;1990—1994年,任深圳市人大常委会副主任),等等。同时,还有一批原东江纵队、两广纵队和粤赣湘边纵队的老战士在没有那么显赫的普通工作岗位上为深圳的改革开放和经济社会发展做出了自己的贡献。比如,

---

① 刘耀辉:《牢记党的历史 践行为民宗旨》,《惠州日报》2014年4月30日第A11版。

原深圳市外贸处党委书记、局长李和，原深圳市公共汽车公司党委副书记何鹏飞，深圳市粤赣湘边纵队战友联谊会会长、原鑫宝（香港）发展有限公司董事长卓辉，原深圳市商业局副局长、市贸易促进委员会支部书记刘文例，深圳国际信托投资公司原董事长、党委书记谢强，原宝安县政协主席曾通，原沙头角区纪检委书记、公安分局局长张润添，原深圳大学离休干部廖远耿教授，等等。① 其中，袁庚是改革开放时期在深圳发扬和赓续"东纵精神"的典型代表。

袁庚，原名欧阳汝山，1917年4月生，广东省深圳市大鹏镇人。1936年8月，考入国民党中央军校广州燕塘分校。抗战爆发后返回乡下，任大鹏新民小学代课老师，开始参加抗日救亡活动。1939年3月27日，加入中国共产党，随母姓更名袁更，解放初出国护照上误写为袁庚，遂沿用至今。1941年，参加了香港大营救。1944年，担任东江纵队联络处处长，主管珠江三角洲敌占区的情报工作。按照中共中央的指示，袁庚向美国盟军提供了日本波雷部队一二九师团秘密南下及布防情况等重要情报，获得美方高度评价："帮助我们的指挥当局取得更好的结论和计划。"（美方1945年5月20日来电）为此，美方盛赞东江纵队联络处"是美军在东南中国最重要之情报站"。"你们经过袁先生的部门所做的情报工作是有显著成绩的。"（1945年8月17日函）② 1946年6月，袁庚随东纵部队北撤至山东烟台，同年10月入华东军政大学学习。1947年，被分配到三野二纵队四师参谋处见习，任副处长。两广纵队成立后，先后任纵队侦察科长、作战科长，参加济南战役、淮南战役。1949年，袁庚担任两广纵队炮兵团团长，参与指挥解放沿海岛屿，为新中国的建立立下了汗马功劳。

1949年11月，袁庚被调到中央军情部参加武官班受训。1950年5月，赴越南任胡志明主席的情报和炮兵顾问，参加越南高平战役。1953年，任中国驻雅加达领事馆领事。1959年，任中央调查部一局二处处

---

① 谢言：《东纵人，深圳情》，羊城晚报出版社2014年版。
② 关山：《东江纵队与盟军情报合作始末》，《纵横》2003年第11期。

长。1961年，任调查部一局副局长。1963年，袁庚远赴柬埔寨负责刘少奇访柬的安全保卫工作，侦破了台湾特务机关实施的"湘江"计划，确保刘少奇主席顺利访问柬埔寨，为共和国立下了不朽的功勋。1966年，他被抽调至接侨办公室工作，被指派为小组长兼光华轮党委书记，往返印尼接侨。他在"文革"中受到迫害，被投入秦城监狱，关押了5年零6个月。1975年10月恢复工作，调任交通部外事局负责人。

  1978年10月，袁庚被任命为交通部所属的香港招商局常务副董事长，主持招商局全面工作；同年向中央建议设立蛇口工业区，石破天惊地提出要"面向海外、冲破束缚、来料加工、跨国经营、适应国际市场特点、走出门去做买卖"等建议。① 1980年3月，任蛇口工业区建设指挥部总指挥。1984年10月，任蛇口区委书记。他提出的"时间就是金钱，效率就是生命""空谈误国，实干兴邦"等口号获选"深圳最有影响力十大观念"，他在全国首次实行人才公开招聘，率先推行了劳动分配制度、工程招投标制度、干部人事制度、劳动用工制度、职工住房制度和社会保障制度等一系列改革试验，在缺制度、缺资金、缺经验的条件下凭借"向前走、不回头"的政治勇气缔造了"蛇口精神"，创下了24项当时的全国第一，形成了著名的"蛇口模式"，为中国改革开放提供了宝贵的经验。2016年1月，袁庚因病医治无效，在蛇口逝世，享年99岁。《人民日报》发表评论文章说："我们今天悼念袁庚，正是捍卫一个改革者为人民利益而坚定'向前走'的探索精神。"②

  2003年7月，袁庚被香港特区政府授予"金紫荆星章"，是获勋20人中唯一一名内地人。2010年9月，他被深圳各界评为"深圳经济特区30年30位杰出人物"。2018年12月18日，中共中央、国务院授予袁庚同志"改革先锋"称号，颁授改革先锋奖章，并获评改革开放试验田"蛇口模式"的探索创立者。2020年10月13日，袁庚获"深圳经济特区建立40周年创新创业人物和先进模范人物"称号。当年蛇口工业区这

---

  ① 叶凤 主编：《鹏城人物》第2卷，中国文史出版社2014年版，第5页。
  ② 曹鹏程：《悼念袁庚，正是捍卫"向前走"的探索精神》，《人民日报》2016年2月1日。

个改革"试管"培育出来的赤湾港、招商银行、平安保险、中集集团等企业，如今都在行业中占据了举足轻重的地位，为深圳乃至中国经济的腾飞持续贡献着力量。

深圳经济特区成立后，涌现出一批像袁庚一样的改革开放先锋人物，他们既是东江纵队的老战士，也是改革开放的探路者；他们既是"东纵精神"的传承者，也是"深圳精神"的开拓者。正是因为有了这批改革开放先锋，在中国共产党的正确领导下，以及广大特区人民的共同努力下，深圳才从一个落后的边陲小镇迅速成长为一座现代化国际大都市，跻身于全球最具竞争力城市的前列，创造了世界工业化、城市化和现代化发展的"深圳速度"和"中国奇迹"。因此，"东纵精神"是"深圳精神"的历史之源，成为深圳改革发展的不竭动力之一。

综上所述，东江纵队是中国共产党领导建立的一支革命队伍，为抗日战争和世界反法西斯战争的胜利以及新中国的建立做出了不可磨灭的、载入史册的伟大贡献。在斗争中诞生的"东纵精神"，是中国共产党革命精神在深圳地区的实践，是深圳人民在新民主主义革命时期创造的精神财富，思想内涵丰富，有着极高的精神价值、文化价值和教育价值。

伟大的时代，需要伟大的精神。习近平总书记指出："人无精神则不立，国无精神则不强。精神是一个民族赖以长久生存的灵魂，唯有精神上达到一定的高度，这个民族才能在历史的洪流中屹立不倒、奋勇向前。"[1] 今天的深圳，已经不仅仅是中国改革开放的"窗口""试验田"和"排头兵"，中国特色社会主义先行示范区和粤港澳大湾区两大国家战略为深圳重新定位赋能，深圳正在努力创建社会主义现代化强国的城市范例。未来的深圳，既要传承"东纵精神"，又要弘扬"深圳精神"，努力为中国特色社会主义现代化续写更多更精彩的"春天的故事"！

---

[1] 习近平：《论中国共产党历史》，中央文献出版社2021年版，第146页。

第三章 从"拓荒牛精神"到"深圳精神"

——"深圳精神"的生长之路

改革开放40多年来,深圳在经济、社会和文化发展的过程中,形成了许多新的思想观念。这些新的思想观念的累积过程,就是深圳精神的形成过程。可以说,深圳的城市精神发展史,就是一部城市观念的形成史。在中国,没有哪座城市像深圳那样,以其自身的不断变革书写着经济发展和社会转型的奇迹,并在创造巨大物质财富的同时创造着新的观念和精神。"拓荒牛精神"[①]"特区精神""深圳精神""深圳十大观念""新时代深圳精神",这些精神文化成果不仅展示了"深圳精神"的成长之路,也反映出深圳城市发展奇迹背后的思想观念创新。

第一节 深圳经济特区成立与"拓荒牛精神"的提出

深圳经济特区是中国改革开放的开篇杰作。一方面,深圳秉承了岭南地区多元交汇、兼收并蓄的优秀传统文化;另一方面,深圳继承了中国共产党艰苦奋斗、开拓进取、改革创新的红色革命文化。深圳经济特区建立后,一穷二白、百废待兴,秉持解放思想、实事求是、开放包容、

---

① 在20世纪八九十年代,"开荒牛"和"拓荒牛"的说法交替出现,也有不少人把《孺子牛》雕塑称为"开荒牛"。笔者认为,"开荒牛"的说法略显通俗,为了行文方便,本研究统一称为"拓荒牛""拓荒牛精神"。

务实高效的文化精髓，在经济迅速起飞的同时，也创造了开拓、创新、奉献的"拓荒牛精神"。

一 改革开放与深圳经济特区的建立

1978年12月18日，无论是在中国共产党历史上，还是在中华人民共和国历史上，都是一个被载入史册的重要日子。这一天，中国共产党第十一届中央委员会第三次全体会议召开。会议明确指出，实现四个现代化，"必然要求多方面地改变同生产力发展不适应的生产关系和上层建筑，改变一切不适应的管理方式、活动方式和思想方式，因而这是一场广泛、深刻的革命"①。这一论断包含着对新中国社会主义建设曲折经历的深刻反思，寄托着对未来充满希望的美好憧憬，同时揭开了改革开放和社会主义现代化建设的新篇章。

（一）改革开放是建立深圳经济特区的时代背景

中国改革开放最有特色、最令世人瞩目的成就是"在中国的南海边画了一个圈"——建立深圳经济特区。然而，这个圈可不是那么轻而易举地"画"出来的，它是一个沉甸甸的战略决策。这一战略决策是建立在对国际形势、时代主题和党情国情的深刻认识基础之上的。

1. 和平与发展成为时代主题

对国际形势和时代特征的清晰认识，是一个国家制定和调整发展战略的前提和依据。新中国成立初期，客观上中国不具备全面实行对外开放的国际环境和外部条件。20世纪70年代末80年代初，美苏争霸陷入僵持阶段，发生世界大战的危险大大减少；亚洲"四小龙"迅速崛起，成为发展中国家和地区学习的典范。国际形势的发展由对抗转为对话，由紧张转向缓和，争取和平、谋求发展成为时代的特征。哈佛大学教授斯蒂芬·平克在《人性中的善良天使》中证明，"纵观历史长河，暴力呈下降趋势；而今天，我们也许正处于人类有史以来最和平的时代"②。

---

① 《三中全会以来重要文献选编》上，人民出版社1982年版，第4页。
② ［美］斯蒂芬·平克：《人性中的善良天使》上，安雯译，中信出版社2019年版，序言。

随着国际形势的变化,中国的对外关系得到极大改善,中国先后同日本、美国和西欧主要国家建立正式外交关系,同苏联、东欧国家的关系也得到了缓和,同发展中国家和地区的经济关系也在不断发展。

邓小平对国际社会的时代主题变化有着清醒的认识。1984年10月,邓小平在会见缅甸总统吴山友时讲道:"国际上有两大问题非常突出,一个是和平问题,一个是南北问题。还有其他许多问题,但都不像这两个问题关系全局,带有全球性、战略性的意义。"① 1985年3月,邓小平在会见日本商工会议所访华团时再次谈道:"现在世界上真正大的问题,带有全球性的战略问题,一个是和平问题,一个是经济问题或者说发展问题。和平问题是东西问题,发展问题是南北问题。概括起来说,就是东西南北问题。"② 和平与发展成为时代主题,体现了邓小平对当时国际环境的敏锐观察和高瞻远瞩的战略眼光,这一论断成为中国建立经济特区、实行对外开放政策的基础。

中国能否抓住历史机遇,实现自身的经济发展和国家的繁荣富强,让广大人民群众过上丰裕富足的好日子?邓小平指出:"闭关自守只会导致落后。中国要建设社会主义,必须实行对外开放。"③ 中国要发展,必须坚持对内改革和对外开放。一方面,通过对外开放倒逼国内改革;另一方面,充分利用发达国家和地区的资金、先进的科学技术和经营管理经验,通过"后发优势"实现中国的跨越式发展。这是以邓小平为主要代表的第二代中国领导人基于对国际形势和时代主题的判断得出的基本结论。

2. 睁开眼睛看世界

睁开眼睛看世界,这是推行改革开放政策的第一步。1978年,中国安排了13名副总理一级的干部出访约20次,共访问了50个国家。同时,还有数百名部长、省长、第一书记及其部下出国考察。在1978年所有的出国考察中,对中国实行改革开放政策影响最大的是当时分管经济

---

① 《邓小平文选》第3卷,人民出版社1993年版,第96页。
② 《邓小平文选》第3卷,人民出版社1993年版,第105页。
③ 《邓小平与外国首脑及记者会谈录》,台海出版社2011年版,第219页。

工作的副总理谷牧所率领的考察团。哈佛大学傅高义教授曾评价说："谷牧非常适应这个大胆试验的改革时代。他注重实效，是一个天生的善于解决各种问题的专家。"① 1978年5月初，谷牧副总理率领一个由众多高级领导组成的庞大的中国政府考察团，开启了对西欧五国的实地考察，这是一次对资本主义发达国家的近距离接触，是新中国经济建设历史上的头一次，从意识形态差异的角度看带有"破冰"的意义。这次考察访问，直接促成了1978年11月的中央工作会议和12月十一届三中全会主题的确立，助推了改革开放大幕的拉开。

1978年5月2日到6月6日，谷牧副总理率领的政府经济代表团，先后考察了法国、联邦德国、瑞士、丹麦和比利时五国的多个城市，会见了众多政界人士和企业家。考察结束后，谷牧与考察团成员合力撰写了一份长篇报告——《关于访问欧洲五国的情况报告》，并呈送党中央、国务院。报告一方面保持了足够的信心，认为在二三十年内实现四个现代化，是完全可以的；另一方面，也表达了中国与发达国家的差距，强调应当把欧洲当作争取第二世界的重点地区。同时，报告还对引进国外设备、发展科学技术、改进经济管理体制等问题谈了自己的意见。② 随后，叶剑英、李先念、聂荣臻等同志纷纷赞成引进西欧技术，把先进的东西搞过来。邓小平听取了考察团的汇报，也大受触动，表示下决心抓紧时间把引进西欧技术这件事情做起来。

3. 贫穷不是社会主义

建设一个富强、民主、文明的社会主义现代化国家，既是过去一百年来中国共产党人梦寐以求的奋斗目标，也是中国共产党对中国人民做出的庄严承诺。但是，在很长一段时间内，中国处于缓慢发展和停滞的状态，人民的生活很贫困。改革开放以前，有人认为当时世界上最贫穷的地区是撒哈拉沙漠以南的非洲国家。但是，根据世界银行的标准和统计数据，1978年，中国的人均GDP只有156美元，仅占当

---

① [美]傅高义：《先行一步：改革中的广东》，凌可丰、丁安华译，广东人民出版社2008年版，第115页。

② 《谷牧回忆录》，中央文献出版社2009年版，第280、282—284页。

时印度人均 GDP 的三分之二，不到同期撒哈拉以南非洲国家的人均 GDP 的三分之一，排在世界倒数第二位。按照 1.25 美元的国际贫困线标准，中国有 84% 的人口生活在贫困线以下。对此，邓小平忧虑地指出："如果现在再不实行改革，我们的现代化事业和社会主义事业就会被葬送。"①

由于长期处于封闭状态下搞建设，中国共产党苦苦追求、为之奋斗的社会主义制度，当时并没有显示出它的优越性，反而与世界其他国家和地区产生了巨大的差距。邓小平说："什么叫社会主义，社会主义总是要表现出它的优越性嘛。它比资本主义好在哪里？每个人平均六百几十斤粮食，好多人饭都不够吃，二十八年只搞了二千三百万吨钢，能叫社会主义优越性吗？干社会主义，要有具体体现，生产力要真正发展起来，相应的全国人民的生活水平能够逐步提高，这才能表现出社会主义制度的优越性。"② 这其实让人们重新认识"什么是社会主义、怎样建设社会主义"这一重大理论和现实问题。邓小平说："搞社会主义，一定要使生产力发达，贫穷不是社会主义。"③ "我们要赶上时代，这是改革要达到的目的。"④ 基于被开除"球籍"的危机感和对现代化的重新认识，邓小平毫不犹豫地支持关于真理标准问题的大讨论，在全国范围内掀起了一场思想解放运动，恢复了中国共产党人实事求是的思想路线，为全党工作重心的转移和实行改革开放奠定了思想基础，给予处于彷徨状态的中国以新的发展机遇，走符合中国实际的社会主义现代化道路。事实证明，改革开放是中国共产党的一次伟大觉醒，正是这个觉醒创造了深圳经济特区的发展奇迹。

（二）展现社会主义的优越性是建立经济特区的缘由

新中国成立后近 30 年的时间里，广东省内外一些群众偷渡港澳，是一个长期没有解决的特殊问题。深圳经济特区建立之前，曾出现过几次

---

① 《邓小平文选》第 2 卷，人民出版社 1993 年版，第 150 页。
② 《邓小平年谱（1975—1997）》上，中央文献出版社 2004 年版，第 277 页。
③ 《邓小平文选》第 3 卷，人民出版社 1993 年版，第 225 页。
④ 《邓小平文选》第 3 卷，人民出版社 1993 年版，第 242 页。

大规模的群众逃港事件。自从1951年封锁边界以后,在1957、1962、1972、1978年四次出现偷渡外逃高潮,有近100万内地居民从深圳越境逃去对面的香港,史称"大逃港"。①解决逃港问题是建立深圳经济特区的现实原因。

1. 广东与香港经济存在巨大差距导致逃港风潮

第四次逃港风潮发生在1978年8月到1979年5月,行动外逃5.4719万人,逃出1.7456万人。②"逃港风潮"影响恶劣,不仅有损党和国家形象,搞乱了社会治安秩序和社会风气,还造成人心涣散,许多基层党组织已无法领导和指挥,劳动力锐减,造成大片土地抛荒,粮食和农作物减产,许多社队企业停工停产,有些甚至濒临解体。

逃港问题长期悬而不决有着深刻的社会经济原因。20世纪70年代末,与深圳一河之隔的香港已经成功实现经济起飞,基本完成了工业化,人均GDP达到4080美元,位居"亚洲四小龙"之首,享有"东方明珠"的美誉。当时,宝安县群众生活水平与香港居民的差距悬殊。1978年,全县有447个生产队吃保护线口粮,全县农民人均分配收入只有134元。而香港新界一带的农民,1978年人均收入近1.4万元港币(折合人民币4300多元)。1978年,宝安县工人每月工资平均约50元,香港工人月平均1000元港币,有的达到2000元港币以上,差距十分明显。③香港市场商品繁多,价廉物美,而宝安县则难以购买,甚至连基本的副食品豆腐乳、豆豉、酱油等,也时常供应不足,群众十分不满。此外,文化生活方面,宝安县对比香港,也极为贫乏。这些情况严重影响了群众思想情绪,边境地区偷渡潮禁而不绝。

逃港风潮折射出两种不同经济体制和社会制度优越性的差异,这也引起了中央领导层的注意。1979年11月,邓小平视察广东时,得知边

---

① 陈秉安:《大逃港》,广东人民出版社2010年版。
② 深圳市史志办公室编:《中国经济特区的精神文明建设·深圳卷》,中共党史出版社2003年版,第25—26页。
③ 中共深圳市委党史研究室编著:《深圳改革开放四十年》,中共党史出版社2018年版,第14—15页。

境农民外逃香港、防不胜防时指出,"看来最大的问题是政策问题。政策对不对,是个关键"①。由于特殊的地理位置,深圳成为两种不同社会制度与经济体制对比的交汇点。通过建立经济特区,实行特殊的经济制度,创造出更好的经济绩效,展现社会主义制度的优越性,成为设立深圳经济特区、实行对外开放的一个政治性缘由。

2. 中央放权给广东是建立深圳经济特区的契机

深圳经济特区的建立与习仲勋同志当时对广东面临困境的反思和探索密切相关。习仲勋主政广东两年零八个月,展现了老一辈革命家的使命担当。习仲勋到广东工作后,"以一个老共产党员的革命胆略、远见卓识、大无畏气魄和高度的历史责任感,既沉着应对,又雷厉风行,团结省委一班人,稳住大局,励精图治"②。希望中央放点权,是习仲勋主政广东工作的重要内容。1978年6月,习仲勋主持召开广东省委常委会议,研究关于迅速开展对外加工装配业务和宝安、珠海两县的建设问题,并要求有关单位研究提出具体实施方案。习仲勋希望中央能改变对地方的经济管理体制和机制,给广东更大的支持,同时多给地方处理问题的权限与责任。

1978年8月,习仲勋再次主持召开省委常委会议。他分析说,国际上的出口加工区,遍布欧、亚、非、中东和拉美等30多个国家和地区。这些国家和地区设立的出口加工区、自由贸易区,有效地进行对外贸易和技术交流。建议运用国际惯例,在深圳、珠海、汕头等地设立对外加工贸易区。广东省委对深圳、珠海、汕头办出口工业区的名称一时定不下来。习仲勋认为,"贸易合作区"这一名称富有创意,决定将这一大胆设想在中央工作会议期间向中央领导做汇报。习仲勋的这一决策,成为中国改革开放创办经济特区战略的先声。③

1979年1月13日,广东省革委会向国务院报告,为在三到五年内把宝安地区建成具有相当水平的工农业结合的商品生产基地,成为吸引

---

① 《邓小平年谱(1975—1997)》上,中央文献出版社2004年版,第238页。
② 《怀念习仲勋》,中共党史出版社、中国文史出版社2005年版,第419页。
③ 《深圳市罗湖区革命老区发展史》,广东人民出版社2021年版,第123页。

港澳游客的游览区、新兴的边防城市（简称"三个建成"）①，要发展对外贸易。4月8日，中央在北京听取广东省委的汇报。习仲勋说：现在中央权力过于集中，地方感到办事难，没有权，很难办。"广东邻近港澳，华侨众多，应充分利用这个有利条件，积极开展对外经济技术交流。这方面，希望中央给点权，让广东先走一步，放手干。"②

中央放权给广东，成为建立深圳经济特区的重要契机。

（三）建立经济特区就是尝试"走自己的路"

邓小平是中国改革开放的总设计师。然而，他当时对于怎么搞社会主义经济改革这个问题还不是十分明确。在"摸着石头过河"这一总体思路的指导下，改革开放的探索要从设立经济特区开始。

1. 传统社会主义模式陷入困境

传统社会主义模式形成于20世纪30年代苏联建设社会主义的实践与理论，因此又叫"苏联模式"。这一模式具有三个主要特点，分别是：政治上高度集权，经济上高度集中，思想上高度统一。二战结束后，包括中国在内的新成立的欧亚社会主义国家，普遍效仿苏联模式，建立起这种被称作传统社会主义模式的经济政治体制。如何理解和评价传统社会主义模式（苏联模式），是我们正确认识中国特色社会主义模式（中国道路）的必要前提。

客观而论，传统社会主义模式对苏联最大限度地集中人力、物力、财力，实现工业化，取得卫国战争的胜利以及战后国民经济的恢复，都起了重要作用。1956年2月，赫鲁晓夫在苏共二十大上做了《关于个人崇拜及其后果》的秘密报告。这个报告一经传出，就在国际共产主义运动中引起了轩然大波。赫鲁晓夫秘密报告的实质，与其说是反对斯大林的个人崇拜，不如说是对传统社会主义模式的怀疑和对其问题的批判。

新中国成立之初，我国几乎都是照搬苏联"老大哥"的经验，主要参照苏联的社会主义模式探索我国社会主义的建设模式。1953年，斯大

---

① 《习仲勋主政广东》，中共党史出版社2007年版，第231页。
② 陶一桃主编：《深圳经济特区年谱（1978—2018）》上册，社会科学文献出版社2018年版，第10页。

林逝世后不久，以毛泽东同志为首的中共领导人就开始认识到，苏联社会主义模式并不完善，是存在缺陷和不足的。1955年底，毛泽东提出"以苏为戒"的问题。中共八大召开，毛泽东做了《论十大关系》《关于正确处理人民内部矛盾的问题》的重要讲话，写了两论《关于无产阶级专政的历史经验》，这标志着中国特色社会主义理论开始孕育。但是，"文革"把这一萌芽彻底扼杀了。

中国的传统社会主义模式主要包括"一大二公三纯"的所有制、"大跃进"、人民公社、以阶级斗争为纲……其中，以"阶级斗争为纲"取代了大力发展生产力，排斥市场经济和个体、私营经济的存在，分配上实行平均主义和大锅饭等。由于这些错误的理论指导，使中国在政治上陷入动乱状态，经济上长期徘徊不前，国民经济几乎到了崩溃的边缘。

2. 走自己的路，建设有中国特色的社会主义

摆脱对苏联社会主义模式教条式的理解，是建设中国特色社会主义的重要前提。邓小平说，"坦率地说，我们过去照搬苏联社会主义的模式，带来很多问题。我们很早就发现了，但没有解决好。我们现在要解决好这个问题，我们要建设的是具有中国自己特色的社会主义"①。

1979年3月，邓小平在全国理论工作务虚会上提出："过去搞民主革命，要适合中国情况，走毛泽东同志开辟的农民包围城市的道路。现在搞建设，也要适合中国情况，走出一条中国式的现代化道路。"②这意味着一个与毛泽东的新民主主义理论相辉映的伟大理论——建设有中国特色的社会主义理论正在总设计师的脑海中酝酿。

1982年9月，中共十二大召开，大会明确提出了建设有中国特色社会主义的指导思想。邓小平在党的十二大的开幕词中，发表了一段对中国的改革开放大业具有纲领性意义的精辟论述："我们的现代化建设，必须从中国的实际出发。无论是革命还是建设，都要注意学习和借鉴外

---

① 《邓小平文选》第3卷，人民出版社1993年版，第261页。
② 《邓小平文选》第2卷，人民出版社1994年版，第163页。

国经验。但是，照抄照搬别国经验、别国模式，从来不能得到成功。这方面我们有过不少教训。把马克思主义的普遍真理同我国的具体实际结合起来，走自己的道路，建设有中国特色的社会主义，这就是我们总结长期历史经验得出的基本结论。"① 这个基本结论的提出，标志着中国共产党在建设社会主义方面，已经找到了新的正确道路，从而在中国的社会主义建设史上实现了一次伟大的历史性转变。

"走自己的路，建设有中国特色的社会主义"，意味着要从中国实际出发，既不照搬外国社会主义的模式，也不搞本本主义，而是"走自己的路"，建设适合中国国情的社会主义。习近平总书记在纪念邓小平同志诞辰一百一十周年座谈会的讲话中指出，"邓小平同志留给我们的最重要的思想和政治遗产，就是他带领党和人民开创的中国特色社会主义，就是他创立的邓小平理论"。"中国特色社会主义是适合中国国情、符合民族特点、顺应时代发展要求的理论和实践，所以才能取得成功，并将继续取得成功。"②

3. 建立深圳经济特区是中国共产党人反思精神的体现

建立深圳经济特区，是中国共产党人深刻反思新中国成立以来曲折经历的重要成果。要理解这一点，先听听深圳经济特区创办者的肺腑之言：1978年，时任广东省委书记的吴南生心痛地说："解放初期，我的家乡汕头还是一个商业繁荣的地方，和香港的差距并不大。30年过去，香港成为亚洲'四小龙'之一，而眼前的汕头却是满目凄凉。比我们小孩子时候还穷啊。""广东搞了30年搞成这个样子，说人家是反动统治，但人家比我们搞得好，这是个压力。"③ "……那段日子睡不好觉，闭上眼睛就想：我们当年豁着性命扛起枪杆闹革命，可不是为了换取眼前这一副江山！"④

---

① 《邓小平文选》第3卷，人民出版社1993年版，第2—3页。
② 习近平：《论中国共产党历史》，中央文献出版社2021年版，第88、89页。
③ 《广东改革开放决策者访谈录》，广东人民出版社2008年版，第213、93页。
④ 广东省政协文史资料研究委员会编：《经济特区的由来》，广东人民出版社2002年版，第5页。

1982年，邓小平重新走上党和国家领导岗位时，曾动情地说："我们干革命几十年，搞社会主义三十多年，截至一九七八年，工人的月平均工资只有四五十元、农村的大多数地区仍处于贫困状态。这叫什么社会主义优越性呢？"① 正是基于把中国引向社会主义现代化的大事业，他面对"文革"后处于"崩溃边缘"的中国经济，曾多次表示，"我们太穷了、太落后了，老实说对不起人民"，并高度警觉指出："外国人议论中国人究竟能够忍耐多久，我们要注意这个话。"②

1979年4月，中央工作会议期间，主政广东的习仲勋直言："广东要是个'独立国'的话，现在会超过香港。"并郑重其事地提出："希望中央给点权，让广东能够充分利用自己的有利条件先行一步。"③ 邓小平十分赞同中共广东省委提出的在邻近港澳的深圳、珠海以及汕头兴办加工区的意见。当他听说"先走一步"的地方名称还未确定时，就对请求中央下拨一点"三通一平"基建款的习仲勋说："就叫特区嘛，陕甘宁就是特区，你不是当过秘书长吗？中央没有钱，你们杀出一条血路……"④

这一会议之后，中共中央、国务院责成广东、福建两省对试办出口特区问题进行组织论证，提出具体实施方案报中央审定。经过深入调研和认真考虑，1979年7月，中共中央、国务院同意先在深圳、珠海两地试办出口特区，待取得经验后再考虑在汕头、厦门设置特区。1980年8月，五届全国人大第十五次会议批准通过《广东省经济特区条例》，这标志着中国经济特区的正式诞生。对此，邓小平曾明确指出："办经济特区是我倡议的，中央决定的。"⑤

经济学家苏东斌认为，深圳经济特区的成立是在践行一种新的发展理念。深圳经济特区试行市场经济体制，通过价格（所有权的交换条

---

① 《邓小平文选》第3卷，人民出版社1993年版，第10—11页。
② 《邓小平年谱（1975—1997）》上，中央文献出版社2004年版，第381、380页。
③ 《习仲勋主政广东》，中共党史出版社2007年版，第242页。
④ 《广东改革开放决策者访谈录》，广东人民出版社2008年版，第217、221页。
⑤ 《邓小平年谱（1975—1997）》下，中央文献出版社2004年版，第954页。

件）来保护财产所有、保护自由创业、保护自由竞争，从而解放了生产力，解放了人。[①] 这就让人想起印度裔诺贝尔经济学奖获得者阿玛蒂亚·森在20世纪末提出的一种新的发展理念："以自由看待发展。"阿玛蒂亚·森认为，自由不仅是发展的首要目的，也是促进发展的首要条件。在这里，发展的标准不仅主要不是以 GDP 为指标，而是以人们享有的实际自由程度来看待发展的水平，更主要的还是把发展过程视为拓展实际自由的过程。[②] 从这一角度来观察，深圳经济特区比国内其他地区实际上享有更大的自由空间。可以说，以自由看待发展，以发展去拓展自由就是深圳经济特区以及中国社会最近40多年取得巨大进步的深层次原因所在。

新的发展理念，意味着新的精神文化出现。"拓荒牛精神"就是这种新的精神文化。

二 "拓荒牛精神"的提出

深圳经济特区成立之初，物质条件很差，又是在毗邻香港的特殊环境中进行的，因此对比反差很大，艰苦创业的难度系数很高，特别需要精神动力的作用。从建市之初，深圳市委、市政府就从更新思想观念入手，致力于培养特区人应有的价值观念和精神境界。1982年1月，深圳市摄影作品展览在北京北海公园展出，艺术家们就把特区的创业者形象地比喻为"拓荒牛"。从此，深圳人就用"拓荒牛"来称呼为特区创业做出贡献的人们。"拓荒牛精神"就是在这种背景下提出来的。

（一）"拓荒牛精神"的由来

1980年，深圳经济特区刚成立，深圳市委、市政府希望在市委、市政府大院内建一座雕塑，来表达特区建设精神，来鼓舞广大干部群众。有关部门找到了著名雕塑家、广州美术学院的潘鹤教授。出于慎重，关

[①] 苏东斌：《卷起千堆雪——"丛书"总序》，载陶一桃主编《深圳经济特区年谱（1978—2018）》上册，社会科学文献出版社2018年版，第14页。
[②] ［印度］阿玛蒂亚·森：《以自由看待发展》，任赜、于真译，中国人民大学出版社2002年版，第7、25页。

于大鹏、莲花和狮子的三种想法先后被否决了。

1984年初,潘鹤向深圳市市长梁湘提出了自己的想法:改革开放、搞特区建设,深圳特区从无到有,要求我们这一代人奋斗到底,雕塑一个"开荒牛"最合适不过了。① 这个想法得到了梁湘市长的认同。几天后,潘鹤到宝安县办事,偶然在一农舍看到两块老树根,让他顿生灵感——辛亥革命和新民主主义革命将中国的封建大树砍掉了,但树根还在。搞特区就是要"开荒",要拔掉这些"劣根",如果在"开荒牛"的后面再加上这个树根,正好意味着特区干部要铲除旧根,把封建意识、小农意识、保守思想和官僚作风连根拔起。随后,潘鹤向深圳市领导提出了具体方案,并经市五套班子的同意——"开荒牛"的方案就这样敲定了。

"开荒牛"雕塑创作完成后,潘鹤觉得名字值得商榷,就和梁湘商量说:"我们这一代人将来开完荒到底还要不要做牛呢?"梁湘说:"牛肯定是要做,人民公仆就是人民的牛,人民的孺子牛。"于是,经过深圳市领导班子讨论后,雕塑命名为"孺子牛",取"俯首甘为孺子牛"之意,并将"孺子牛"三个字刻在了雕塑的基座上作为作品名。

1984年7月27日,《孺子牛》雕塑落成,时任市委书记梁湘为该雕塑揭幕,一座代表凝聚着特区开拓精神的铜雕终于呈现在世人面前。揭幕时,深圳市委大院聚满了人,其中大部分是年轻人,是特区的大学生及年轻创业者。潘鹤深有感触,高兴地对梁湘说:"特区建设正是需要大批年轻有为的人,看来拓荒牛后继有人哪!"② 从此,这座被人们称为"拓荒牛"的雕塑成为深圳特区人和特区精神的象征。

(二)"拓荒牛精神"的内涵

站在深圳市委门口,仔细观察这座《孺子牛》雕塑。只见这头健壮的雄牛勾着头,前面左腿弯曲,鼻子喷着粗气,身上的筋肉紧绷,正在

---

① 潘鹤:《〈孺子牛〉雕塑诞生背后的故事》,载吴俊忠主编《深圳文化三十年》,商务印书馆2010年版,第75页。
② 潘鹤:《〈孺子牛〉雕塑诞生背后的故事》,载吴俊忠主编《深圳文化三十年》,商务印书馆2010年版,第75—76页。

奋力拉出身后的一棵老树根。这棵老树根盘根错节,一部分已被拉起,但剩余部分仍深深地扎在地下。这棵老树根象征着当时人们头脑中束缚社会进步、阻碍国家走向现代化的旧思想、旧观念。这些旧思想和旧观念也阻碍着深圳经济特区的建设和发展。只有解放思想,打开国门对外开放,引进国外资本和知识,学习市场经济发达国家的先进科学技术、管理制度与经验,才能建设好深圳经济特区,从而实现中国的四个现代化。

1. 从两个故事看"拓荒牛精神"

有两个关于《孺子牛》雕塑的故事,从侧面反映出人们对"拓荒牛精神"的理解。

1984年12月,全国政协主席邓颖超来深圳参观。她看到《孺子牛》雕塑后,深深地被这座铜雕吸引了,她非常喜欢。当时市委安排了一次会议,大家都在会议室等候她,老是不见她来。原来她在楼下一个人看《孺子牛》雕塑。她专门把参加会议的同志在开会前召集到《孺子牛》雕塑前合影。她对大家说:"'孺子牛'精神不仅仅是特区的精神,也是中国共产党的精神。"[①] 她语重心长地对深圳市委市政府负责人说:"我在深圳这几天,过得非常愉快,所见所闻都是新鲜的东西,受到了极大的鼓舞。特别是看到市政府院内的《孺子牛》。这《孺子牛》代表了同志们的工作精神和意志,代表了同志们全心全意为人民服务的精神,我的印象十分深刻,所以我特别在那里留影纪念。"邓颖超越谈兴致越高,她接着说:"我在深圳虽然只有短短的几天,但给我的印象是深长的。同志们的创新精神和奋勇干劲,鼓舞全党全国人民。看了深圳特区后,进一步证明党的十一届三中全会的《决定》是完全正确的……我的高兴是不能用语言来表达的啊!"[②]

为了更好地满足广大市民和游客经常到市委大院和《孺子牛》雕塑

[①] 潘鹤口述,王丽郦整理:《我和深圳"开荒牛"的故事》,载深圳市政协文化文史和学习委员会编《深圳文史》第13辑,海天出版社2012年版,第17页。

[②] 潘江津:《邓颖超在深圳的日子》,载深圳市政协文史资料委员会编《深圳文史》第4辑,海天出版社2002年版,第14—15页。

合影留念的要求，1999年，深圳市委常委会通过决定，将《孺子牛》雕塑整体搬迁到市委大院大门口外的花坛上。同时，深圳市委大院的围墙后退10米，为市民留出一片绿地。从此，《孺子牛》雕塑走出市委的深宅大院，成为深南大道的一道街头景观。市民群众和游客可以更方便地参观《孺子牛》雕塑，并与它合影拍照纪念。《孺子牛》雕塑从深圳市委大院内搬迁到大院外，成为城市的公共景观，这一行动本身就体现了经过改革开放洗礼的深圳市委领导班子的开放性和亲民性。

2. "拓荒牛精神"的含义

有人从深圳市委门口《孺子牛》铜雕中品出了埋头苦干的老黄牛性格。其实，只要认真看一看那个象征着旧思想、旧观念、旧习惯的千年老树根，就能体会到"拓荒牛精神"不仅仅是"埋头苦干"那么简单。这头"拓荒牛"不但时时埋头苦干，而且不断地破旧出新、开拓进取。过去40多年，深圳创造的每一个"第一"都要冲破旧习惯、旧体制的框框，都会受到"左"和右的思想观念的干扰，都显示出改革者和开拓者的胆量、气魄和真功夫，都浸透着改革者的血和汗。可以说，拓荒牛是对改革开放初期深圳建设者形象的精准刻画和纪念。"敢闯敢试""开拓创新"是拓荒牛精神的应有之义。

"敢闯敢试"不仅仅是深圳人的一种具体的行为，首先反映的是一种"敢于做吃螃蟹的第一人"的魄力和勇气，敢于冲破传统的旧思想和旧观念的束缚，做之前不敢做的事情；其次体现了一种责任和担当，一种顾全大局的奉献精神；最后，敢闯敢试还体现出一种"杀出一条血路"的拓荒精神。创办蛇口工业区，探索一条不同于计划经济体制的经济发展新路子，最大的障碍是人们原有思想观念的束缚。袁庚带领蛇口人，凭借"敢想、敢言、敢试、敢闯、敢为天下先"的"蛇口精神"，冲破计划经济体制的重重障碍，进行了一系列经济体制和政治体制改革试验，成为中国改革的"试管"。

"开拓创新"是一种积极向上、有所作为的精神状态。开拓创新不仅体现为解放思想、突破常规、锐意进取，还体现在求真务实、大胆探索、勇于创造上。深圳经济特区是改革开放的"试验田"，也是改革的突破口、对外开放的窗口。基建体制的"试验",试出了招标投标;价格体制的"试验",试出了双轨制的并轨;人事管理体制的"试验",试出了市场化的人才机制;企业改革的试验,试出了国企的股份制改造……深圳经济特区取得的成功经验可以向全国推广复制,获得的负面经验可以使后来者避开雷区,绕开陷阱,让改革开放的发展道路更加平坦。

"敢闯敢试""开拓创新"的精神在20世纪80年代那一批早期深圳特区建设者身上得到了淋漓尽致的体现。

(三)早期深圳特区建设者是"拓荒牛精神"的代表

早期开荒创业时期,深圳市领导和千万拓荒牛干部,再苦再穷也把深圳当成自己的家,把经济特区的事业当成自家的事情,死心塌地在深圳干到底。深圳经济特区成立之初,第一批的"拓荒牛"干部是梁湘、周鼎、周溪舞、林江、罗仁昌、刘波6人,他们是省派干部的先头部队。由于当时深圳处于艰苦创业期,没有干部愿意过来深圳。[①] 但是,以梁湘等人为代表的早期深圳建设者,不仅为深圳经济特区的腾飞献出了自己的全部力量,还在深圳经济特区的艰苦创业中创造了丰功伟绩。

1. 深圳特区真正打开局面的是梁湘

有人说,"邓小平是中国改革开放的总设计师,而梁湘是把设计师设计改革开放的蓝图付诸实施的第一任施工队长"。也有人说:"在中国改革开放的伟大史册上,应该写上梁湘一页。"梁湘是公认的深圳特区"拓荒牛",他为深圳特区建设"真正打开了局面"。[②]

1981年3月到1986年5月,梁湘任深圳市委书记、市长。广东省主要领导任仲夷曾经评价他说:"梁湘为人正派,廉洁奉公,事业心强,又是从延安中央党校培养出来的老干部,对共产主义事业一贯忠诚,对城市管理和工业建设有实践经验……梁湘富有进取和开拓的精神,能胜

---

① 沈杰主编:《深圳观念变革大事》,海天出版社2008年版,第99—100页;李成刚、张孔娟:《刘波:深圳开放的两次思想解放》,《中国经济时报》2014年12月24日第9版。

② 深圳创新发展研究院编著:《改革者:百位深圳改革人物》,中信出版社2019年版,第15页。

任深圳经济特区的领导工作。"① 他调入深圳以后，坚持解放思想，大胆创新，充分发扬民主，不畏艰难，团结带领广大群众为深圳经济特区的改革和发展做出了卓越的贡献。

办经济特区，探索建设有中国特色社会主义的新路，前无古人，没有可以借鉴的经验。究竟要办一个怎样的经济特区？当时大家心里都没数。梁湘带领党政班子的同志们，经过一年多时间的反复调查研究论证，直到1982年11月，最终形成了《深圳经济特区社会经济发展规划大纲》。《规划大纲》确定把深圳办成"以工业为重点，兼营商业、农牧、旅游、住宅、科研等多种行业的综合性的社会主义经济特区"。深圳经济特区要"在我国国家主权管理下，采取与内地不同的管理体制和政策"。深圳经济特区要立足于现代化，有计划有选择地引进技术密集型、知识密集型的项目，以迅速形成特区强大的生产力。② 12月初，深圳市委、市政府把这个《规划大纲》正式呈送党中央、国务院、广东省委和省政府以及特区管理委员会，并开始以这个《规划大纲》为蓝图，指导深圳的城市建设和各行各业的发展。

这一规划符合当时深圳客观发展规律的要求，使深圳在实践中得到迅猛、全面的发展。1984年初，邓小平第一次视察深圳，给深圳题词："深圳的发展和经验表明，我们建立经济特区的政策是正确的。"他回京后同胡耀邦等中央负责同志说道："这次我到深圳一看，给我的印象是一片兴旺发达。深圳建设速度相当快，盖房子几天就是一层，一幢大楼没有多少天就盖起来了。""我们建立特区，实行开放政策，有个指导思想要明确，不是收，而是放。"③ 邓小平的话，对深圳是极大的肯定和鼓励。当年人民日报称赞"深圳城市建设是现代化建设史上的奇迹"。

2. 梁湘被公认为深圳改革开放的先锋

在深圳经济特区的建设发展过程中，梁湘坚定地遵照党中央和邓小

---

① 黎伯忠：《踏尽坎坷泥泞，奠基今日鹏城》，载叶风编著《鹏城人物》第1卷，中国文史出版社2013年版，第20页。
② 朱崇山、陈荣光：《深圳市长梁湘》，花城出版社2011年版，第14页。
③ 《邓小平文选》第3卷，人民出版社1993年版，第5页。

平改革开放的指导思想，大胆探索引进利用外资，使深圳经济特区得到高速发展。但当时梁湘却承受着巨大的思想压力。当时有人说："梁湘是在搞资本主义。深圳除了罗湖桥头的五星红旗是红的外，其他都是黑的。深圳已经资本主义化了！深圳的天要变了"。"姓梁的把国土上主权出卖给外商，是新版李鸿章！""深圳特区已经变成新租界了！""深圳经济特区是靠国家输血来维持的，一旦拔掉针头，它就完蛋了！""深圳特区不是赚外国人的钱，而是赚国内人的钱，什么外向型？""深圳只不过是用铁丝网围起来炒外汇的地方……"[①]

一封又一封的"告状"信被送到北京，大有把梁湘拉下马，把深圳经济特区的牌子砸烂之势。梁湘心想，我只要对党、对国家问心无愧，我什么都不怕！他泰然处之，并不退缩。他常对身边的同志说：要用科学、实事求是、理智的眼光去分析，去正确、认真对待这些奇谈怪论，用事实去化解它、驳倒它，没有什么可怕的；否则，会影响深圳经济特区的发展和前途命运，甚至会影响中国改革开放的成败。梁湘坚定地按照邓小平办经济特区的蓝图，排除各种干扰，带领深圳的干部群众，经过五年多的艰苦创业，为深圳经济特区后来的各项发展，奠定了雄厚的基础。

梁湘顶着各种非议的压力和风险，开拓创新，敢为人先。他敢于首先引进和利用外资，对内发行股票集资；在国内首先推行基建工程招标制度；大胆进行放开市场物价的改革，取消粮食定量供应，等等；打破计划经济和陈旧观念的条条框框，为经济特区"杀出一条血路"倾注了巨大的心血。梁湘用实际行动获得了上级领导的肯定和深圳人民的拥护。习仲勋同志在1987年来深圳视察时曾说："深圳经过四代班子的工作，梁湘时间最长，功劳最大。"广东省主要领导任仲夷、刘田夫评价说："深圳特区真正打开局面的是梁湘。"这些评价都是客观、实事求是、很有说服力的，反映了深圳广大干部群众的心声。梁湘已经被公认为是改

[①] 黎伯忠：《梁湘》，载洪远主编《特区人物志·深圳卷Ⅰ》，广东人民出版社2009年版，第19页。

革开放的先锋、创办和建设深圳经济特区的功臣。

三 "拓荒牛精神"的时代影响

"拓荒牛精神"代表的是早期深圳经济特区建设者开拓、创新、奉献的精神,经济特区的创业者们就像"拓荒牛"一样艰苦奋斗,任劳任怨,无私奉献。改革开放40多年,变的是时代风貌,不变的是"拓荒牛精神"。"敢闯敢试""开拓创新"是"拓荒牛精神"中最出彩的内容,也是深圳精神最珍贵的财富。

(一) 两万工程兵是"拓荒牛精神"的集体群像

在回顾深圳发展历程的时候,在理解深圳精神的时候,两万基建工程兵都是一支不可忽略的重要力量。对年过不惑的深圳来说,两万基建工程兵不仅是艰苦奋斗的拓荒牛,是功勋卓著的创业人,还为深圳贡献了敢闯敢试、开拓创新、不怕困难、埋头苦干的"拓荒牛精神"。

1. 深圳特区建设需要一支强有力的施工队伍

基建工程兵成立于1966年8月1日,部队最多时有三十二个支队(师),共四十九万多人。中央军委明确基建工程兵的建设方针是"劳武结合,能工能战,以工为主"[①]。基建工程兵部队成立后,在全国各地承担了很多大型钢铁基地、煤矿基地、化工基地、水电基地、水文地质勘探、首都地铁和市政建设、通信保障等重大基础建设项目和国防建设项目,具有雄厚的建设能力,为中国社会主义建设发挥了不可替代的重要作用。

1979年,深圳刚刚建市。那时的深圳还是个边陲小镇,基础设施非常落后,很多地方都不通电,也没有自来水。深圳也不具备进行大规模基础设施建设的设计和施工队伍。当时"全地区只有一个700多人的集体性质的建筑公司,一个10多人的建筑设计室,三个水泥厂,一个红砖厂,一个石灰厂,大型的建设项目根本无法开展"[②]。如果仅靠自身力

---

① 段亚兵:《深圳拓荒纪实》,人民出版社2018年版,第12页。
② 张淑运:《两万基建工程兵集体转业深圳纪实》,载深圳市政协文史和学习委员会编《一个城市的奇迹》,中国文史出版社2008年版,第188页。

量,深圳是无法完成经济特区的基建需求的。1979年,在谷牧副总理(他当时兼任基建工程兵政委)的建议下,基建工程兵调研组与广东省、深圳市领导进行商议后决定,由基建工程兵排5个团到深圳,负责搞好"三通一平"(电通、水通、路通,场地平整)。当年9月,基建工程兵第一支队共一千余人组成先头部队,响应国务院和中央军委号召,从鞍山市开赴深圳支援特区建设,拉开了基建工程兵南下建设深圳特区的序幕。

随着深圳经济特区建设的进一步发展,中央派遣了更多的基建工程兵开赴深圳支援建设开发。1982年秋天,中央从天津、上海、唐山等十多个城市组织了两万多名基建工程兵开赴深圳。这支部队体制完整、实力雄厚,是一支国家级的施工队伍。据统计,"拥有各类专业技术干部1088人。随部队调入深圳的设备总值5161万元,机械设备77818匹马力,固定资产原值6000万元,流动资金1亿元"[1]。两万多名基建工程兵的入驻,从根本上改变了深圳建筑施工队伍薄弱的局面,使特区的基础设施建设面貌焕然一新。

两万基建工程兵是在中国军队大裁军的背景下来到深圳的。1982年8月,国务院、中央军委下发〔1982〕23号文件《关于撤销基建工程兵的决定》。随后,国务院、中央军委下发〔1982〕30号文件《关于调基建工程兵部队二万人到深圳市执行任务并改编为施工企业的批复》。根据这两个文件,基建工程兵两个师两万人先后调入深圳,改编为市属施工企业。1983年9月19日,深圳市委、市政府在深圳戏院召开"基建工程兵驻深圳部队改编大会"。基建工程兵部队全体就地转型为深圳经济特区市属建筑企业,部队各团变身市建分公司,两个师的机关合并而成总公司领导机构,医疗机构合并成立深圳市基建职工医院(现为深圳市第二人民医院),所有干部战士都得到妥善安排。2万多名基建工程兵成为深圳市属建筑工程企业的职工,成为特区公民。当时深圳经济特区

---

[1] 李子彬:《拓荒牛为深圳建设立下了汗马功劳》,载《拓荒牛的记忆》,人民出版社2021年版,第57页。

内只有两万多本地居民,而工程兵加上家属就有4万多人,远超当地居民人数。这批"新鲜血液"极大地改变了特区的人口结构,最终奠定了深圳成为中国最大移民城市的基础。

2. 基建工程兵用实际行动诠释了"拓荒牛精神"

来特区之前,绝大部分基建工程兵听都没有听过"深圳"这个名字。四万多人(两万多基建工程兵加上他们的家属)来到当时还是边陲小镇的深圳,由于城市容纳量非常低,吃不上饭、喝不上水是现实困难,衣食住行都是大问题。这些工程兵就像行军打仗一样挖坑支锅,露天烧饭。深圳缺水,他们只能自己打井取水;不少地方的地下水不适合饮用,甚至连洗脸、洗澡、洗衣服用水都要定点定时定量供应。他们一连住了好几年不能挡风遮雨的竹棚,冷的时候睡觉打哆嗦,热的时候像蒸笼,有时甚至有毒蛇出没。当时深圳的卫生情况很差,渔民打鱼回来要晒鱼干,破肚刮肠产生的废弃物招到成群的苍蝇;到处都是污水,滋生蚊虫。有战士编了个顺口溜说:"两个蚊子一两重,三个蚊子一盘菜。一叮一个大紫包,十天半月好不了。"① 很多战士都觉得当时的深圳还不如自己家乡的农村,甚至打起了回老家的退堂鼓。就是在这样的条件下,工程兵在深圳艰苦安家、艰苦创业,开辟了建设特区的新战场。

对当时的基建工程兵来说,就地转业深圳不仅是身份的转变,更要面对环境、体制、观念的强烈冲击,这种冲击所带来的考验不亚于与自然环境做斗争。一方面,部队的供给制不复存在,企业和职工面临着激烈竞争的市场环境,只能靠自己的努力,当时在刚刚转业的队伍中曾流传一个口号:"不靠天,不靠地,要靠自己救自己!"② 这些企业和职工在刚开始时确实经历了很大的不适应,如何在市场环境中获得机会,如何适应市场规则,如何和客户打交道,这些都是全新的课题。最严重时,有的职工家属甚至背着小孩到火车站要饭。工程兵的这些"遭遇"曾被

---

① 段亚兵:《深圳拓荒纪实》,人民出版社2018年版,第101、105—107、109页。
② 赵笑梅、康剑波:《两万人和一座城市的故事》,《深圳晚报》,2003年9月15日,2022年6月11日访问(https://news.sina.com.cn/c/2003-09-15/1651756040s.shtml)。

写进报告文学《深圳·两万人的苦痛与尊严》而广受关注。①

基建工程兵集体转业深圳后,虽然从部队到企业的性质变了,身份变了,但是开发深圳、建设深圳的坚定信念没有变,敢打、敢拼、敢闯的奉献精神没有变。他们继续保持和发扬解放军的光荣传统,坚定弘扬基建工程兵开路先锋的精神,不忘初心,甘当拓荒牛,勇往直前地完成移山填海、修路架桥、建设高楼、修筑厂房、修建医院、建造学校等一系列建设工程任务,为深圳经济特区的发展做出了巨大贡献。从1979年开始调入第一批部队至1983年集体转业三年多的时间里,他们共接大小工程160多项,竣工面积7万多平方米,完成建设投资4500万元。② 从1982到1995年,深圳每五座大厦就有一座是工程兵建设完成的。可以说,深圳的每处土地都有当年基建工程兵流下的辛勤汗水,他们用自己的实际行动和劳动成果诠释了什么叫"拓荒牛精神"。

3. 基建工程兵为深圳特区建设做出了巨大贡献

早期的基建工程兵通过艰苦卓绝的奋斗,为深圳特区建设营造出良好的环境。比如义务清理布吉河,建设市委市政府办公大楼、电子大厦、国贸大厦、友谊商场、泮溪酒家等重大工程项目。基建工程兵以优良的作风和过硬的工程质量赢得了深圳人民的赞誉。特别是他们建设的市委市政府办公大楼建筑面积达8539平方米,以当时条件来看建筑难度比较高,施工工具严重缺乏,基建工程兵战士甚至要用最原始的作业方法进行建设,最终不到一年时间就完成了这项工程。时任市委书记、市长梁湘表示:"这是一支能吃苦、肯打硬仗的部队。把深圳的建设交给你们,我非常放心。深圳人民也相信你们一定会把深圳建设好的。"③

基建工程兵有着过硬的政治素质和业务素质,是当时人才奇缺的深圳经济特区发展中不可或缺的一支生力军,为早期特区建设提供了重要

---

① 吴启泰、段亚兵:《深圳·两万人的苦痛与尊严》,《特区文学》1986年第5期,载段亚兵《深圳拓荒人:基建工程兵创业纪实》,人民出版社2014年版,第179—228页。

② 《两万工程兵开进深圳》,载《深圳文史》第1辑,广东省非营利性出版物1999年版,第183页。

③ 深圳市政协文史和学习委员会编:《一个城市的奇迹》,中国文史出版社2008年版,第193页。

的人力资源支撑。据统计：深圳市纪委成立初期，集中从工程兵部队选调 37 人，占当时全市 150 多人纪检队伍的四分之一；1984 年深圳成立市基建办时，最初的 25 名干部中的三分之一多来自基建工程兵部队；基建工程兵部队调入全市公安战线有一千多人，大大增强了公安战线的力量。基建工程兵部队输送到深圳各单位的官兵共有八千多人，他们成为各条战线的骨干，在各自的工作岗位上做出了突出的贡献。①

"拓荒牛精神"是深圳建设者创造的丰碑，也是"深圳精神"的精髓。在深圳经济特区初创时期，两万基建工程兵用劈山开路、移土填海的实际行动，锤炼出"拓荒牛精神"。目前，这些人都已经从工作岗位上退休，他们的辉煌已经成为过去，但他们的优良传统和开拓创新、甘于奉献的精神却深刻塑造了"深圳精神"，特别是由基建工程兵脱胎而来的一些国有企业在深圳特区建设中传承和发扬了这种精神，坚持忠诚于党和人民，坚持改革创新精神，顾全大局，追求卓越，在深圳经济特区建设中发挥了不可替代的重要作用。

（二）厉有为是完善深圳市场经济新体制的"拓荒牛"

20 世纪 90 年代，曾担任深圳市主要领导的厉有为也是"拓荒牛精神"的代表人物。1990 年 12 月到 1998 年 3 月，厉有为先后任深圳市委副书记、市人大常委会主任、市长和市委书记。他是 20 世纪 90 年代中国著名的"改革之星"。他带领深圳人进一步改革开放，进行"二次创业"，继续当好"排头兵"。

争取经济特区立法权，为深圳改革创新提供保障。1990 年 12 月，深圳市人大成立，厉有为当选第一届深圳市人大常委会主任，他一上任就立即着手为深圳争取立法权。他回忆说："每个中央领导来，我们都要汇报，一遍又一遍地解释。领导还真听进去了，尤其是时任全国人大常委会委员长万里同志更是予以大力支持。"② 1992 年，第七届全国人大

---

① 段亚兵：《春天里，难忘改革开放的拓荒牛》，载《拓荒牛的记忆》，人民出版社 2021 年版，第 114 页。

② 深圳创新发展研究院编著：《改革者：百位深圳改革人物》，中信出版社 2019 年版，第 37 页。

常委会授权深圳市人大及其常委会和深圳市人民政府分别制定法规和规章在深圳经济特区实施的决定。从此，深圳获得了为改革创新保驾护航的"经济特区立法权"。

领导特区农村城市化，为建设现代化大都市奠定基础。1992年1月，邓小平视察深圳，厉有为具体负责安排小平同志视察的接待工作。1992年6月，在厉有为的直接领导和组织下，深圳出台了《关于深圳经济特区农村城市化的暂行意见》。深圳仅用了一年时间，就把特区内68个行政区和173个自然村全部转为城市居民委员会，村办企业改造成股份合作公司。这次农村城市化改革为深圳推动特区外第二次城市化提供了经验，为把深圳建设成为现代化国际大都市奠定了坚实的基础。

力推产业结构升级，掀起二次创业高潮。1994年，时任中共中央总书记江泽民勉励深圳"增创新优势，更上一层楼"，率先基本实现社会主义现代化。厉有为认为，发展高新技术产业是深圳增创新优势的一个最佳突破口。他坚持在特区内淘汰污染环境的"三来一补"企业，在特区外建立龙岗大工业区，调整产业结构，发展高新技术产业、高端服务业和金融业。他主张并推行技术、管理、专利等生产要素入股，成就了华为、中兴等一批高科技企业的迅速发展。他还倡议建立资本服务体系，成立深圳市高新投集团有限公司，通过上市融资推动高新技术企业的发展。

推行政府审批制度改革，完善社会主义市场经济体制。1993年3月，厉有为在全国人民代表大会上提出"政府要培育和调控市场，市场解放政府，政府解放企业，企业解放生产力"的重要论断。[①] 他还提出政府转职能、企业转变机制，建立"三无""四跨"的现代企业制度[②]，这些观点在全国都是相当超前的。他说，"我当政那几年，可以说把主要精力都放在经济体制改革上了，建立市场经济十大体系和四大运行机

[①] 《厉有为文集》下，海天出版社2010年版，第3页。
[②] 所谓"三无"，是指无固定经营范围、无固定地域期限、无上级主管部门；所谓"四跨"是指跨行业、跨所有制、跨地区、跨国界经营。

制是我们努力改革的成果"①。十大体系和四大运行机制的建立,标志着深圳通过实践初步建立了社会主义市场经济体制。

经历政策大辩论,为混合所有制改革做出理论贡献。1995年8月,厉有为接受媒体采访,系统介绍深圳特区取得的巨大成就和为国家做出的贡献,直接回应和批驳了北京学者胡鞍钢关于"特区不能再'特'"的论断。1996到1997年,他经历了著名的"所有制"问题大论战。面对来自某些理论工作者的大批判,时任中共中央总书记江泽民勉励他说:"你回去安心做你的市委书记,任凭风浪起,稳坐钓鱼台。"②厉有为关于所有制改革的思考为党的十五大报告调整和完善所有制改革提供了理论基础,为后来的混合所有制改革提供了理论支撑。

厉有为在退休时,曾写过一首题为《血路》的诗:"风口浪尖弄潮头,改革必伴热血流。血路杀得伤遍体,夕阳染红孺子牛。"这首诗放在他的文集扉页,总结了他在深圳改革开放大潮中的真实经历。厉有为认为,"一个人要有一点精神,一个城市也要有一点精神,而这个城市的领导集体就更应该有一点精神。这种精神能鼓舞、引导我们向既定目标更好地迈进"③。敢闯敢试、开拓创新的"拓荒牛精神"是深圳精神的灵魂。厉有为在深圳所做的改革创新探索体现了这种"拓荒牛精神"。

(三)"拓荒牛精神"的时代价值

敢闯敢试、开拓创新是深圳经济特区早期建设者的优良品质。他们直面经济特区建设中保守势力的各种挑战,克服社会主义建设中的重重阻力,像"拓荒牛"一样默默耕耘、辛勤付出。深圳早期居民对80年代那批怀着理想抱负、辛勤创业的深圳领导干部,对他们敢闯敢试的精神和开拓创新的干劲有目共睹,至今都称赞有加。正是因为有了这些"拓荒牛"的出色表现,才有了驰名中外的"深圳速度"。深圳人喜欢用"拓荒牛"来称呼那些为特区创业做出贡献的人们,用"拓荒牛"来称

---

① 深圳创新发展研究院编著:《改革者:百位深圳改革人物》,中信出版社2019年版,第40页。
② 《厉有为文集》下,海天出版社2010年版,第54页。
③ 《厉有为文集》下,海天出版社2010年版,第508页。

呼《孺子牛》雕塑，正说明"拓荒牛"这一称呼在深圳人心目中的分量和地位。

"拓荒牛精神"代表着深圳创业者大无畏的敢闯敢试、开拓创新精神。从20世纪80年代中期开始，"拓荒牛精神"就成为深圳特区人和特区精神的象征。深圳特区的广大党员、干部和群众艰苦创业，经受住了改革开放的严峻考验，涌现出一大批先进模范人物，他们的思想和事迹大大丰富了"拓荒牛"的精神内涵。在改革开放中经历种种挫败和委屈的基建工程兵，依然保持着人民解放军的光荣传统和不怕困难、敢于拼搏的精神，在经济特区建设中展现出强大的适应能力和创新能力。有些工程兵在市场经济大潮中成为出色的企业家，其中的佼佼者有华为公司的创办者兼总裁任正非、华强集团董事长兼总裁梁光伟、香港卫视董事局主席高洪星、深圳物业集团董事长马成礼、深圳市建筑装饰集团公司董事长汪家玉，等等。① 更多的工程兵在普通的工作岗位上默默奉献，成为深圳的第一代"拓荒牛"，他们用自己的青春与血汗"杀出一条血路"，用人生的奋斗与拼搏为经济特区铸就了不朽的精神丰碑。比如，工程兵先遣队连长单金生，全军"学雷锋积极分子""得奖专业户"孙建华，"广东好人"、已故"最美急救医生"徐粼，等等。②

深圳原市委书记厉有为曾对两万基建工程兵给予高度评价："两万基建工程兵是'开拓、创新、团结、奉献'深圳精神最早的实践者，两万基建工程兵是特区建设的拓荒牛。"③ "拓荒牛"代表着深圳特区的创业者勇于开拓、敢于创新、任劳任怨、无私奉献的精神。以"开拓""创新"为核心的"拓荒牛精神"，集中体现在"深圳精神"的概括和提炼之中。早在1987年，深圳就把特区建设的"拓荒牛精神"概括为"开拓、创新、献身"。1990年，深圳又提炼出"开拓、创新、团结、奉献"的"深圳精神"。2002年，"深圳精神"被扩充为"开拓创新、诚信守

---

① 段亚兵：《深圳拓荒人：基建工程兵创业纪实》，人民出版社2014年版。
② 徐艳琼：《致敬青春：回首基建工程兵来深建设40年》，载《拓荒牛的记忆》，人民出版社2021年版，第104—109页。
③ 《拓荒牛的记忆》，人民出版社2021年版，第227页。

法、务实高效、团结奉献"。可见,"开拓""创新"一直是"深圳精神"最精彩的内容,这反映出"拓荒牛精神"的时代价值。

(四) 新时代深圳建设仍需要"拓荒牛精神"

2005 年是深圳经济特区成立 25 周年。当年 10 月,深圳市文化局、市规划局、市旅游局和深圳商报等单位联合主办"深圳改革开放十大历史性建筑评选"活动,《孺子牛》铜雕入选。当时的颁奖词说:"这是深圳改革开放与现代化建设的指挥部,这里有一尊深圳人最熟悉的雕塑。每次从这里走过,我们似乎都能看见千千万万特区建设者埋头苦干的身影,看见深圳精神在拓荒的姿态中一次次闪光,一次次升腾。""雕塑象征奋力开拓的特区建设者,成为代表改革、开拓、创新的深圳精神的一个标志形象,广为人知。"[①]《孺子牛》铜雕的创作者潘鹤教授在获奖感言中说:"这次评选对象是'历史性建筑',《孺子牛》最终入选,说明它在深圳人心中的分量。深圳人不能忘记人的精神品格,不能忘记孺子牛凝聚的特区成立之初的深圳精神,深圳的气质、市民的素质仍然需要孺子牛精神。"[②]

2021 年,"孺子牛精神""拓荒牛精神""老黄牛精神"得到了党中央高层领导的认可。2021 年是"十四五"开局之年,也是中国农历的牛年。在全国政协 2021 新年茶话会上,习近平总书记强调要发扬为民服务孺子牛、创新发展拓荒牛、艰苦奋斗老黄牛的精神,在全面建设社会主义现代化国家新征程中奋勇前进。[③] 2021 年 2 月 10 日是农历大年二十九,中共中央、国务院举行春节团拜会。在春节团拜会上,习近平总书记继全国政协新年茶话会之后,再次提出要大力发扬孺子牛、拓荒牛、老黄牛"三牛"精神。同年 9 月,党中央批准了中央宣传部梳理的第一批纳入中国共产党人精神谱系的伟大精神,"三牛"精神被纳入。[④] 这意

[①] 滑翔:《珍藏城市的记忆——"深圳改革开放十大历史性建筑"评选纪实》,《深圳特区报》2005 年 10 月 30 日第 A16 版。
[②] 文朝利:《深圳语录》,海天出版社 2010 年版,第 67 页。
[③] 《发扬"三牛"精神,奋斗开创新局》,《新华每日电讯》2021 年 1 月 2 日第 1 版。
[④] 《中国共产党人精神谱系第一批伟大精神正式发布》,《人民日报》2021 年 9 月 30 日第 1 版。

味着"孺子牛精神""拓荒牛精神""老黄牛精神"得到了中共中央的肯定和认可,成为中国共产党人精神谱系的重要组成部分。

中国特色社会主义进入新时代,面对人民群众日益增长的美好生活需要,全国的党员干部要争当为民服务、无私奉献的孺子牛;面对新发展阶段的新挑战新任务,要争当创新发展、攻坚克难的拓荒牛;面对民族复兴伟大梦想,要争当艰苦奋斗、吃苦耐劳的老黄牛。这就是"拓荒牛精神"在新时代的重要价值。

第二节 经济特区的快速发展与"特区精神"的诞生

20世纪80年代中期,深圳经济特区进入战略调整阶段。邓小平视察并肯定深圳经济特区的改革创新探索,全国经济特区工作会议在深圳召开,为经济特区的进一步发展确定方向。随着经济体制和行政体制改革的全面铺开,深圳特区的经济稳步发展,外向型经济体制逐步建立。深圳在抓好物质文明建设的同时,开展以"做文明市民、创文明单位、建文明深圳"为主题的精神文明建设,① 提出"特区精神"以凝聚人心。

一 扩大对外开放与深圳经济起飞

(一)邓小平视察肯定深圳经济特区的探索

20世纪80年代初,深圳经济特区在吸引和利用外资、引进先进技术以及各项建设中,取得了突出成就,初步显示出经济特区的强大生命力。截至1983年底,深圳累计与外商签订协议2500多项,协议投资总额超过18亿美元,实际投入使用4亿美元。同时,引进了25000多台(套)先进设备,有些先进技术经过消化、改造、创新为发展特区生产力起到了积极作用。1983年与1978年相比,工业总产值增长10.7倍,

---

① 段亚兵:《深圳精神文明之路》,海天出版社2000年版,第19页。

财政收入增长10.9倍,地方外汇收入增长2倍。特区经济的迅速发展,给当地居民创造了充分就业的机会,特区基本上没有待业青年,人们的精神面貌发生了深刻变化。①

1984年1月24日,邓小平第一次来深圳视察。他说:"办特区是我的主张,到底办得成功不成功,我要来看一看。"②邓小平听了深圳市委、市政府的汇报,登上罗湖区的国际商业大厦,参观正在生产新产品的现代化工厂,了解渔民村的生产情况和群众生活情况。他在蛇口工业区肯定了袁庚的标语:"时间就是金钱,效率就是生命。"并为中国首座海上旅游中心题写"海上世界"四个大字。但他的态度很谨慎,在视察完深圳和珠海回到广州后,才为深圳题词:"深圳的发展和经验证明,我们建立经济特区的政策是正确的。"落款日期是他离开深圳的日子——1月26日。

邓小平的这次视察,不仅结束了国内"要不要办特区"以及"姓资还是姓社"的争论,同时对推动全国开放新格局的形成发挥了重要作用。首先,邓小平对深圳的题词,起到了动员全国各方面力量加大支援经济特区建设的作用;其次,鼓舞了投资者的信心,消除了海外人士的疑虑,扩大了经济特区的影响;再次,对深圳本身来说,邓小平的题词是巨大的鼓舞和鞭策。在邓小平题词的鼓舞下,1984年,深圳两个文明建设都取得了很大成效,各项工作都超出了原来预期,提前一年完成了"六五"规划提出的任务。

(二)对外开放格局初步形成

1984年2月,邓小平回到北京不久,就把相关中央负责同志叫来,为宣布开放另外14个沿海城市的政策做准备。此后两个月,中央书记处和国务院准备了一份题为《沿海部分城市座谈会纪要》的重要文件,并于5月4日下发,把对外开放政策扩大到14个沿海城市。哈佛大学傅高

---

① 梁湘:《建设经济特区的决策是完全正确的》,《人民日报》1984年3月29日。
② 深圳市史志办公室:《中国经济特区的精神文明建设·深圳卷》,中央党史出版社2003年版,第89页。

义教授认为,"开放沿海城市实际上是深圳经验的推广"①。他高度评价了邓小平的做法,"这件事他做得既漂亮又成功"②。邓小平自己也在党内多次讲过,1984年他主要办了两件大事。一件是开放14个沿海城市;另一件是提出"一国两制"的办法,解决台湾和港澳问题,实现祖国统一大业。③

1985年1月25日至31日,国务院在北京召开长江、珠江三角洲和闽南厦(门)漳(州)泉(州)三角地区座谈会,建议将这三个地区开辟为沿海经济开放区。座谈会认为,把这几个地区开辟为沿海经济开放区,是我国对外开放的重要战略部署。不但可以加快沿海经济的发展,在全国最先建设成内外交流、工农结合、城乡渗透、现代化、开放式的文明富庶地区,而且可以带动内地,使内地和沿海的优势互相补充,相得益彰。2月18日,中共中央、国务院批转《长江、珠江三角洲和闽南厦漳泉三角地区座谈会纪要》。这是我国实施对内搞活经济、对外实行开放的又一重要步骤,是社会主义经济建设中具有重要战略意义的布局。

这样,中国对外开放初步形成了由"经济特区—沿海开放城市—沿海经济开放区—内地"构成的多层次、有重点、点面结合的对外开放格局,在沿海形成了包括2个直辖市、25个省辖市、67个县、约1.5亿人口的对外开放前沿地带。④ 至此,对外开放在广度和深度上进一步扩大,对我国经济社会发展起到了巨大的推动作用。

(三)深圳经济特区进入起飞阶段

1984年邓小平做出"深圳的发展和经验证明,我们建立经济特区的政策是正确的"这一历史性判断,不仅明确了经济特区的未来发展方向,也意味着中国经济特区进入了探索和起飞阶段。1985年12月25日至1986年1月5日,国务院在深圳召开经济特区工作会议。会议结束

---

① [美]傅高义:《先行一步:改革中的广东》,凌可丰、丁安华译,广东人民出版社2008年版,第121页。
② [美]傅高义:《邓小平时代》,冯克利译,生活·读书·新知三联书店2013年版,第409页。
③ 《谷牧回忆录》,中央文献出版社2009年版,第335页。
④ 武力主编:《改革开放40年:历程与经验》,当代中国出版社2020年版,第51页。

时，国务委员谷牧同志做了重要讲话。他督促深圳市领导要从搞基建、打基础转到抓生产、上水平、求效益上来，为此要发掘"开荒牛"的精神和劲头。他要求特区工作跟上形势的发展，朝着建设外向型经济奋力爬坡，认真进行改革，切实加强管理，务必使各项工作更上一层楼。①

深圳遵照全国经济特区工作会议要求，把工作重点从前几年铺摊子、打基础转到以工业为主、工贸技结合的外向型经济上来。通过抓生产、上水平、求效益，探索经济特区发展外向型经济的道路。为此，深圳人曾把当时深圳经济特区的经济特点概况为"四个为主"②。从1986年开始，深圳特区政府加强了宏观控制，并在投资工业和技术引进政策方面进行了调整。通过这次产业政策和发展规划调整，使经济结构初步得到改善，工业化进程加快，城市建设突飞猛进，经济发展质量大幅提升。

深圳经济特区在创建后的首个十年间，累计完成基本建设投资182亿元，其中工业基建投资占25.3%，交通邮电占6.5%，商业饮食占11.7%，文教卫科技占5.8%，房地产、公共、服务占31.5%。开发61平方千米新城区，建设服务类房屋竣工面积2306万平方米，其中兴建8个工业区，50个新型住宅区，1个科技工业区，6个港口，1个直升机场，5个出入境口岸和相应的旅游、文教设施以及交通、通信、能源、供水等生产、生活和公共事业配套设施，形成了良好的投资环境。③ 至此，深圳从一个基础薄弱、设施简陋、贫穷落后的边陲小镇，初步发展成为一个经济发达、市场繁荣的现代化都市，"四个窗口"作用进一步加强。

按照中共中央、国务院物质文明和精神文明"两手抓两手都要硬"的总要求，深圳在经济建设取得巨大成就的同时，精神文明建设也取得了巨大的成果。"特区精神"的提出就是深圳精神文明建设的重要成果。

---

① 陶一桃主编：《深圳经济特区年谱（1978—2018）》上册，社会科学文献出版社2018年版，第140页。
② "四个为主"是指建设资金以吸引和利用外资为主，经济结构以三资企业为主，经济活动在国家计划指导下以市场调节为主，企业产品以出口外销为主。参见陶一桃、鲁志国等《中国经济特区简史》，学林出版社2020年版，第91页。
③ 孙惠爱：《深圳崛起》，《经济师》1992年第4期。

二 "特区精神"的提出

精神文明建设,是社会主义现代化建设的一项重要战略任务。从历史来看,"两个文明一起抓""两手都要硬"始终是深圳经济特区建设的一条主线。当深圳经济特区在南中国大地呱呱落地的时候,一些长期活在闭关锁国环境中思想禁锢、视力衰退的人,一直用质疑和怪异的目光审视"深圳经济特区"这个新生儿:这个满身血污的婴儿究竟是"骄子"还是"怪胎"?他们当中不同人的答案是迥然不同的。在这种大背景下,深圳经济特区坚持"两个文明"一起抓的方针,推出了"特区精神"。

(一)重视精神文明建设是"特区精神"提出的大背景

在建设高度物质文明的同时,努力建设高度的社会主义精神文明,是中国特色社会主义建设的战略方针。经济特区实行特殊政策,引进大量外资,同外国资本、港澳资本和华侨资本合作,这就使特区具有与内地不同的特点,能否坚持"两个文明"一起抓,就成为特区事业兴衰成败的大事。只有加强社会主义精神文明建设,宣传社会主义和共产主义的理想、信念、道德和情操,才能有效抵制资本主义思想的侵蚀,克服封建思想残余,保证特区建设沿着正确的轨道健康发展。深圳经济特区坚持"有所引进、有所抵制""排污不排外"的原则,加强精神文明建设和思想政治工作,取得了重要成绩,积累了有益经验。

深圳经济特区刚刚成立,特区党委就把精神文明建设当作特区建设的一项战略任务来抓。当时有人有过不同认识:认为特区的任务主要是发展经济,精神文明不一定抓得那么紧。特区党委经过反复学习中央对办特区的方针、政策以后,认识到只抓经济建设、不抓精神文明建设的严重危害性。1981年,广东省委宣传部请示省委和中宣部,提出《关于深圳特区思想文化建设的初步意见》,加强思想文化设施建设,创办特区报纸,筹办深圳市广播电台,加强文化事业建设和艺术团体建设,加强教育、科研、卫生、体育工作。①

为了推动精神文明建设，深圳经济特区开展了一系列思想政治教育活动，加强党风建设。1981年，开展"五讲""四美"活动；开展以热爱祖国、热爱社会主义、热爱中国共产党为中心的革命传统教育。1982年，开展"文明礼貌月"活动，以后两年继续开展，持续三年，涌现出以深圳市东湖宾馆为代表的思想政治工作优秀典型。1983年，在青少年中大力提倡业余读书活动。1984年，出台《深圳市市容卫生十不准禁令》，并对持续了三年的全民文明礼貌月活动进行总结。1985年，深入开展"五讲四美三热爱"活动，出台《深圳经济特区社会主义精神文明建设大纲》（试行草案）。②经过近六年的实践，深圳经济特区不仅在物质文明建设方面建设取得了重大成就，在社会主义精神文明建设方面也取得了可喜的成绩。1986年，深圳市委授予一批文明单位、文明建设先进集体和先进个人光荣称号，并号召全市广大干部群众向这些单位和个人学习。

（二）深圳是"特区精神"的贡献者

深圳的重要历史性贡献之一就是贡献了一种"新精神"。这种新精神就是"特区精神"。深圳是"特区精神"的提出者和贡献者。1987年6月，深圳经济特区第一次思想政治工作会议指出，特区处于改革开放的最前沿，面临复杂的形势和肩负着特殊的使命，迫切需要用共同理想来凝聚人心，鼓舞斗志，需要通过培养"特区精神"，不断提高人们的思想道德水平和科学文化素质，使人们的精神风貌同特区的事业发展相适应、与时代潮流相合拍。"大鹏鸟""拓荒牛"等提法虽然形象生动，但还不是对"特区精神"的精确概括。经过认真讨论，会议决定用"开拓、创新、献身"6个字来概括"特区精神"，并正式写入了会议纪要，集中展现深圳人崭新的精神面貌。公开资料显示，"特区精神"最早是

---

① 中共广东省委宣传部：《关于深圳特区思想文化建设的初步意见》（粤宣请示〔1981〕第11号），1981年4月14日。

② 中共深圳市委：《深圳经济特区社会主义精神文明建设大纲（试行草案）》，载吴松营、段亚兵主编《深圳精神文明建设（文件汇编）》，海天出版社1996年版，第148—164页。

由深圳提出来的。

然而，除了深圳经济特区之外，珠海、汕头、厦门、海南也属于典型的经济特区；上海浦东新区和天津滨海新区属于实施特殊政策的国家级新区；2010年5月，中央新疆工作座谈会决定设立喀什、霍尔果斯两个经济开发区，它们属于广义的经济特区。可见，"特区精神"不能只由深圳一个经济特区代表。因此，1990年下半年，深圳特区建设进入第二个十年，深圳市委常委会通过讨论对"特区精神"加以补充、完善，提出"开拓、创新、团结、奉献"的新精神。同时把"特区精神"改成"深圳精神"，以增强和激励深圳人的自豪感、责任感和使命感。深圳市委向当时前来视察的江泽民总书记汇报了新概括的"深圳精神"，得到江总书记的肯定和赞扬。

深圳对"特区精神"的贡献不仅在于首次提出"特区精神"这一概念，还是人在精神状态上形成了一种勇于创新、善于创新的品格。以"时间就是金钱，效率就是生命""只做不说，多做少说，做了再说""空谈误国，实干兴邦"为代表的一系列新理念，"敢闯敢冒敢试""敢为天下先"的创新精神，一千多个全国"率先"的改革试验，不仅推动了全国人民的思想解放，还坚定了中国走市场经济改革道路的决心和信息。

（三）"特区精神"的新发展

近年来，"特区精神"作为中国改革开放精神的内核和标志，受到了以习近平同志为核心的党中央的高度重视，并被赋予新的时代内涵。

2018年4月，习近平总书记在庆祝海南省办经济特区三十周年大会的讲话中总结提炼出"特区精神"的新内涵。他要求，"经济特区要勇于扛起历史责任，适应国内外形势新变化，按照国家发展新要求，顺应人民新期待发扬敢闯敢试、敢为人先、埋头苦干的特区精神，始终站在改革开放最前沿"[①]。"敢闯敢试、敢为人先、埋头苦干"是习近平总书记赋予"特区精神"的新内涵。同时，这也标志着"特区精神"不仅仅

---

① 习近平：《论中国共产党历史》，中央文献出版社2021年版，第191页。

是深圳一个经济特区的精神，而成为中国全体经济特区共有的精神。

2019年8月，《中共中央 国务院关于支持深圳建设中国特色社会主义先行示范区的意见》（以下简称《意见》）指出，深圳要"进一步弘扬开放多元、兼容并蓄的城市文化和敢闯敢试、敢为人先、埋头苦干的特区精神，大力弘扬粤港澳大湾区人文精神，把社会主义核心价值观融入社会发展各方面，加快建设区域文化中心城市和彰显国家文化软实力的现代文明之城"[1]。《意见》充分肯定了深圳的城市文化和城市精神。"开放多元、兼容并蓄的城市文化"和"敢闯敢试、敢为人先、埋头苦干的特区精神"是深圳这座城市的基因和密码，这些观念文化是解读深圳发展奇迹的关键。

2020年10月，习近平在深圳经济特区建立40周年的讲话中指出，"要弘扬以爱国主义为核心的民族精神和以改革创新为核心的时代精神，继续发扬敢闯敢试、敢为人先、埋头苦干的特区精神，激励干部群众勇当新时代的'拓荒牛'"[2]。这次讲话不仅重新强调了"敢闯敢试、敢为人先、埋头苦干的特区精神"，还认可了把特区建设者称为"拓荒牛"的传统说法。

2021年9月，党中央批准了中央宣传部梳理的第一批纳入中国共产党人精神谱系的伟大精神，"特区精神"被纳入。这意味着"特区精神"作为改革开放精神的内核和显著标志，得到了中共中央的全面肯定和充分认可，成为中国共产党人精神谱系的重要组成部分。

三 "特区精神"的内涵与价值

"特区精神"是经济特区创办以来孕育和锤炼出来的精神风貌和精神特质，是支撑经济特区不断发展壮大的动力源泉。经济特区要扛起新时代的历史责任，大力弘扬"特区精神"，用当年办经济特区时"杀出

---

[1] 《中共中央 国务院关于支持深圳建设中国特色社会主义先行示范区的意见》，《人民日报》2019年8月19日第1版。
[2] 习近平：《在深圳经济特区建立40周年的讲话》，《人民日报》2020年10月15日第2版。

一条血路"的气魄和胆量，迎难而上，继续做改革开放的"试验田""排头兵"，为全国探索更多可以复制和推广的改革经验。

（一）"特区精神"的内涵

经济特区是指"在一个国家或地区内划出一定的范围，实行特殊的经济政策和经济体制的地区"[①]。从概念上讲，"特区精神"是指经济特区在发展过程中，在继承和发扬革命精神和社会主义先进文化的基础上，形成的特区人民的精神风貌。"特区精神"的内涵非常丰富，在不同时代体现出不同的特征。

"特区精神"是"拓荒牛精神"的进一步发展，它最初的内涵是"开拓、创新、献身"。1987年8月，深圳市委思想政治工作会议对"特区精神"做出了比较全面的阐述：[②] 开拓就是胸怀"振兴中华，建设特区"的理想和抱负，面向世界，面向未来，为贯彻党的基本路线、为完成党中央赋予我们举办特区的战略任务而勇于开拓，奋力拼搏，敢于竞争，百折不挠，锲而不舍，以压倒一切困难的精神，去夺取胜利。创新就是要大胆改革，积极试验，敢于走前人没走过的路，敢于借鉴国内外有益的经验和做法，为建设有中国特色的社会主义探索新路子。献身就是坚持党和人民的利益高于一切，全心全意为人民服务，不为名利，公而忘私，先人后己，艰苦奋斗，廉洁奉公，敢于坚持原则，同坏人坏事做斗争，为特区和祖国四化建设多做贡献。

1990年12月，中国共产党深圳市第一次党代会召开。时任市委书记李灏在党代会报告中对"特区精神"的内涵进行了界定。他指出，"特区精神，是人们在特区建设的实践中形成的体现时代特点、反映深圳人价值取向并能增强特区凝聚力和向心力的强大精神力量"[③]。他号召党员干部要以自己的模范行为带动和影响群众，成为发扬特区精神的

[①] 陈至立主编：《辞海》（第七版），上海辞书出版社2020年版，第2208页。
[②] 深圳市史志办公室编著：《深圳改革开放纪事（1978—2009）》，海天出版社2009年版，第202页。
[③] 深圳市史志办公室编：《中国共产党深圳市历次代表大会及全会重要文献选编》，2005年4月，第18页。

表率。

2000年11月，在深圳经济特区建立20周年之际，深圳将"特区精神"总结为十大方面，包括敢闯、敢冒、敢试、敢为天下先的改革精神；奋发有为、只争朝夕的创业精神；自立、自强、自信的拼搏精神；团结友爱、扶贫济困的互助精神；诚实守信、廉洁奉公的奉献精神；爱岗敬业、健康文明的人文精神；公正严明、规范有序的法治精神；崇尚知识、完善自我的学习精神；公开透明的民主精神；面向世界的开放精神。①

2010年5月，深圳市第五次党代会报告将"特区精神"归纳为七个方面：敢闯敢试、敢为天下先的改革精神；海纳百川、兼容并蓄的开放精神；追求卓越、崇尚成功、宽容失败的创新精神；"时间就是金钱、效率就是生命""空谈误国、实干兴邦"的创业精神；不畏艰险、敢于牺牲的拼搏精神；团结互助、扶贫济困的关爱精神；顾全大局、对国家和人民高度负责的精神。②

2018年4月，习近平总书记在庆祝海南建省办经济特区三十周年大会的讲话中，赋予特区精神"敢闯敢试、敢为人先、埋头苦干"的新内涵。从此，"特区精神"不再专属于深圳，"特区精神"也不等同于深圳精神，而是以深圳、珠海、汕头、厦门、海南等为典型代表的经济特区在历史发展进程中形成的共同的精神文化。

可见，"特区精神"的内涵随着改革开放的深入和发展而不断得到丰富、充实和完善。

（二）"特区精神"的时代价值

特区精神是时代精神，是改革开放精神的重要组成部分。探求特区精神的时代价值，需要还原经济特区建设和发展的历史进程，从特区改革者身上汲取"敢闯敢试""敢为人先"的信心和勇气，向特区建设者学习"开拓创新""埋头苦干"的智慧和力量，在传承特区精神的同时

---

① 杨春南、徐江善、郭嘉玮：《特区精神》，《新华每日电讯》2000年11月15日第2版。
② 黄超、叶明华：《"特区精神"再更新》，《南方日报》，2010年5月24日，新浪网，2022年6月11日访问（https://news.sina.com.cn/s/2010-05-24/082717555250s.shtml）。

结合时代特点赋予其新的内涵。

首先,经济特区是中国对外开放的窗口,倡导特区精神有助于塑造国家形象。经济特区是最能代表中国国家形象和对外开放形象的地区,因此要发挥好改革开放的窗户和塑造国家形象的作用。经济特区不仅要做好对外经贸交流,还要加强国际人文交流;不仅需要看得见的国际化法治化营商环境,还要展示看不见的特区精神。全面深化改革进入深水区以后,更要大力弘扬特区精神和城市人文精神。

其次,特区精神承载着中华民族伟大复兴的梦想。特区精神源自于中国改革开放的伟大实践,承载着建设社会主义现代化国家的伟大梦想。不管是"杀出一条血路"的大胆探索,还是像"拓荒牛"一样的默默耕耘,都是要让经济特区成为全国改革开放的样本和范例。第一个百年奋斗目标实现以后,经济特区要继续做好改革开放的开拓者和实践家,为实现第二个百年奋斗目标做出新的更大贡献。

最后,特区精神为思政教育提供优质资源。习近平总书记指出,"我们办中国特色社会主义教育,就是要理直气壮开好思政课,用新时代中国特色社会主义思想铸魂育人"[①]。特区精神应当成为学校思政教育的重要资源。特区精神与改革开放时代主题高度契合,讲好经济特区发展的故事,还原老一辈改革家的拓荒历史,可以有效避免思政教育灌输和说教的弊端,提升思政教育的针对性和有效性。

第三节 "特区精神"向"深圳精神"的升华

20世纪80年代末90年代初,苏联和东欧社会主义国家政局动荡加剧,中国改革开放过程中积累的矛盾和问题凸显,社会上一度出现经济特区姓"资"姓"社"的争论,给深圳经济特区建设者造成了不小的思想压力。对此,邓小平在视察南方时发表的谈话中指出:"深圳建设的成就,明确回

---

① 《习近平谈治国理政》第3卷,外文出版社2020年版,第329页。

答了那些有这样那样担心的人。特区姓'社'不姓'资'。"① 这就有力地驳斥了关于经济特区建设的质疑和诘难，为经济特区建设起到了保驾护航的作用。

"深圳精神"就是在这样的时代大背景下提出来的。

一 "深圳精神"的正式提出

深圳经济特区经过十年的发展，经济社会发展取得重要成就，城市吸引力大大增强，常住人口超过两百多万。同时，深圳也存在社会治安较差、教育医疗资源不足、人文关怀缺失等突出社会问题，每年春节前后大规模的人口流动，让深圳更像是一座大工厂，更适合打工挣钱而不适合生活居住。哈佛大学傅高义教授写道，"许多有机会选择生活环境的年轻人，都认为深圳是全国最令人向往的地方"；同时，也有"许多人认为深圳人只注重物质、傲慢自大、堕落，有时甚至是腐化"。② 这都给深圳的精神文明建设带来了巨大的压力。

（一）把"特区精神"改为"深圳精神"

邓小平指出，"广东二十年赶上亚洲'四小龙'，不仅经济要上去，社会秩序、社会风气也要搞好，两个文明建设都要超过他们，这才是有中国特色的社会主义。新加坡的社会秩序算是好的，他们管得严，我们应当借鉴他们的经验，而且比他们管得更好"③。在邓小平讲话精神的指导下，20世纪90年代，向香港和新加坡学习先进管理经验，成为深圳城市公共管理和精神文明建设的重要内容。

为了适应经济特区快速发展，深圳市委决定修订"特区精神"。1990年12月，中国共产党深圳市第一次党代会隆重举行。深圳市第一次党代会把深圳精神提炼为"开拓、创新、团结、奉献"8个字，同时把"特区精神"改为"深圳精神"。时任市委书记、市长李灏在党代会

---

① 《邓小平文选》第3卷，人民出版社1993年版，第372页。
② ［美］傅高义：《先行一步：改革中的广东》，凌可丰、丁安华译，广东人民出版社2008年版，第115、124页。
③ 《邓小平文选》第3卷，人民出版社1993年版，第378—379页。

报告中对"深圳精神"进行了详细的解释。①

把"献身"改成"奉献"是为了顺应市场经济的发展需要。深圳经济特区刚刚成立时,环境和条件都非常艰苦,需要建设者有"献身"精神。经过十年的建设和发展,深圳城市建设已初具规模,市委、市政府要用市场经济的激励方式吸引更多人才一起建设深圳。如果再提无条件的"奉献",既不利于吸引人才,也不利于调动建设者的积极性。因此,用"奉献"取代"献身",一方面是尊重个人的自主选择,另一方面也是用市场经济手段进行价值引导。

"深圳精神"的提出,不是某几个市领导拍脑袋想出来的,更不是无中生有地从天上掉下来的。"深圳精神"是深圳人在创造"深圳速度"和"深圳效益"的同时,在改革开放和现代化建设的实践中不断加以总结创造、逐渐形成的理论成果。深圳经济特区的创业者、拓荒者和建设者,肩负着开辟建设特区的使命,怀着"解放思想""敢闯敢试""杀出一条血路来"的气概,在荒山、荒原、荒滩上披荆斩棘;他们抱着"团结就是力量"的信念,齐心合力,天南海北、五湖四海凝聚成一个声音;他们勤勤恳恳,埋头苦干,像"拓荒牛"一样辛勤耕耘,硬是把一个落后的边陲小镇建成一个现代化大都市,并率先建立起社会主义市场经济体制的基本框架。

(二)"深圳精神"的内涵

1996年,深圳正面临第二次创业,时任市委书记厉有为曾对"深圳精神"的内涵做了精辟的概括。他说:"'深圳精神'是改革开放的时代精神。开拓,就是开历史之先河,走前人没有走过的路;创新,就是解放思想,推陈出新,创造社会主义市场经济新体制和新机制;团结,就是万众一心、众志成城、拼搏奋斗;奉献,就是先公后私,先人后己,将国家、人民的利益放在首位,为人民、为国家、为集体奉献个人的一切。"②

---

① 深圳市史志办公室编:《中国共产党深圳市历次代表大会及全会重要文献选编》,2005年4月,第18—19页。
② 白天、李小甘、段亚兵:《深圳精神文明建设·文件集》,海天出版社1999年版,第53—54页。

我们认为，可以从以下四个方面来阐释"深圳精神"的内涵。

1. "杀出一条血路"体现了开拓精神

党的十一届三中全会拉开了中国改革开放的大幕，这是建立经济特区的时代背景。近代以来，广东经历了从"得风气之先"到"开风气之先"的重大飞跃，特别是毗邻香港，成为建立经济特区的地缘优势。此外，广东地区的港澳同胞、海外华侨多，广东的干部、群众都希望通过改革改变家乡的落后面貌。负责传达三中全会精神的吴南生看到家乡汕头满目凄凉，常常睡不好觉，他在回忆中谈道："我们当年豁着性命扛起枪杆闹革命，可不是为了换取眼前这一副江山！"[①]

1979年3月，吴南生在省委常委会议上提议广东应该先走一步，先掌握主动权。他建议在自己的家乡汕头用各种优惠政策吸引外资，把国外先进的东西引进来。一种发展家乡的使命感让他立下军令状："如果省委同意，我去办。要杀头就杀我！"[②] 大家都赞成吴南生的提议。时任广东省委第一书记习仲勋当即表态："要搞，全省都搞。先起草意见，4月中央开工作会议，我带去北京。"[③]

1979年4月，习仲勋出席中央工作会议时，正式向中央领导人提出：希望中央给点权，让广东利用自身优势先走一步。他提出，广东打算仿效外国的出口加工区，运用国际惯例，在毗邻港澳的深圳、珠海和侨乡汕头划出一块地方进行单独管理，吸引外资，按照国际市场的需要组织生产，初步定名"贸易合作区"。邓小平非常赞同广东这一富有新意的设想。当他听说贸易合作区的名称还没有定下来，就果断地说："还是叫特区好，陕甘宁开始就叫特区嘛！中央没有钱，可以给些政策，你们自己去搞，杀出一条血路来。"[④]

"杀出一条血路"，这句话体现了党中央创办经济特区的战略意图，

[①] 广东省政协文史资料研究委员会编：《经济特区的由来》，广东人民出版社2002年版，第5页。
[②] 洪远主编：《特区人物志·深圳卷I》，广东人民出版社2009年版，第2页。
[③] 《习仲勋主政广东》，中共党史出版社2007年版，第236页。
[④] 《邓小平年谱（1975—1997）》上，中央文献出版社2004年版，第510页。

是希望经济特区为全国其他地方的改革发展提供有益经验和鲜活样本。也就是说，创办经济特区是中国实行改革的一项重要试验，也是实行对外开放政策的重要组成部分和突破口。1979年9月22日，谷牧副总理到广东与省委负责人座谈。他特别强调说："你们特区要有点孙悟空精神，受条条框框束缚不行，要改，要搞活，步子要大一些。"① 时任广东经济特区委员会主任吴南生就是中国的孙悟空，他兼任深圳市委书记，坐镇深圳，领导开发经济特区。

深圳不仅是中国第一个经济特区，还是改革开放的"窗口""试验田"和"排头兵"。同时，深圳也是一座具有开拓精神、引领国家发展潮流的城市。正是靠着第一代特区建设者"杀出一条血路"的开拓精神，才奠定了深圳经济特区发展的基础。冲破不合时宜的规章制度，破除各种旧思想、旧观念；出租和拍卖土地使用权，赚钱来投资搞建设；在基建中打破大锅饭，设计搞评比、工程搞招标、施工搞承包，既省钱又加快了建设速度、保证了建设质量。深圳创造了上千个"全国第一"。每一个"第一"都显示出改革者和开拓者的胆量、气魄和真功夫，闪烁着宝贵的开拓精神。

2."敢闯敢试"意味着创新精神

邓小平多次总结"深圳的重要经验就是敢闯"②。深圳经济特区的建立和发展，从一开始就伴随着来自各方面的巨大争议和挑战，一路走来都是在闯"禁区"、闯"盲区"、闯"雷区"。面对争议，邓小平的意见是"不搞争论"，原因是"一争论就复杂了，把时间都争掉了，什么也干不成"。他不要求强制搞一刀切，他说，"我们的政策就是允许看。允许看，比强制好得多。"③ 同时，邓小平也不怕改革会犯错误，他号召："第一要大胆去干，第二发现干得不对的地方要及时纠正，总结经验，

---

① 中共深圳市委党史研究室、深圳市史志办公室编：《深圳大事记（1978—2020）》，深圳报业集团出版社2021年版，第16页。
② 《邓小平文选》第3卷，人民出版社1993年版，第372页。
③ 《邓小平文选》第3卷，人民出版社1993年版，第374页。

不是首先考虑犯不犯错误。"① 深圳是一个移民城市,深圳人来自五湖四海,其中最吸引人的一个地方就是敢想、敢做、敢闯、敢创。只有"大胆地试,大胆地闯",深圳才能冲破层层阻隔和藩篱,才能走出一条适合自己的发展路子。

对20世纪80年代深圳"敢闯敢试"的改革开放经验,哈佛大学傅高义教授有自己的观察。他说,"深圳成了测定何种西方经验最适合于中国的一个大型实验室","深圳还成了高层领导人视察改革进程的最佳场所",同时成为了"训练干部新思维的最佳地点"。② 当时,深圳是内地干部官员学习新思想新观念的榜样。仅1984年,深圳市政府就接待了来自北方的上万名参观者,其中不少人是中央政府部门、省级和市级单位的高级官员。正是深圳人积极发扬敢闯敢试、艰苦奋斗的精神,使深圳经济特区一开始就体现出改革开放政策的吸引力和中国特色社会主义的巨大优越性。

经济学家苏东斌认为,深圳经济特区对中国"精神"的贡献,是形成了特有的创新精神。这种创新精神不仅为中国内地城市的发展贡献了一种敢闯敢试的精神和意识,而且集中反映在思想解放和由此引发的产业结构调整与优化升级上。他们仔细梳理了深圳高技术产业发展的创新之路,建议政府要肯定"山寨"式创新的积极意义;同时要创造条件推动企业走自主创新发展之路。他们提出,深圳创新精神的源头有两点:一是获得中央授权,拥有了区域经济增长启动的前提和政策环境;二是深圳聚集了一批敢闯敢冒敢干、勇于创新的人。其中,制度配套和政策环境是前提,而最核心、最重要的是具有创新精神的人。③

深圳作为中国改革开放的"试验田",始终坚持解放思想、敢闯敢试,无论是20世纪80年代的价格改革、劳动工资改革、要素市场建立,

---

① 《邓小平文选》第3卷,人民出版社1993年版,第379页。
② [美]傅高义:《先行一步:改革中的广东》,凌可丰、丁安华译,广东人民出版社2008年版,第124、125页。
③ 苏东斌、钟若愚:《中国经济特区导论》,商务印书馆2010年版,第30、198、201—202页。

还是20世纪90年代的股份制改造、科技体制创新、行政审批制度改革，以及21世纪以来的事业单位改革、商事登记制度改革和社会组织改革等，深圳都坚持"敢为天下先"的闯劲，敢于突破传统观念和计划经济体制的束缚，在全国率先探索社会主义市场经济建设之路。可以说，深圳所取得的成就是"闯"出来的，是改革开放以来中国实现历史性变革的一个缩影。

3. "五湖四海"蕴含着团结精神

所谓团结，是指"团结一心，共创大业。发扬民主作风，加强团结协作。搞五湖四海，不拉帮结派。淡化籍贯意识，增强主人翁责任感"①。20世纪80年代初期的深圳经济特区，经济落后，物资匮乏，生活穷困。每一个新来的来深建设者又都是人生地不熟。唯有大家互相关心，互相爱护，互相帮助，团结一心，才能克服困难，共同前进。据亲历者回忆，"那时候，互相借参考资料，一本新书、好书看完了，轮着几个人看；互相借饭票，借家具，自己种的菜从地里收回来后，给刚知道叫他老洪、小李的邻居送一点，都是常有的事。当时，单位与单位之间，上下级之间，因为要办一件事就送礼、请吃饭，却是很少见的"②。

为了使团结精神永记于人们心中，不断得到发扬，深圳市委、市政府在制定发展旅游规划时，就有意识地搞"五湖四海"——即把全市旅游业分布在银湖、香蜜湖、西丽湖、石岩湖、东湖五个湖和大小梅沙、沙头角、深圳湾、蛇口四处滨海的地方。这"五湖四海"在办经济特区之前还都是用来灌溉农田的水库，或者是供人捕捉虾蟹的滩涂。通过深圳市政府的统一规划，经过特区建设者们的有意雕琢、装扮，几年时间竟变成了名闻遐迩的设备现代化、环境高雅秀丽的旅游度假胜地。蛇口的"明华轮"由于邓小平在1984年1月的光临和亲笔题写"海上世界"而蜚声中外。深圳湾畔从80年代的一间酒店、一座游乐园，到90年代变为"锦绣中华""民俗文化村""世界之窗""欢乐谷"等著名景区。

---

① 段亚兵：《深圳精神文明之路》，海天出版社2000年版，第65页。
② 吴松营：《深圳的艰难与辉煌》，广东人民出版社2015年版，第99页。

这些美丽的旅游景区每天都吸引着成千上万从五湖四海慕名而来的客人，又同时向人们展示着艰苦创业、万众一心、团结奋进的"五湖四海"精神。

回顾历史，展望未来，就越能够理解在改革开放初期，深圳市委、市政府搞"五湖四海"的重要意义，更加感觉到在市场经济大潮中，人与人之间相互团结、互相关心和爱护的难能可贵。

4．"拓荒牛"展示着奉献精神

20世纪80年代，参与深圳特区建设的"拓荒牛"们身上的那股奉献精神，让人动容。我们在查资料时看到下面这两个故事。

1979年底，上级调派参加过50年代土改的老资格共产党员汤年参与筹建中外合资的深圳东湖宾馆，然后留下当副总经理。过去，汤年是一个天天走泥巴路、衣着随随便便的普通党员，从未进过高级酒店。让他当高级酒店的高级管理人员，真的难死他了。汤年认真刻苦地向比他年纪小得多的港方经理和其他专业人员学习，虚心求教。即便受到许多冷落和嘲笑，也毫不气馁。认真、刻苦和执着的结果使他很快成为一位有独到之处的酒店管理行家。1983年，外方辞退从香港高薪聘来的经理，双方确定中方派来的汤年为总经理。从此，东湖宾馆的服务越来越好，经济效益越来越显著。1984年，深圳东湖宾馆被评为广东省的双文明单位。1985年，汤年被调到刚开业不久的银湖旅游中心当总经理。由于在新的工作岗位上又创造出显著成绩，1986年汤年分别被评为"全市劳动模范""优秀共产党员"。[①]这些荣誉都是对汤年为党的事业无私奉献的回报。汤年在当总经理的6年时间里，每天都要工作十几个小时，所有的节假日都坚守在岗位上，却没有领过一分钱的加班费，体现了一个共产党员的高风亮节。

高53层的深圳国际贸易中心大厦（简称"国贸大厦"）在建设过程中以其速度快、质量好而被誉为"中国建筑史上的奇迹"。当时国贸大厦建设队伍中有一个由一百多名女青年组成的钢筋班。整座大厦所用的

[①] 吴松营：《深圳的艰难与辉煌》，广东人民出版社2015年版，第101—102页。

上万吨钢筋,全靠她们肩扛手拉送上工地,然后又绑扎成形。在建筑三层地下室的过程中,她们每人平均要搬19吨钢筋,跑70千米!在主体工程施工紧张时,为了不影响整体进度,她们几乎每天要干20个小时,累得一坐下就睡着了。有记者问:"你们这样苦干究竟是为了什么?挣多少钱?"她们豪迈地回答:"为了加快特区建设,振兴中华!单是为了钱,我们怎么也不会这样玩命地干。"① 面对基建工程兵创造的建筑奇迹,哈佛大学傅高义教授也承认"奉献"是这群建设者最重要的品质,"深圳具有来自两种不同世界的优势:中国富有奉献精神的廉价工人和经由香港引进的西方现代化建筑装备"②。

在深圳经济特区建设史上做出重要贡献的党员干部群众中,何止一个汤年、一个女青年钢筋班值得我们去赞扬和钦佩。在革命战争年代立过战功,在特区建设中以一名普通共产党员身份同大家一起爬荒山、住茅棚、餐风雨,廉洁奉公的市政府副秘书长舒成友;安于清贫而把全部心血献给孩子们的优秀教师江德美;被誉为"活雷锋""深圳市文明市民"的退休职工陈观玉,一生行善和奉献,用自己的善行光大了中华民族优秀的文明传统;被誉为"沙头角模范中队",驻守"中英街"的广东公安边防总队第六支队十三中队,先后荣立集体一等功1次,二等功2次,三等功18次,成为深圳精神文明建设的一面旗帜……他们先人后己、先公后私,在改革开放中始终保持共产党员的本色,勤勤恳恳践行为人民服务的理念,用自己的实际行动为"深圳精神"的形成奠定了坚实的基础。

二 "深圳精神"的与时俱进

(一)深圳精神如何与时俱进(2002年)

进入千禧年,深圳的常住人口超过七百万,实际管理人口超过千万,已经成为一座国际化现代化大都市。当时深圳面临三大挑战:一

---

① 吴松营:《深圳的艰难与辉煌》,广东人民出版社2015年版,第100页。
② [美]傅高义:《先行一步:改革中的广东》,凌可丰、丁安华译,广东人民出版社2008年版,第113页。

是中国加入WTO，特区的优惠政策开始普惠化，"特区不特"成为事实；二是长三角地区抓住机遇快速发展，深圳特区的独特性和吸引力相对下降；三是部分深圳人开始出现"小富即安""吃特区老本"的消极心理。为了提高城市的吸引力和竞争力，深圳需要在精神层面与时俱进。

2001年，深圳政协委员文焕建议把"特区精神"改称为"深圳精神"，反映深圳人的价值观念和思想意识，增强人们对深圳这座城市的认同感和凝聚力。深圳市委、市政府高度重视这一提议，这一提案被列为2001年度1号提案。2002年，深圳市委宣传部、市文明办联合深圳主要媒体，开展了一场"深圳精神如何与时俱进"的大讨论。这次大讨论经历了"回顾深圳精神""对照先进找差距""重新提炼、大力弘扬深圳精神"三个阶段，更多市民表达了对深圳精神的感悟和理解，这次大讨论反映了深圳市民精神和市民意识的觉醒。一直以来，深圳都非常重视城市文化与文明实力的建设，不惜重金加大文化、教育和宣传投入。20世纪80年代，深圳曾花费很大的投入，兴建了深圳图书馆、博物馆、大剧院、电视台、体育馆、深圳大学、新闻文化中心和科技馆八大重点文化设施。[①] 20世纪90年代，深圳建成深圳书城、海天大厦、关山月美术馆、何香凝美术馆、深圳画院等文化设施。1994年，深圳市文明办、《深圳商报》和《深圳晚报》组织了"怎样做个深圳人"的大讨论。经过长达九个月的讨论，大家逐步达成了共识：深圳人是一个素质概念，不完全是地域概念。[②] 在此基础上，深圳于1995年推出具有鲜明时代气息和地方特色的《深圳市民行为道德规范》，内容涵盖社会公德、职业道德、家庭美德、个人品德等方面，被认为是深圳道德建设的根本大法和精神文明建设的基石。经过这些努力，"深圳人"的观念开始形成，市民的"我城"意识日渐明显，深圳涌现出一大批爱护深圳、致力建设美好家园的人大代表、政协委员、机关干部、

[①] 深圳市史志办公室编著：《深圳改革开放纪事（1978—2009）》，海天出版社2009年版，第204—206页。

[②] 段亚兵：《深圳精神文明之路》，海天出版社2000年版，第157—158页。

专家学者、企业精英和普通市民。他们成为"深圳精神与时俱进"的依托力量。

经过数月的讨论,2003年1月,深圳市委常委会、市精神文明建设委员会将"深圳精神"重新概括为"开拓创新、诚信守法、务实高效、团结奉献"16个字。这16个字的"深圳精神",既保留了"开拓、创新、团结、奉献"的原有内容,又结合时代要求增加了"诚实守法、务实高效"的新内容,既高度概括了深圳20多年的发展经验,又集中体现了深圳人解放思想、与时俱进的精神品质。这次提炼概括比较完整、准确地反映了深圳人在新形势和新任务面前的精神文化追求,同时表达了全社会的价值取向。

(二)提出"深圳城市人文精神"(2006年)

当中国改革开放进入第三个十年,全国各地发展的势头、力度非常大,呈现出万马奔腾、百舸争流的态势,对深圳的发展形成了一种外在的"倒逼之势"。从深圳自身来看,传统发展模式正面临着空间、资源、人口、环境四个"难以为继"和社会治安、城市管理、人口管理、社会事业建设四个"严峻挑战",又形成了一种内在的"倒逼之势"。同时,随着《企业所得税法》的颁布和施行,经济特区传统意义上的"特殊优惠政策优势"将不复存在,这对深圳的发展又形成了一种新的"倒逼之势"。① 此时,深圳的建设和发展正处于一个新的起跑线上,深圳提出加强建设"城市人文精神"的新举措。

2006年12月,中共深圳市委四届五次全会强调指出,"围绕社会主义核心价值体系,加强深圳城市人文精神建设,为构建社会主义和谐社会、提高城市核心竞争力打下坚实的人文基础";同时,加强深圳城市人文精神建设,"必须立足实际不断丰富发展其时代内涵,大力推进人文科学建设、推进文化发展,不断提升城市竞争的'软实力'"。② 时任

---

① 段功伟、王进江、邓红辉、王巍:《深圳"特"在"改革、创新、开放"》,《南方日报》2007年5月17日第A5版。
② 叶晓滨:《中共深圳市委四届五次全会隆重召开》,《深圳商报》2006年12月30日第A1版。

深圳市委书记李鸿忠提出城市人文精神的"五崇尚""五富于"①深圳"城市人文精神"的提出,意味着深圳不再单纯追求GDP的增长和城市规模的扩张,而是更多地关注城市中人的因素,思考城市本身的人文价值;同时,这意味着深圳在新的历史条件下,要探索和走出一条与过去"杀出一条血路"完全不同的发展道路。要实现这一目标,必须以人文精神为内核的城市精神为其提供精神动力和意义支撑。

时隔五年后,2012年2月,时任深圳市委书记王荣在深圳"深入实施文化立市战略　建设文化强市"工作会议上又提出:"要着力培育城市人文精神,共建和谐精神家园,争当社会主义核心价值体系建设的'先进市'。"②深圳经济和社会建设取得的伟大成就不仅体现为摩天大楼、地铁高铁、公园道路、蓝天绿地这些看得见的物质文明,还体现为以新精神、新理念、新观念为代表的精神文明。当一个城市的物质财富积累到了一定阶段,也必然要求有相应的精神文化与之相适应。深圳对"城市人文精神"的不断强调,不仅体现了"深圳精神"的与时俱进,也体现了深圳人的时代追求和精神风貌。

(三)评选"深圳十大观念"(2010年)

2010年,当深圳经济特区建立30周年之际,"北上广深"的说法开始取代"京沪穗",这意味着深圳正跻身于中国的一线城市之列。2010年8月,深圳举行了一场由普通网友引发、深圳报业集团举办的"深圳最有影响力十大观念"评选活动。经过15位专家、学者、资深媒体人评选和数十万深圳市民网络投票,历时两个多月,最后主办方征集到"时间就是金钱,效率就是生命""空谈误国,实干兴办""敢为先下先"

---

① "五崇尚""五富于"的内容包括:"崇尚以人为本、以人为上,富于关怀互助、尊重尊严;崇尚自强不息、竞争向上,富于宽容和谐、友爱仁义;崇尚开放包容、兼收并蓄,富于活力动感、创新创造;崇尚知礼守法、真诚向善,富于内省自律、诚信无欺;崇尚追求文明、坚持真理,富于科学理性、严谨务实。"参见《在新的起跑线上走出科学发展和谐发展新路——李鸿忠在市委四届五次全体(扩大)会议上的讲话摘要》,《深圳特区报》2006年12月31日第A3版。

② 王荣:《立足"文化立市"　推进"文化强市"》,《中国文化报》2012年3月8日第12版。

"让城市因热爱读书而受人尊重""鼓励创新,宽容失败"等十条最具有影响力的深圳观念。这些观念集中反映了深圳的精神奋斗史,表达了人们对这座城市的认知、理解和期待,是深圳宝贵的精神财富。[①]

梳理、总结、评选"深圳十大观念",不是要为深圳造"功劳簿"、唱"赞美诗",而是要在新时代继续唱响"深圳观念",从这些"深圳观念"中汲取精神力量。"深圳十大观念"是深圳人创新思维和智慧的结晶,每一个观念都鲜明地、集中地体现了时代特征和家国印记。"深圳十大观念"带有鲜明的城市特色,不仅是深圳对中国最重要的贡献,还吸引了世界的目光。美国作家库恩指出,"深圳十大观念"是邓小平"解放思想、加快改革、敢闯敢干、注重创新"的远见在新时期的体现,反映了深圳领先全国,推进改革的决心。

"深圳十大观念"所蕴含的精神,正是社会主义核心价值观的重要内容。秉持这种精神和价值观,积极投身于改革开放的伟大实践,是每个深圳人应有的责任和义务。近年来,深圳通过出版《深圳十大观念》图书,召开理论研讨会,创作"深圳十大观念"组歌,组织弘扬"深圳十大观念"油画创作活动,建设"深圳十大观念"浮雕文化墙等各种途径,在深圳社会大力营造浓厚的观念文化氛围,不断把那些来自实践、行诸文字的观念,转换成党员干部群众鲜活的思想,熔铸到生动、无穷的生产和生活实践之中,成为每一个深圳人心目中宝贵而独特的精神财富。[②]

(四)"新时代深圳精神"的提出(2020年)

党的十八大以来,中国特色社会主义进入新时代,深圳再次迎来发展的"高光时刻",被赋予了建设中国特色社会主义先行示范区的崇高新使命。党的十九大报告指出,要更好构筑中国精神、中国价值、中国力量,为人民提供精神指引。2018年4月,习近平总书记在庆祝海南建

[①] 中共深圳市委宣传部、深圳市文明办编写:《文明深圳》,人民日报出版社2020年版,第41页。
[②] 中共深圳市委宣传部、深圳市文明办编写:《文明深圳》,人民日报出版社2020年版,第62页。

省办经济特区30周年大会上强调,发扬"敢闯敢试、敢为人先、埋头苦干"的特区精神,始终站在改革开放最前沿。2019年8月出台的《中共中央 国务院关于支持深圳建设中国特色社会主义先行示范区的意见》提出,要进一步弘扬开放多元、兼容并蓄的城市文化和敢闯敢试、敢为人先、埋头苦干的特区精神,大力弘扬粤港澳大湾区人文精神。

新时代、新机遇、新使命,需要新的精神力量支撑。新时代的"深圳精神"也需要不断与时俱进。2019年10月,经上级批准,深圳市启动了"新时代深圳精神"的提炼概括工作。这项工作大致经过了酝酿研讨、论证完善、征求意见、集中提炼、审定发布五个阶段,总共历经近半年时间。2020年3月,经深圳市委常委会会议两次审议研究,最终将"新时代深圳精神"提炼概括为"敢闯敢试、开放包容、务实尚法、追求卓越"。这16个字的概括既贯彻了习近平总书记提出的"敢闯敢试、敢为人先、埋头苦干"的"特区精神",又融合了"开放多元、兼容并蓄"的深圳城市文化,契合中央精神;以"深圳十大观念"为基础和参照,体现了深圳的城市人文精神和市民气质;集中凸显了深圳建设先行示范区的新使命,具有鲜明的新时代特征。[①]

经过重新提炼的"新时代深圳精神",既揭示出深圳人共同的精神标志,又指出推动深圳可持续发展的动力之源;既强调了深圳的特区基因和城市文化特色,又承载着新时代的使命和内涵;既具有国家立场和国际视角,又指明"先行示范"的发展目标,体现了特区使命和国家发展的内在联系。弘扬践行"新时代深圳精神",激励自己在奋斗中创造新生活、在新生活中继续奋斗,是每个深圳人义不容辞的责任。

三 "深圳精神"的生成逻辑

"深圳精神"蕴含着深圳人在城市发展过程中形成的发展观、价值观、文化观等内容,是深圳经济特区发展40余年精神成果的集中表现。

[①] 中共深圳市委宣传部、深圳市社会科学院编:《新时代深圳精神》,海天出版社2020年版,序言第4—5页。

"深圳精神"不仅是"红船精神""东纵精神"等革命精神在改革开放时期的伟大实践,传承了中华优秀传统文化中的岭南文化,还是马克思主义中国化时代化的创新成果,同时,"深圳精神"还具有自己独特的气质和品格。

(一)"深圳精神"是传承岭南优秀传统文化的现代成果

现在的广东和海南两省,古称岭南,这里是先秦时期古越人的繁衍生息之地。岭南文化包括广义上的广东古今文化,其形式丰富多样,融合了广府、客家、潮汕、桂系、琼系等多种文化,具有极大的包容性。自古以来,岭南地区还在中外关系和文化交流中占据重要地位。一方面,岭南文化的发展不断受到海外文化的影响;另一方面,岭南人民具有下南洋的风俗,拥有大量旅居海外的华侨华人。深圳是广东的重点侨乡之一,祖籍深圳的海外侨胞、港澳同胞和归侨侨眷超过100万人,其中旅居海外的华侨华人近50万人,分布在58个国家和地区。①

岭南文化是以中华优秀传统文化为主导,古南越族文化基因为潜质,外来文化为养料的多元文化结构,具有自成一格的文化特质。② 岭南文化至少具有四个方面的特征:①以中华优秀传统文化为主导,却显得更加开放,富有活力;②由于古南越族文化的遗存基因,具有敢于冒险和自我牺牲的抗争精神;③接受东西方文化的洗礼和滋润,具有兼容并包的移民文化精神;④具有商业文化的重商崇利特征,在对外交往中又能保持民族尊严,富有爱国主义精神。

改革开放40多年来,深圳继承了岭南文化开放包容、敢闯敢试、富有活力的优秀特质,同时也推动了城市文化的整体提升。一方面,深圳人来源于五湖四海,深圳成为全国第二个56个民族成分齐全的大城市;另一方面,深圳创造出以"拓荒牛精神""特区精神""深圳精神""新时代深圳精神"为代表的城市文化精神。20世纪八九十年代,一股读书热潮在深圳大地兴起。白天努力工作,晚上和周末学习充电,成为深圳

---

① 严晓明等编著:《深圳侨务史志》,海天出版社2012年版,第29页。
② 陈乃刚:《论岭南文化的潜质与优势》,载深圳大学中国文化与传播系主编《文化与传播》(第三辑),海天出版社1995年版,第363页。

人的一种生活方式。进入新世纪以来,"读书月""市民文化大讲堂""文博会"成为深圳亮丽的城市文化品牌,文化产业成为深圳的四大支柱产业之一。深圳实现了从边陲小镇到世界工厂,再到高科技之城的蜕变。

(二)"深圳精神"是"红船精神""东纵精神"在改革开放年代的伟大实践

自从诞生以来,深圳经济特区就肩负着为中国的现代化建设"杀出一条血路"的重要使命,肩负着中国改革开放"窗口""试验田""排头兵"的重要职责。深圳经济特区建设不仅关系到深圳一座城市发展的好坏,还关系到中国道路的探索和中国梦的实现。"深圳精神"是"特区精神"的核心和重要组成部分,是"红船精神""东纵精神"等革命精神在改革开放时期的延续,是中国共产党伟大建党精神在改革开放时期深圳实践的重要表现形式。

深圳经济特区刚刚成立时,就带着"杀出一条血路"的革命精神,需要建设者拿出巨大的勇气冲破僵化的旧思想和旧体制的束缚。深圳经济特区在初创阶段,需要建设者发扬"敢闯敢试""埋头苦干""默默奉献"的"拓荒牛精神"。深圳经济特区进入建设阶段,需要发扬"空谈误国,实干兴邦""增创新优势,更上一层楼""来了,就是深圳人"等思想观念,彰显深圳人自强不息、艰苦奋斗、兼容并包的优秀特质。同时,"玩命地干,拼命地玩""你不可改变我""我的生活与你无关"等思想观念,体现了深圳人开放包容、彰显个性、热爱自由的价值观念。[①]

"深圳精神"与改革开放精神是特殊与普遍、局部与整体的辩证逻辑关系。改革开放初期,深圳肩负着为中国改革"杀出一条血路"的重任,"敢闯敢试"是深圳精神最鲜明的特征。当中国改革进入深水区,深圳提出"改革创新是深圳的根,深圳的魂",以此来破解未来发展中所面临的种种难题。到了新时代,中国社会主要矛盾发生变化,"追求卓越"成为深圳精神中起支配作用的关键要素。可以说,深圳精神与中

[①] 王京生主编:《深圳十大观念》,深圳报业集团出版社2011年版,第361页。

国改革开放的发展步调始终保持着高度一致。

（三）"深圳精神"具有开放、竞争、活力、法治、创新五种品格

无论是从"拓荒牛精神""特区精神""深圳精神"的历史演进过程来看，还是从"深圳城市人文精神""深圳十大观念""新时代深圳精神"所拥有的丰富内涵来看，深圳这座城市本身就具有"开放、竞争、活力、法治、创新"的城市气质和品格。这五种品格就是"深圳精神"最核心的特征。

1. 开放是"深圳精神"的第一种品格，首先体现为"对外开放"，就是积极参与经济全球化条件下的国际经济合作和竞争，扩大与世界各国的交流，吸收和借鉴人类社会所创造的一切文明成果。1984年2月，邓小平在北京同胡耀邦等中央负责同志的谈话中指出，"特区成为开放的基地，不仅在经济方面、培养人才方面使我们得到好处，而且会扩大我国的对外影响"①。同时，开放还包括"对内开放"。1988年5月，邓小平在会见莫桑比克总统西萨诺时指出，"建设一个国家，不要把自己置于封闭状态和孤立地位"，不仅要对外开放，"对内也要开放搞活，不要固守一成不变的框框"②。突破苏联传统社会主义模式的条条框框就是"对内开放"，具体来说就是社会主义的"中心点从以阶级斗争为纲转到以发展生产力为中心，从封闭转到开放，从固守成规转到各方面的改革"③。

通过对外和对内两种开放，深圳不仅成为中国外开放政策的"窗口"，开放本身就是深圳最大的特色。"深圳，与世界没有距离"，这句话表达了一座城市对参与国际交往的渴望和对融入世界发展潮流的追求。"来了，就是深圳人"，这句话彰显着这座城市和谐包容、开放多元的胸怀和气度。没有开放，就没有市场经济，更不会有"开放倒逼改革"的改革开放伟大实践。由此，开放引出了"深圳精神"的第二种品格——"竞争"。

---

① 《邓小平文选》第3卷，人民出版社1993年版，第52页。
② 《邓小平文选》第3卷，人民出版社1993年版，第260—261页。
③ 《邓小平文选》第3卷，人民出版社1993年版，第269页。

2. 竞争是一个经济学概念，本义是"商品生产者为争取有利的产销条件而进行的角逐"。① 市场经济中的竞争是实现价值规律的机制，可以促使企业改进生产技术和经营管理，增强组织活力，使产品适销对路。同时，竞争机制有助于生产资料和人力资源在社会各部门中的优化配置，使产品和服务更符合社会需要。

深圳对外开放的经验是主动参与全球分工和市场竞争，让企业在国际竞争中保持领先优势。华为、传音、大疆等知名企业就是深圳主动参与国际竞争的代表。同时，深圳一向重视营造良好的营商环境，以促进市场竞争。深圳的营商环境已经在全国位居前列。2020年12月，由粤港澳大湾区研究院、21世纪经济研究院联合发布的《2020年中国296个地级及以上城市营商环境报告》中，深圳总水平位居第一。②

通过引入竞争机制，促进改革创新，激发市场主体活力，从而提高整个社会的活力。这就引出了"深圳精神"的第三种品格——"活力"。

3. 活力（dynamics）的本义是生命的动力。沈福煦认为，"活力，对城市来说就是城市的活气、活动能力、可发展性等"③。深圳作为一座城市的活力首先体现为经济活力（又称"资本活力"）。2020年7月，《中国城市资本活力指数报告》发布，在中国经济总量排名前20位的城市中，深圳的资本活力综合排名位居榜首，人均排名上市公司数量和人均上市公司市值都稳居第一。④ 新冠肺炎疫情并没有对深圳的经济活力造成太大影响。截至2021年12月，深圳共有商事主体3803605户，同比增长6.1%。深圳市每千人拥有商事主体215.7户，拥有企业136.7户。⑤

同时，深圳的活力还体现为社会活力。夜生活是否丰富是判断一个城市活力的重要指标。2021年8月发布的《2021饿了么夏夜生活报告》

---

① 陈至立主编：《辞海》（第七版），上海辞书出版社2020年版，第2237页。
② 李萍：《深圳营商环境排名居首》，2020年12月24日，深圳新闻网，2022年6月11日访问（https：//www.sznews.com/news/content/2020-12/24/content_23834465.htm）。
③ 沈福煦：《城市文化论纲》，上海锦绣文章出版社2012年版，174页。
④ 胡蓉：《如何看深圳资本活力排名居首》，《深圳商报》2020年7月5日第A1版。
⑤ 李佳佳、袁野：《2021全年深圳新登记商事主体数量持续维持高位运行》，《深圳商报》2022年1月25日第A1版。

显示,在夏夜活力城市排名中,深圳位列第五。① 一个城市的生活活力最终要看是否方便市民的生活需要,体现"以人为本"的原则。2021年9月,贝壳研究院发布《2021中国城市生活圈活力指数》报告,报告中提出以人为中心的"分钟城"概念,强调在城市生活,步行15分钟内是否能满足人们的生活需求。通过对60个大城市研究显示,深圳稳居第一。②

保持城市活力需要法治保障,这是"深圳精神"的第四种品格。

4."法治"与"人治"相对应。亚里士多德在《政治学》一书中论述了法治胜于人治。他认为,"法治应包含两重意义:已成立的法律获得普遍的服从,而大家服从的法律又应当本身是制定得良好的法律",即"良法之治"。③ 中世纪后期,英国开始形成了"the Rule of Law"的概念,意为"法的统治"或"法律主治",是一种实质法治的理念,强调"法律至上","治者"和"被治者"都必须遵从法律。在近代德国,逐渐形成了"Rechtsstaat"的概念,意为"依法施政"或"依法而治",也就是"法治国"(the Rule by Law)的概念,是一种形式法治的理念,强调通过依法治理实现社会秩序。建立法治社会是各国追求现代化的主要目标之一。现代社会的法治更强调法律与所在社会的互动、个人与社会的和谐、人类与自然的和谐,成为社会治理的重要工具或方式。④

"市场经济是法治经济"已经是学界共识。而法治则是深圳最鲜明的特征。2012年和2014年,深圳连续两次荣获"中国法治政府奖"。2017年,深圳荣获"法治政府建设典范城市"称号。2018年,最高人民法院第一国际商事法庭落户深圳,前海被国家定为唯一法治示范区。2020年6月,深圳入选全国法治政府建设示范市,成为首批获评的全国法治政府建设示范地区。

实行对外开放,引入市场竞争,激发社会活力,倡导法治理念,保

---

① 陈姝:《夏夜"活力"排名 深圳全国第五》,《深圳商报》2021年8月18日第A6版。
② 李果:《"2021中国城市生活圈活力指数"排名发布:深圳第一!》,2021年9月23日,深圳新闻网,2022年6月11日访问(http://www.sznews.com/news/content/2021-09/23/content_24592735_0.htm)。
③ [古希腊]亚里士多德:《政治学》,吴寿彭译,商务印书馆1997年版,第199页。
④ 陈至立主编:《辞海》(第七版),上海辞书出版社2020年版,第1070页。

护知识产权,创新就成为水到渠成的结果。这就是"深圳精神"的第五种品格。

5. 创新是深圳发展和进步的动力机制。经济学家熊彼特认为,创新是经济发展的核心。早在2008年,深圳就出台了全国首部国家创新型城市总体规划,先后制定和出台自主创新"33条"、创新驱动发展"1+10"文件等一系列政策,实行建设科技、产业创新中心的实施方案和行动计划,构建起"基础研究+技术攻关+成果产业化+科技金融+人才支撑"的全过程创新生态链,创新发展动能持续增强。深圳的全社会研发投入从2015年的732.29亿元增长到2020年的1510亿元,研发投入强度从4.18%增长到5.46%。[①]

创新已经成为深圳的闪亮名片。深圳通过持续推进以科技创新为核心的全面创新,形成强大的技术创新体系,成长出一批世界级创新企业,使深圳成为创新活动活跃、创新资源集聚、创新成果领先、创新文化浓厚的典范城市。随着粤港澳大湾区建设的不断推进,深圳作为全国性经济中心城市和国家创新型城市的作用越来越明显。世界知识产权组织(WIPO)与康奈尔大学、欧洲工商管理学院(INSEAD)联合发布的"2020全球创新指数"显示,深圳—香港—广州集群居世界创新集群第2位。[②] 深圳创新的奥秘在于,一大批具有创新创业精神的企业家,率领着来自全国各地同样具有冒险精神、勤学肯干的移民,在深圳这样一个"鼓励创新、宽容失败"的城市环境中,不断创造一个又一个奇迹。

总之,深圳过去40多年的伟大实践充分证明,推进改革开放必须有海纳百川、开放包容的博大胸怀,只有大胆吸收借鉴一切人类优秀文明成果,才能更好地发展中国特色社会主义。"深圳精神"是深圳经济特区精神文明建设成果的结晶,既践行了马克思主义理论的基本观点,又进一步丰富和发展了马克思主义中国化时代化的创新成果,同时彰显了深圳精神开放、竞争、活力、法治、创新的独特品格。

---

① 苏兵:《深圳创新成果精彩亮相》,《深圳商报》2021年10月28日第A2版。
② 刘启强,孙进:《全球创新指数2020报告:深圳—香港—广州创新集群跃居全球第2位》,《广东科技》2021年第1期。

第四章 从"敢闯敢试"到"十大观念"

——"深圳精神"的生动实践

与其他城市抽象的城市精神不同,"深圳精神"主要表现为维系着一个个鲜活、生动故事的深圳观念。只有把深圳观念还原为具体的鲜活故事,我们才能深入地理解"深圳精神"。"敢闯敢试"包含了深圳最为鲜明的"创新"特质,是深圳过去40多年为改革开放"杀出一条血路"的真实写照、彰显了"敢为天下先"的非凡勇气、"鼓励创新、宽容失败"的包容胸怀;"开放包容"彰显了"深圳,与世界没有距离"的开放视野、"来了,就是深圳人"的宽广胸襟和"实现市民文化权利"的开明气度;"务实尚法"体现了"时间就是金钱,效率就是生命""空谈误国,实干兴邦"的埋头苦干、务实高效态度和打造"立法试验田"崇尚法治的精神;"奉献社会"彰显了"送人玫瑰,手有余香"的慷慨之情、"慈善之城"和"爱心城市"的人文关怀。如今,"深圳精神"在新一轮的新冠肺炎疫情中被"天使白""守护蓝""志愿红"继续书写。"深圳精神"是深圳城市发展中不断积累、锤炼出的文明成果,且仍在继续被充实与发展,是支持深圳建设中国特色社会主义先行示范区的强大精神动能。

第一节 敢闯敢试

深圳是因改革开放而生,因改革开放而强的城市。从改革开放的

"探路者",到新时代的"先行示范区",深圳用40多年的时间成为中国改革开放历程中的耀眼明星,也以最具说服力的生动实践,诠释着深圳人敢"闯"敢"试"的精神实质。早在1992年,邓小平就说过:"没有一点闯的精神,没有一点'冒'的精神,没有一股子气呀、劲呀,就走不出一条好路,走不出一条新路,就干不出新的事业。"① 从敲响土地拍卖"第一槌",到发行新中国第一张股票,再到建立第一个出口工业区……据不完全统计,40多年来,对经济、政治、社会、文化等方面的制度改革,深圳创造了1000多项"全国第一"。回眸深圳特区40多年发展历程,无数故事和口号,都已经凝结为关于改革开放与创新的国民记忆。诸如"杀出一条血路""敢为天下先""鼓励创新,宽容失败"等口号,是当年改革突破的重要理念支撑,在今天看来也依然有着别样的现实意义。

一 "杀出一条血路"

"杀出一条血路"是党中央给深圳的第一声寄语。1979年,当时主政广东省的习仲勋同志向邓小平同志表达了广东省想试办"贸易加工区"的想法,并向邓小平同志征求"贸易加工区"的名称。邓小平当场认可了广东省的意见并说道:"还是叫特区好,陕甘宁边区就叫特区嘛。"随后,在广东省向中央争取办特区的支持时,邓小平讲:"中央没有钱,可以给些政策,你们自己去搞,杀出一条血路来。"② 深圳作为中国第一个经济特区,从来都没有让党中央失望,一直坚守"杀出一条血路"的信念。改革开放40多年来,深圳从敢闯敢试到先行示范,将这一信念转化为改革开放探路、为现代化建设闯路、为实现中华民族伟大复兴创出新路的行动。

(一)蛇口工业区为改革开放探路

1978年底,已过花甲之年的袁庚被派往香港招商局工作。初到香

---

① 《邓小平文选》(第3卷),人民出版社1993年版,第372页。
② 《邓小平年谱(1975—1997)》上,中央文献出版社2004年版,第510页。

港，他被招商局残败的景象所触动，尤其是对比香港其他船企的迅速崛起，这让骨子里就流淌着敢闯敢试基因的袁庚决定大干一场。上任不久，他就展开实地调研，并起草《关于充分利用香港招商局问题的请示》呈报广东省委和中央。《请示》行文朴实无华，基本上没有阐述与分析，全是一件件渴望要做的工作，如同一份请战书。文件提出了著名的24字经营方针："立足港澳、背靠内地、面向海外、多种经营、买卖结合、工商结合。"[①] 这位改革开放的先锋正是带着"大不了回秦城监狱"的无畏精神，冲破思想牢笼，在蛇口半岛2.14平方千米的荆棘丛中为中国的改革开放杀出了一条"血路"。

蛇口工业区在开发与建设过程中进行了大胆的改革探索和试验。蛇口人冲破旧有的价值观念、时间观念、人才观念，提出"时间就是金钱，效率就是生命""空谈误国，实干兴邦"等口号，并在劳动用工制度、干部聘用制度、薪酬分配制度、住房制度、社会保险制度、工程招投标制度及实行企业股份制等方面进行了多项改革和创新。招商局在深圳创办蛇口工业区，形成的"蛇口模式"为中国的改革开放起到了探路者的作用。蛇口工业区的创立被袁庚同志形象地称为中国改革开放的一根"试管"。

（二）"增创新优势，更上一层楼"为基本实现现代化闯路

1992年党的十四大召开，提出建立社会主义市场经济体制是我国经济体制改革的目标。中国多层次、多渠道、全方位对外开放的新格局逐步形成，原来经济特区实行的优惠政策和灵活措施在内地不少地方推行，并取得显著成效。当时，社会上"特区还特不特""特区该怎么发展"的疑问声不绝于耳，"特区还需不需要办下去"像疑云般盘绕在特区人的心头。针对这些疑问，江泽民总书记1994年来深圳考察时强调："我认为有必要代表党中央、国务院郑重地重申：中央对发展经济特区的决心不变，中央对经济特区的基本政策不变，经济特区在全国改革开放和现代化建设中的历史地位和作用不变。要把发展经济特区贯穿于社会主

[①] 涂俏：《袁庚传》，海天出版社2016年版，第16页。

义现代化建设的整个过程，我国基本实现现代化要搞多久，经济特区就要搞多久。"① 同时，江总书记对深圳人民提出殷切期望："经济特区要增创新优势，更上一层楼。"从那时起，这一指示一直鼓舞深圳人努力奋斗，开创未来。

千禧年以后，深圳特区经过二十多年的发展取得了很多成就，但是改革开放初期的一些政策优势也在慢慢消失，在这样的基础上进行改革并不容易。但是深圳从来都没有辜负党中央的期望，而是朝着观念创新、体制创新、产业创新发力。深圳 2006 年出台《关于实施自主创新战略建设国家创新型城市的决定》，把创新提升为城市发展的主导战略。目前，深圳已成为全国高新技术产业基地，成为全国创新最活跃的城市，并涌现出华为、比亚迪、腾讯、大疆、柔宇科技等一批具有全球竞争力的创新企业。这一次深圳仍然以"杀出一条血路"的信念在为中国基本实现现代化寻找出路。

（三）建设中国特色社会主义先行示范区为实现中华民族伟大复兴创出新路

2020 年 10 月，习近平总书记在深圳经济特区建立 40 周年大会上发表重要讲话，强调支持深圳建设中国特色社会主义先行示范区。40 多年前，党中央支持深圳建设经济特区，书写出人类发展史的中国奇迹。40 多年后，党中央再次赋予深圳新的使命，深圳将再一次不负使命，全面推开中国特色社会主义先行示范区建设，瞄准全球标杆再创辉煌。

改革开放 40 多年，深圳始终牢记党中央创办经济特区的战略意图，不忘初心、牢记使命、敢闯敢试、敢为人先，从一个落后的边陲小镇建设成为一座充满魅力、动力、活力、创新力的国际化创新型城市，成为改革开放特别是党的十八大以来，我国实现历史性变革、取得历史性成就的精彩缩影。深圳正朝着建设成为高质量发展高地、法治城市示范、城市文明典范、民生幸福标杆、可持续发展先锋而努力。目标制定相对容易，要落实到位并非易事，要实现这一战略定位，深圳将要继续弘扬

---

① 《江泽民文选》第 1 卷，人民出版社 2006 年版，第 374 页。

"敢闯敢试、敢为人先、埋头苦干"的特区精神,贯彻落实新发展理念,保持发展定力。继续以"杀出一条血路"的勇气建设好先行示范区,为实现党的第二个百年奋斗目标,实现中华民族伟大复兴创出新路。

二 敢为天下先

所谓"敢为天下先",其真谛在于给人以自由,充分尊重个人的意愿与选择,而力量之源则在于普罗大众对美好生活的无限憧憬与向往。深圳的历史也一再证明:只要有了这样的自由,什么人间奇迹都能创造出来。深圳人正是以敢为天下先的精神,将一个个不可能变成了可能,将深圳从一个边陲小镇打造成了一个国际性大都市。

(一)新中国建立土地使用制度后的"第一场革命"

1980年,深圳诞生了一家"房企",名为深圳经济特区房地产公司,这不仅是深圳最早的房地产公司,同时在国内也开创了房企的先河,拉开了中国房地产开发的序幕。深圳经济特区是改革开放的试验田,深圳房企则敢为天下先,在中国房地产开发史上创造了多个"第一",不仅第一个引入外资合作开发土地,采用深圳出地、港企出钱的模式,开发建设了深圳第一个商品住宅小区东湖丽苑,还是第一个尝试有偿使用国有土地的企业。

1987年12月1日下午,可容纳千人的深圳会堂座无虚席,连走廊都站满了人,紧张、兴奋、忐忑,都不足以形容与会者们的心情,因为马上要开始的是国内土地市场的第一次公开竞拍。深圳作为第一个"吃螃蟹"的城市,站在了聚光灯下。当时媒体报道,报名参与竞拍的企业在40家左右。最终,经过全程20多轮竞价,深圳经济特区房地产公司以525万元竞得地块。全国第一宗土地公开拍卖诞生在深圳,敲响了新中国历史上土地拍卖的'第一槌',并且直接促成了宪法的修改,建立起房地产市场化制度。

(二)深圳创造了无数个"第一"

深圳以其敢为天下先的精神,创造了中国城市发展史上的奇迹,创造了许许多多个"第一"。在深圳罗湖开发了改革开放后的第一个商品房小区，标志着中国房地产开发大幕的开启；新中国第一张股票——深宝安，由深圳市宝安县联合投资公司向社会公开发行；第一个打破"铁饭碗""大锅饭"，推动了用工制度的改革，有利于调动人民积极性，解放和发展社会生产力；在全国第一个取消粮油凭票供应制度，有利于促进社会主义市场经济的发展；还包括中国第一个主题公园锦绣中华的建设、第一家企业自办股份制商业银行的成立、第一家股份制保险企业的诞生、第一个义工组织的成立，等等。据统计，深圳经济特区创造了1000多项"全国第一"，涌现了无数个在全国有着重大影响的历史事件。从第一个打破"铁饭碗"到第一个创建国家创新型城市试点、建设中国特色社会主义先行示范区，这些事件处处体现了深圳"敢闯敢试、敢为人先"的精神品质。

（三）深圳制度创新蕴藏的"开天辟地"精神

制度创新是人类社会发展进程中永恒的主题。深圳的制度创新，体现的是一种"敢闯敢试、敢为天下先"的态度，同时也是中国共产党"开天辟地"精神的深圳表达。建立深圳经济特区本身就是制度创新，同时深圳又创造了众多可以复制的探索与经验，比如在制度层面借鉴香港经验，在基建工程领域采取招标投标制度，创造了国贸大厦"三天一层楼"的"深圳速度"，这正是制度创新带来的红利。深圳还是中国第一个放开价格、取消票证的地区，这既宣告了"粮票"历史使命的终结，同时也昭示着市场经济的曙光。"敢闯敢拼"的改革者精神让深圳科技创新的步伐越来越快，而这种精神也带动了深圳各项制度的不断改革完善。制度软环境和技术硬实力的双重作用，促成了深圳的繁荣之路。

实践证明，没有制度创新，就没有今天深圳的发展成就。深圳许多制度创新是从观念形成开始的。改革开放40多年，深圳形成了许许多多影响全国的新思想、新观念，这些观念指导着深圳人的行为规范，慢慢地这些行为规范上升为规章制度，不断推向全国。正如陶一桃教授所指出的那样，"（深圳）经济特区既是中国社会制度变迁的起点，又是这一制度变迁的产物；它是中国社会制度变迁的路径选择，同时又展现了这一制度变迁的演进轨迹。它是中国社会实现现代化的一条捷径，同时又构成了中国道路的一个重要组成部分"[1]。

三 鼓励创新、宽容失败

"鼓励创新，宽容失败"，代表着深圳不仅有鼓励创新的精神，更有包容失败的胸怀。想要进行改革创新，就要做好失败的准备，只有这样才能让人们放下包袱，敢于去闯去试，敢于有所作为。创新是对未知事物的探索和尝试，越是重大创新，难度越大，失败的可能性也就越大。深圳之所以一直以创新的品质著称，一直在创新方面走在全国的前列，正是因为人们在深圳不仅可以得到创新成功的掌声，还可以收获宽容失败的鲜花。

(一) 深圳发生的"股票风波"

在深圳股市发展的历史中，1992年8月10日注定是一个不平凡的日子。这一天来自全国各地的120万股民齐聚深圳，他们都是被新股认购抽签表吸引而来的。当时预计发行500万张认购表，每个股民凭借身份证可以购买一张。但是由于当时具体的规章制度并不完善，很多股民钻了空子，有些人雇了很多人过来排队，这样一个人通过利用其他人的身份证可以购买多张认购表，这样的结果是还有许多辛苦排队的股民买不到认购表。很快那种暗中套购认证表的行为被发现，很多没有购买到认证表的股民到深圳市政府请愿，要求股市公平公正运作，最终酿成"8·10事件"。这一事件对深圳市政府的触动很大，很多人认识到这是体制机制不完善导致的。为了股票和证券市场的健康发展，必须进行多方面的改革创新。这次"股票风波"加快了深圳在体制创新方面改革的步伐。

(二) 深圳，你被谁抛弃

进入21世纪，深圳经历了一场风云突变。2000年以后，大量外资从深圳转向长三角地区，国家给予深圳的优惠政策也逐步减少。当时，中兴、华为、平安集团、招商银行以及沃尔玛将总部迁往上海的传闻此

---

[1] 陶一桃等：《中国经济特区简史》，学林出版社2020年版，第31页。

起彼伏。2002年11月,一位自称"我为伊狂"的网民,在人民网"强国论坛"发表了题为《深圳,你被谁抛弃》的文章。这篇网文一开始通过网络在民间传播,经《南方都市报》报道后在深圳乃至全国引起了极大的反响。有人说这是有人在故意唱衰深圳,可以不用理会,但是深圳不仅没有回避,还进行了深刻反思。2003年,温家宝在深圳考察结束后送给深圳20个字:"增创新优势,走出新路子,实现新发展,办出新特色。"[1] 这为反思中的深圳指明了方向,只有再次向创新发力才能化解人们对深圳的怀疑,也只有创新才能为迷茫中的深圳找到出路。此后,深圳用一系列艰苦卓绝的创新实践回应了党中央的要求,并继续书写着快速发展的传奇。

(三)《深圳经济特区改革创新促进条例》的出台

正是因为深圳经历了一场又一场的风波之后,更加使深圳人意识到改革创新的重要性。2006年,深圳出台了《深圳经济特区改革创新促进条例》(以下简称《条例》)。该《条例》旨在促进深圳社会经济全面发展,为深圳率先实现社会主义现代化国家保驾护航。《条例》从物质激励和精神激励两个方面加强对个人和团体创新行为的鼓励。不仅规定要积极为个人及团体的改革创新工作提供经费上的资助和保障,还专门设立改革创新奖项,为对改革创新做出突出贡献的个人及团体颁发相应奖项。《条例》还有一个更重要的特色是对在改革创新过程中失败了的个人和团体给予足够的宽容,这为改革创新工作创造了良好的社会氛围。《条例》指出,只要改革创新方案符合程序、没有牟取私利、没有损害公共利益,可以免于追究相关人员责任。《条例》的出台从制度上鼓励和保护改革创新的个人及团体,调动了很多干部工作的积极性,也激发了许多个人与单位创新的热情。深圳以立法的形式将"鼓励创新、宽容失败"的观念固化下来,可谓是全国首创。

四 袁庚是谁?

袁庚是百年招商局历史上一位杰出的领导者,是蛇口工业区的缔造

---

[1] 张志勇:《解读温家宝"路线图"》,《中华工商时报》2003年10月9日。

者，是中国高举改革开放大旗的一位标志性人物。也许改革开放前并没有多少人认识他或者关注他，但自从他在改革开放的舞台上亮相以来，引起了人们的极大关注。花甲之年的袁庚，给百年招商局带来了新生，缔造了中国改革开放试验田——蛇口工业区，最重要的是他给深圳甚至给全国带来了观念的改革，在社会上反响巨大，振聋发聩。

（一）他是大陆来的"红色资本家"

陈少京在《袁庚之谜》中专门谈到过袁庚的人生三部曲，"抗战时期，他曾是被美方盛赞的反法西斯战士；建国后，他是特殊战线上曾破获'湘江案'的无名英雄；自70年代末始，他是改革开放的急先锋"①。袁庚一生，以追求进步、救国富民、推动国家社会发展为己任。他的一生中，面对过无数的考验与艰难的抉择。在革命时期，他冒着生命危险去战斗；改革时期，他担着政治生命风险去探索。那他为什么要这么做，这么做的动力是什么呢？或许正是源于作为一名共产党员的责任与担当，或许就是他身体里蕴藏着的红色基因的体现。1978年10月，他被任命为交通部所属的香港招商局常务副董事长，全身心投入推动国家改革开放的事业。②他上任到香港招商局上班，被香港人称为"红色资本家"。

袁庚没有辜负"红色"这个称谓。自从上任以来，他就把国家发展，人民生活放在第一位，把个人得失放在其后。了解袁庚的事迹，我们都会读到一个故事。1980年，李嘉诚、霍英东等一批香港企业家参观蛇口的时候，都表示过希望可以参与蛇口的开发工作，但是被袁庚婉言谢绝了。关于这件事，众说纷纭。有很多人认为，这是袁庚犯的一个错误，错失了一个招商引资的机会。但根据真正了解袁庚的人描述，袁庚在蛇口搞试验不仅仅是想着经济方面的问题，他还希望能够进行政治体制改革，如果李嘉诚他们这些企业家加入，政治体制改革就没法进行。了解至此，人们才明白他心里装的不仅仅是一个蛇口，而是整个国家，他心里想的不仅是个人，而是全国的人民。

---

① 陈禹山、陈少京：《袁庚之谜》，花城出版社2005年版，第12—17页。
② 陈禹山、陈少京：《袁庚之谜》，花城出版社2005年版，第113页。

(二) 他是在蛇口冲锋陷阵的"闯将"

1979年，袁庚率先领导招商局创办了中国第一个外向型的工业园区——蛇口工业区。在蛇口，他带着一身"闯"劲，硬是把一个落后的边陲小镇建设为之后的现代化港口。这其中除了党中央、国务院的政策支持，和袁庚在这里进行的一系列可以载入史册的改革是分不开的。袁庚正是以一名共产党员"逢山开路、遇水架桥"的敢闯敢试精神，炸响了改革开放的"开山炮"。在众多的改革中，袁庚曾因为4分钱"惊动"了中南海。

蛇口工业区刚开始启动的时候，工人们的干劲并不高。就拿运泥车来举例，一开始工人们每人每天8小时运泥20车到30车，这显然没什么效率。为了加快建设的速度，调动工人们的积极性，袁庚决定在蛇口工业区实行定额超产奖励制度。也就是每个人每天定额完成多少车，超出定额的部分每车奖励4分钱。出乎人们意料的是，自从实行这个定额超产奖励制度后，工人们工作的热情大大提高，工程提前一个月完成，为国家多创产值130万元。

1983年7月，在袁庚的推动下，蛇口工业区率先进行与市场经济相适应的工资制度改革，打破"大锅饭"现象。改革开放后的很长一段时间，深圳特区都处于"姓资"还是"姓社"的争论中。袁庚进行的一系列改革都是冒着被"扣帽子"的危险的，这足以表明袁庚这种将成败、个人利益得失弃之不顾的"敢闯敢试"的精神。袁庚的这种敢"闯"的精神正是深圳精神的一个缩影。深圳特区成立以来，正是以"敢闯敢试"而著称的。

(三) 他是深圳观念变革的精神领袖

蛇口提出的两个口号入选了"深圳十大观念"。1981年，袁庚就提出"时间就是金钱，效率就是生命"这一创新观念。这在当时是需要很大的勇气的，那个时候还处于"谈钱色变"的年代。但后面经历一系列挫折，这一观念最终落定，并风靡全国，也说明这是符合经济社会发展规律的。1992年邓小平同志视察南方发表谈话以后，招商局蛇口工业区又大力宣传"空谈误国，实干兴邦"的口号，表达了脚踏实地推进改革开放和现代化建设的坚定意志和决心。

袁庚在蛇口工业区推行改革时非常重视制度创新。他进行了制度改革的有益尝试，率先推行了干部人事制度、收入分配制度、劳动用工制度、住房制度、社会保险制度、企业股份制及工会工作、新闻管理制度等一系列改革试验，为中国的改革开放提供了经验和借鉴，被誉为中国改革开放的"蛇口模式"。在面临世界百年未有之大变局，实现中华民族伟大复兴的新征程中，深圳经济特区要践行初心使命，深圳人要继续继承和弘扬袁庚的这种敢于创新的精神，勇当驶向中华民族伟大复兴光辉彼岸的第一艘"冲锋舟"。

第二节 开放包容

深圳是一座国际化的现代大都市，不仅有来自国内五湖四海的同胞在这片热土上奋斗，还有许许多多的外国友人在这里工作和生活，他们同样是这座城市荣光的一部分。正是这些来自五湖四海的人造就了深圳开放包容的气质。深圳之"容"在于"容异"，"深圳，与世界没有距离"这一观念是最好的诠释，作为改革开放的"窗口"，深圳一直都主动融入世界，是率先与世界接轨的前沿阵地；深圳之"容"还体现于"容人"，就像"来了，就是深圳人"这一观念所体现的精神，就像"实现市民的文化权利"这一观念包含的意义。深圳这种求同存异、和而不同、包容豁达、洒脱不羁的个性，使深圳不断主动提升，化被动为主动，成为开放式创新的发源地，不断创造出发展的新奇迹。

一 深圳，与世界没有距离

深圳特区作为中国改革开放的"窗口"和"前沿阵地"，是中国与世界交流的中介和桥梁。邓小平曾指出："关起门来搞建设是不能成功的，中国的发展离不开世界。"[1] 改革开放之初，党中央就是通过建立深

---

[1] 《邓小平文选》第3卷，人民出版社1993年版，第78页。

圳、珠海、汕头、厦门四个经济特区建立起与其他国家的联系,建立经济特区可以说是中国实施对外开放的突破口。通过几个经济特区的示范效应,来带动全国范围内的对外开放。深圳从特区成立开始强调引进外资建设深圳,到不断扩大出口,再到走向国际化,这座城市一直在不断拉近与世界的距离,最终将自己与世界融为了一体。

(一)从"请进来"到"走出去"

深圳特区对外开放的历程经历了一个从"请进来"到"走出去"的转变,相对应的企业发展实现了一个从"三来一补"企业到"三资"企业的转变。"三来一补"企业是指来料加工、来样加工、来件装配三来及补偿贸易这一补的统称。深圳特区刚成立的时候,中央就表态没有资金的支持,只有政策的扶持。在这种背景下,特区的发展就面临着资金短缺的问题,但特区的优势就是毗邻港澳,这可以说是一个得天独厚的优势。特区资金不足,但香港随着发展面临土地资源紧张的问题,这样利用特区的地理优势吸引一些外商过来投资就是一个很好的方案。但当时吸引过来的主要是污染大、能耗高、技术含量低的劳动密集型"三来一补"企业,这些企业不具备长期发展的特点。从20世纪80年代中期开始,深圳特区政府开始思考发展的转型路径。这个时期更加注重吸收国外技术经验和学习国外管理经验的"三资"(中外合资经营企业、中外合作经营企业、外商独资经营企业三类外商投资企业)企业开始爆发式增长。1990年底,"三资"企业达3269家,"三资"企业自产产品进出口占全市进出口63.8%,外向型经济获得长足发展。[1] 这些企业技术含量更高,管理水平也更高,更利于使深圳的产品出口出去。

(二)从"外向型"到"国际化"

从20世纪90年代开始,深圳高新技术产业得到快速发展,这也为深圳日后成为国际化都市奠定了基础。1992年邓小平的南方谈话进一步为深圳的改革开放及市场经济的发展扫清了思想障碍。深圳市政府借着

---

[1] 本刊评论员:《跨越:从"引进来"到"走出去"——纪念深圳经济特区成立20周年系列评论之三》,《特区理论与实践》2000年第10期。

这股春风制定了许多促进深圳高新技术产业发展的政策法规。1992年起草了《深圳市民办科技企业管理暂行规定》，明确了民办科技企业在税收、出口、落户等方面的诸多优惠，这大大促进了深圳民营高科技企业的发展。为进一步促进高新技术产业的发展，1998年2月，深圳市人民政府出台了《关于进一步扶持高新技术产业发展的若干规定》（俗称"22条"）出台，1999年出台了《关于进一步扶持高新技术产业发展的若干规定》（"新22条"）。① 这两个规定为深圳高新技术产业的发展制定了一系列优惠政策。正是受惠于这一系列优惠政策，深圳涌现了诸如华为、腾讯、中兴、比亚迪等一批具有影响力的企业。

（三）华为是对深圳与世界没有距离观念的最好阐释

改革开放40多年来，深圳经济特区经历了主要发展"三来一补"企业到注重"三资"企业发展的转变，深圳经济特区的开放内涵也从单纯的"外向型"向"国际化"的转变。在这个过程中，深圳培养了越来越多的与世界没有距离的企业，而在这些深圳土生土长的世界性企业当中，华为无疑是最具代表性的一个。

作为一个全球化运营的ICT企业，华为不仅致力于本国ICT事业的发展，还致力于全世界ICT技术的发展。经过多年奋斗，华为成为名副其实的世界性企业。根据GSA统计数据显示，截至2020年底，有59个国家和地区共发布了超过140张5G网络。全球5G用户数超过2.2亿，发展速度3倍于4G时代；约100万家庭用户通过5G固定无线接入（5G FWA）实现连接；同时5G进入千行百业、使能数字化转型已成为行业热点，5G将给运营商创造前所未有的商业价值。② 同时，华为的产品达到世界级标准水平。华为成功地通过了全球多家Top运营商及重点企业/行业客户的全面认证、例行审核/评估。但一家企业能否真正地做到国际

---

① 孙霞、周婉军：《刘明伟：与时代同行　见证深圳高新技术产业发展》，2022年3月1日，深圳晚报，2022年6月13日访问（https://baijiahao.baidu.com/s? id = 1726064579995128313&wfr = spider&for = pc）。

② 《华为投资控股有限公司2020年年度报告》，第19页，华为官网，2022年6月16日访问（https://www-file.huawei.com/minisite/media/annual_ report/annual_ report_ 2020_ cn.pdf）。

化，在国际市场上有影响力，光靠产品和服务是远远不够的。只有企业文化深层次的东西及企业的理念真正地达到世界级水平，才能使企业在世界市场上行稳致远，经久不息。很显然，敢于突破和创新的企业文化理念是华为核心竞争力的重要组成部分，也正是有着这一文化软实力使华为迎来今天的辉煌成就。无疑，华为是一家土生土长的深圳企业，也是"深圳，与世界没有距离"这一观念的践行者。华为能取得今天的成就，与深圳精神有着天然的联系，正是在锐意创新、开放包容的深圳才孵化出真正走向世界的华为。

二 来了，就是深圳人

"来了，就是深圳人"，是我们作为深圳人的自豪和骄傲，也是"深圳十大观念"之一。这份底气也来自深圳在40多年的改革开放实践中打下的基础。这句话体现了深圳开放、包容的城市精神。正是"来了，就是深圳人"这样的一种气度，很多人就来了深圳，成为深圳的建设者和创业者，共同创造了深圳这座城市的奇迹。

（一）从"以证管人"到"积分入户"

深圳经济特区成立以来，大量外来人口涌入深圳，慢慢地出现流动人口与户籍人口倒挂的现象。为进一步建立健全人口管理新机制，使户籍管理与社会主义市场经济体制相衔接，1995年深圳出台《深圳市户籍制度改革暂行规定》（简称《规定》）。《规定》坚持"控制人口增长、优化人口结构、提高人口素质"的方针，建立和完善以暂住户口、蓝印户口、常住户口为体系的户籍管理制度。2003年受孙志刚事件的影响，收容遣送制被废止，暂住证开始失去了其强制力。

2005年，深圳政府为了对流动人口进行有效管理，出台了《深圳市关于加强和完善人口管理工作的若干意见》及有关户籍、居住、就业、计生、教育管理等5个配套文件（"1+5"文件）。[1] 这是深圳改革开放以来最完善的人口管理制度体系，对之后深圳实施的积分入户政策具有

---

[1] 汪建华、刘文斌：《深圳流动人口治理的历史演变与经验》，《文化纵横》2018年第2期。

重要的指导作用。2008年，深圳出台《深圳市居住证暂行办法》，这不仅有利于保障居民合法权益，完善居住服务，加强人口管理，同时也为此后的积分入户制度奠定了基础。2010年，深圳市制定《深圳市外来务工人员积分入户试行办法》，规定凡已办理深圳市居住证、纳入深圳市就业登记且缴纳社会保险的外来务工人员，均列入本办法适用对象。从此，深圳外来流动人口不仅可以通过引进人才、投资纳税、投靠亲属等方式入户，更能通过积分这种相对包容的政策入户。积分入户政策通过科学设置和确定积分指标体系，对外来务工人员入户深圳市的条件进行指标量化，并对每项指标赋予一定分值，当指标累计积分达到一定分值时，外来务工人员可按深圳市招收技术工人办法申请入户。[①] 这就使得从事各行各业的人员，比如快递小哥、清洁工、外卖配送员等都可以落户深圳了。这样包容性的入户政策在推动深圳市经济、社会发展的同时，更让人真正体会到"来了，就是深圳人"的含义。

（二）从"孔雀东南飞"到"全球英才聚鹏城"

深圳的发展，从来都是靠人才。改革开放之后，深圳很快成为一块干事创业的热土。那时候，全国各地的人才都涌入深圳这座年轻的城市，形成了"孔雀东南飞"的盛况。也正是这些来自全国各地的深圳人努力拼搏，使得深圳很快由一座落后的边陲小镇发展成为具有国际影响力的大都市。党的十八大以来，深圳新引进各类人才超过187万人，孕育了3000多个创新载体、8家世界500强企业、超1.86万家高新技术企业、地区生产总值达2.77万亿元，成为一座充满魅力、动力、活力和创新力的人才之城。截至2021年10月31日，深圳全市共有全职院士72名，高层次人才超2万名，留学回国人员超18万名，各类人才总量超600万人，迎来新的人才聚集高峰期。[②] 从改革开放之初的创业热土到"双区"驱动、"双区"叠加的国际化创新之城，深圳人才聚集态势也由"孔雀东南飞"向"全球英才聚鹏城"转变。新的历史起点，要有新担当新作

---

① 李舒瑜：《外来工入户深圳试行"积分制"》，《深圳特区报》2010年9月2日第A4版。
② 崔璨：《从"孔雀东南飞"到"全球英才聚鹏城"，深圳为什么行？》，2021年10月31日，澎湃新闻，2022年6月15日访问（https：//m.the paper.cn/baijiahao_15160595）。

为。在建设世界重要人才中心和创新高地雁阵格局中争当头雁，深圳有责任有信心有能力完成好时代赋予的光荣使命。

（三）把对人才的尊重内化为城市的精神

说起深圳的人才工作，首先要提的便是这座城市一以贯之地对人才的渴求与尊重，尊才爱才敬才用才在深圳的人才政策中体现得淋漓尽致。

从2017年开始，每年的11月1日，深圳都会隆重庆祝一个重要的节日——"深圳人才日"，同时从2017年11月1日开始施行《深圳经济特区人才工作条例》。这种以立法形式设置人才日的做法在全国也是首例；同时，在人才引进流动、人才激励、人才服务与保障方面也做出了许多新的探索。这充分体现了深圳特区在人才工作方面的重视与创新。2017年，全国首个以人才为主题的公园在深圳湾畔开园。人才公园的景点设计都是通过人才元素彰显深圳对人才工作的表达，通过人才体验馆、人才功勋墙、人才故事汇等景观通过详细记录深圳人才的奋斗史向观众展示了深圳40多年改革开放的伟大历程。

近年来，深圳从大环境营造到个性化服务，积极构建有利于企业发展、人才创业的优质营商环境，进一步强化"来了，就是深圳人"的观念。可以说，对人才的尊重、对人才工作的重视、对人才政策的创新早已经内化为深圳的一种城市精神，也是深圳40多年来取得辉煌成就的创新密码。

三 实现市民文化权利

实现市民文化权利是深圳十大观念之一。在2000年11月首届"深圳读书月"期间，深圳在全国率先提出"实现市民文化权利是文化发展的根本目的"的理念。[①] 一般来说，市民的文化权利主要是指对城市公共文化资源的获取和参与文化生活的能力。深圳主要从享受文化成果、参与文化活动、开展文化创造的权利、保护知识产权等方面保障市民的

---

① 张军、黄永健：《城市文化在流动与积淀中创新演进》，北京大学出版社2021年版，第46页。

文化权利。

(一) 不断完善公共文体设施

文化是一个城市的灵魂。文体设施是灵魂的载体。改革开放40多年来，深圳在发展经济的同时，也在不停地探索文化的发展，完善公共文体设施。40多年的发展积淀出独特的城市文化和精神气质，使深圳由昔日的"文化沙漠"发展为"文明之都""创意之都"。截至2021年底，深圳全市共建有文化馆（站）88个、图书馆92个、博物馆414个、美术馆42家。① 深圳作为中国现代化建设的先锋城市，在发展的过程中，处处体现了中国式现代化的特征，不仅要在经济建设方面走在前列，文化建设也要协同发展，成为标杆。近年来，深圳特区落实新建和提升改造112个市、区重大文体设施项目。2018年，深圳市委常委会审议通过《深圳市加快推进重大文体设施建设规划》，规划建设"新十大文化设施"。"新十大文化设施"包括深圳歌剧院、深圳改革开放展览馆、深圳创意设计馆、中国国家博物馆深圳馆、深圳科学技术馆、深圳海洋博物馆、深圳自然博物馆、深圳美术馆新馆、深圳创新创意设计学院、深圳音乐学院。② 同时，深圳还将打造了大鹏所城、大浪时尚小镇、南头古城等代表深圳文化形象的"十大特色文化街区"。这对于深圳提升文化软实力，建设区域文化中心具有重要的推动作用。随着这些重要的文化设施和文化街区的建成，深圳人的文化生活将得到质的提升，市民的幸福感也将得到很大的提升。

(二) 深圳读书月

2000年9月21日，深圳市委市政府正式明确每年11月为"深圳读书月"，属于全国首创。同年11月1日，首届深圳读书月启动，自此开始了全民阅读推广的长期探索与实践。深圳读书月的总主题是"阅读，

---

① 深圳市文化广电旅游体育局：《公共文体设施》，2021年12月20日，深圳市政府数据开放平台，2022年6月16日访问（https：//opendata.sz.gov.cn/data/dataSet/toDataDetails/29 200_01600354#）。

② 马君桐：《未来新地标！深圳"新时代十大文化设施"火热建设中》，2020年4月16日，深圳晚报，2022年6月16日访问（https：//baijiahao.baidu.com/s? id = 1664113915092 455697&wfr = spider&for = pc）。

进步，和谐"，截至2021年，深圳读书月已经举办了21届，从2000年第一届的主题"营造书香社会"到2021年第二十一届的主题"打开一个新视界"，深圳读书月主题与时俱进，内容不断丰富，在这20多年间创造了读书论坛、领导荐书、书香家庭等许多创新品牌活动，吸引参加的人数也从一开始的上百万人上升到上千万人。

深圳读书月的开展对深圳人的影响越来越广泛，对城市的发展也起到越来越深刻的作用。首先，阅读营造书香社会，提升了深圳特区的人文精神。每当走到中心书城都会被深圳人的阅读状态震撼到，小到几岁的小孩子，大到几十岁的年长者，都会席地而坐，拿着自己喜爱的书本尽情地阅读。深圳人对读书的喜爱超过了其他很多城市，有可能是因为深圳是一座年轻的充满活力的城市，大家都有着学习的热情，也有可能是因为深圳的竞争压力比较大，要一直保持学习，才能不被落下。不管出于哪种缘由，阅读本身使深圳这座城市更具有人文气质是大家所认可的。其次，阅读也使深圳这座城市更有内涵，使社会更加和谐。阅读多少是和人的素质有关系的，而市民的素质直接影响着一座城市的文明程度。深圳多次被评为全国文明城市，这和深圳强调阅读是有很大关系的。另外，也体现了深圳在发展过程中真正做到了"以人民为中心"。深圳要实现现代化，首先得实现人的现代化。"以人民为中心"就要强调人的全面发展，这就要做到不仅是要实现市民的物质方面的提升，还要实现市民文化素质、精神建设方面的提升。在精神文化的提升中，阅读是最为普遍也最为持久的文化需求，阅读权是公民最为基本和最为重要的文化权利之一。[①]

（三）全球全民阅读典范城市

深圳经济特区成立40多年来，不仅创造了举世瞩目的经济奇迹，还实现了文化的崛起。2008年深圳被联合国教科文组织授予"设计之都"，2009年被世界知识城市峰会授予"杰出的发展中的知识城市"，2013年

---

① 张军、黄永健：《城市文化在流动与积淀中创新演进——以深圳的文化发展为例》，北京大学出版社2021年版，第126页。

被联合国教科文组织授予"全球全民阅读典范城市",连续四次获评"全国文化体制改革先进地区",连续六次荣获"全国文明城市"称号。

"文化深圳,从阅读开始。"深圳倡导全民阅读,不断地推动读书浪潮。每年的深圳读书月就像钱塘江潮似的,让整个城市书香弥漫。读书是长久之计,深圳大量建设图书馆、书城、书吧等,为市民提供阅读阵地。目前全市有近千家图书馆,其密度之高居全国前列。深圳人对读书的热爱感动了时任联合国教科文组织总干事博科娃。当年她访问深圳,两度参观中心书城后说:"我走过很多地方,去过很多城市,没有一个城市一个地方像深圳那样,那么多家庭,那么多孩子聚集在书城尽享读书之乐,这快乐温馨的场面,我永远都会记得。"2013年10月21日,博科娃女士在北京出席联合国教科文组织创意城市北京峰会和首届国际学习型城市大会时,亲自为深圳颁发"全球全民阅读典范城市"荣誉称号。博科娃女士说:"深圳是全球唯一获得这个荣誉的城市,从中可以看到中国人对于全民阅读的重视和热爱。这个荣誉代表了中国人民热爱读书的形象。"①

四 开放包容:深圳独有的精神气质

每当人们经过《深圳人的一天》雕塑的时候,总忍不住驻足凝视,思绪激荡。《深圳人的一天》以17位深圳普通市民作为原型,塑成铜像作品立在街头。他们是这座城市的普通人,中学生、银行职员、医生、求职者……每一个看似普通的平凡人,都蕴蓄无穷的时代力量。也正是每一个或平凡或不平凡的时刻,构成了生活,定义了时代。他们代表着这座城市的日常生活,构筑了这座城市的精神气质。深圳特区成立40多年来,无数人涌入这座包容开放的城市,开启了一段又一段平实而壮阔的奋斗历程。今天,迎着建设粤港澳大湾区和深圳建设中国特色社会主义先行示范区的东风,更有越来越多的追梦人踏上这片热土,用奋斗为

---

① 王京生、樊希安、尹昌龙:《全球全民阅读典范城市:为什么是深圳?》,《深圳特区报》2021年8月20日,2022年7月3日访问(http://www.sznews.com/news/content/2021-08/20/content_ 24499895.htm)。

每一个日子烙下鲜明的印记，使之成为生命中不可复制的一天。

（一）每个人都有做太阳的机会

2021年5月3日，深圳"雨燕"张莹莹荣获"中国青年五四奖章"。2021年11月5日，张莹莹获评第八届全国道德模范荣誉称号。深圳市委书记王伟中对张莹莹表示热烈的祝贺。他指出，"希望张莹莹同志珍惜荣誉、再接再厉，继续发挥好榜样示范作用，激励引导全市人民争做崇高道德的践行者、文明风尚的维护者、美好生活的创造者，为新时代深圳精神文明建设再立新功"[1]。2021年11月15日，深圳市精神文明建设委员会发布《关于开展向张莹莹同志学习活动的决定》。2022年3月8日，张莹莹荣获"全国三八红旗手"称号。张莹莹是深圳新时代的精神楷模，她的故事体现了深圳开放包容、务实创新、充满活力、文明友善的精神气质。

张莹莹从小患有残疾，但这并没有阻止她热爱学习、追求进步，她顺利完成了大学学业。毕业后，她独自一人来到深圳找工作，正是在这个过程中，她感受到了深圳这座城市带给她的温暖，不管是工作上还是生活中，得到了社区及公益组织的大力帮忙。她被"来了，就是深圳人"这样的深圳观念深深感染。她认为残障朋友不仅仅是只能到工厂或按摩店工作，她决定带领其他一些志同道合的残障朋友投身残障服务事业。2018年，张莹莹与龙华区残联筹划创办"龙华区残疾人创业就业基地"——"龙华IC爱创空间"，为创业初期及有创业意愿的残疾人提供孵化服务。[2] 正是在这个基础上，张莹莹为很多残障人士开展创业就业技能培训，帮助了很多残障朋友创业成功，这为我们探索残障人士多元化就业模式具有重要贡献。

身体的残障并没有阻断她对美好的追求，自身行动不便并没有阻止

---

[1] 綦伟：《向道德模范学习——王伟中会见第八届全国道德模范张莹莹》，《深圳特区报》2021年11月19日第A1版。

[2] 杨溢子：《深圳骄傲！"勇敢的雨燕"张莹莹荣膺全国三八红旗手》，2022年3月9日，南方日报，2022年6月17日访问（http://static.nfapp.southcn.com/content/202203/09/c6288017.html）。

她对别人提供帮助，这本身就是对包容、多元精神的身体力行。张莹莹通过自己的努力，实现了自己的梦想，也成为别人的太阳。她的奋斗历程激励了众多残障者积极向上，也激励着每个普通的深圳人对梦想的追求。她的精神是深圳精神的体现，也正是深圳精神的土壤滋养了她美丽的心灵。

（二）英雄不问出身

深圳是一个不靠关系不讲背景的城市，只要你有好创意好产品，肯努力，肯动脑，总有机会获得属于你的舞台。在深圳很流行一句话叫"英雄不问出身"，也正是这个特质吸引着全世界的人才不断涌向深圳。在深圳，你不需要有钱，不需要有背景人脉，只需要有想法、有创意，并把你的想法创意告诉别人，你就能找到一群跟你志同道合的创业者。这是一种神奇而不可战胜的力量。落户深圳的华为、比亚迪、腾讯、迅雷等这些赫赫有名的民营企业，都是靠着创业、创新的基因打拼而来，正是因为深圳不靠关系不靠讨巧的纯粹市场竞争环境，深圳的民营企业才能迸发活力，激荡求存。

"君子之交淡如水。"这句名言曾经被王石先生形象地用来比喻深圳企业家和深圳政府官员的关系。也正是这种良好的营商环境吸引了无数的创业者，成就了千千万万的企业。正如王石所说："你在深圳不用特别去和领导结关系、拉关系。只要认真去做，做出成绩。"[①] 一个地区的商业发展一般都有自身独有的特点，深圳的企业家通过40多年的发展也有自己的特有气质。深圳企业家来自五湖四海，首先已经打破了地域限制。深圳又是一个年轻的城市，深圳企业基本打破了血缘关系的限制。在这样一个社会，人与人之间、企业与企业、企业与政府之间更多的是依靠"契约精神"在交往。在企业家眼中，深圳各级政府被认为是服务型政府。

另一个故事来自中国平安集团董事长兼首席执行官马明哲。2010

---

① 张晓玲、周智宇：《王石：深圳"特区帮"企业不靠地缘血缘靠契约精神》，2015年12月29日，澎湃新闻，2022年6月17日访问（https://www.thepaper.cn/newsDetail_forward_1414662_1）。

年,马明哲获评"深圳经济特区30年30位杰出人物"。他接受了深圳特区报的采访,并就深圳最有影响力十大观念畅谈了自己的感受,其中他重点强调了开放包容对他以及平安集团落户深圳的影响。他强调:"在深圳没有'枪打出头鸟'氛围,从政府到公众,大家都保护创新,包容创新者可能走的坎坷。深圳之所以培养出了许多创新型的企业,都与深圳的包容文化息息相关。有着这样包容的土壤,我想许多优秀的企业没有理由不扎根深圳。深圳包容开放的文化也深深地影响着平安。"[①] 这也是他对深圳"鼓励创新、宽容失败"的完美解读。他说,平安有几十万员工,高管中还有很多来自海外,平安之所以能吸引拥有不同文化背景来自五湖四海的人才加盟,和平安以及深圳这种包容、创新的精神是分不开的。

(三)微笑是深圳递给世界的一张名片

2011年8月,深圳举办世界大学生夏季运动会。会徽"欢乐的U"是向世界展示中国文化特征、展示深圳城市精神的载体。U的释义:大学(University);你(You);联合(Union);世界、宇宙(Universe);U的半环形,也象征容纳和开放。后面由会徽演变而成的吉祥物"UU"是一张笑脸,这既体现了微笑是世界通用语言的特质,同时也与大运会的口号"深圳,与世界没有距离"不谋而合。如果说深圳作为改革开放的窗口和试验田,肩负着作为中国走向世界的尖兵的历史重任。那么"深圳,与世界没有距离"观念的产生让深圳最终与世界融为了一体。

2020年开始的新冠肺炎疫情,让我们对"人类是一个休戚与共的命运共同体"有了更深的理解。面对百年未有的大变局,中国不仅倾尽全力守护好了她的人民,更是向世界展示了抗疫的中国智慧、中国经验。整个抗疫实践彰显出的"中国精神"得到了国际社会的普遍赞誉,而深圳作为中国连接世界一个窗口,更是用自己的行动诠释了"中国精神"。一向以"开放包容"著称的深圳,不仅与世界各地共同分享抗疫经验,

---

[①] 吴凡:《扎根深圳缘于"包容开放"——中国平安集团董事长兼首席执行官马明哲谈"深圳最有影响力十大观念"》,《深圳特区报》2010年12月18日第A3版。

最重要的是用微笑的态度对居住、工作在深圳的外国人给予了悉心的照顾。在这次抗击疫情行动中,深圳又一次向世界展现出包容开放的特质。深圳不但积极参与国际抗疫合作,也坚持一视同仁、一体落实,依法科学精准有序做好外国来深人员疫情防控工作。把所有外国来深人员纳入疫情防控覆盖范围,一体维护好所有在深人员的生命安全和身体健康。深圳不仅展示了中华民族爱好和平、乐于助人的传统美德,也彰显了深圳作为一个国际大都市内在的包容开放的精神特征。

第三节 务实尚法

"务实尚法"是深圳特区在改革开放的历程中凝练的鲜明品格,也是深圳特区取得辉煌成就的重要密码。"务实"不仅体现了深圳人埋头苦干的奋斗精神,也是对"空谈误国,实干兴邦"观念的呼应;"尚法"突出展现了深圳重视法治建设的理念,也是深圳40多年来打造营商环境的重要依据。正是深圳这种务实尚法的精神成就了深圳改革开放以来的辉煌。

一 时间就是金钱,效率就是生命

"时间就是金钱,效率就是生命。"这句诞生于深圳蛇口的标语,折射出改革开放之初深圳人对速度、对效率的追求,写有口号的牌子几经竖起又拆下,至今依然屹立不倒。这句口号是深圳特区勇于冲破旧观念、敢于创新精神的集中体现。

(一)"春天的故事"里华美的篇章

每当《春天的故事》旋律响起,我们就会想起改革开放初那个火热的年代。每当想起那个年代,我们就会想起"时间就是金钱、效率就是生命"这句诞生于1981年春天的口号。1979年,在党中央的正确领导下,袁庚带领招商局从香港落户深圳蛇口,创办了中国第一个外向型的工业园区——蛇口工业区。自蛇口工业区创办以来,不仅在经济体制改革方面有许多惊人的创举,在社会观念变革方面也有许多突破性的探索。

特别是1981年春天，袁庚提出"时间就是金钱，效率就是生命"，被人戏称为"既要钱又要命"的口号。

1984年2月，视察深圳回京后的邓小平，召集七位中央负责人开会。他意味深长地说："深圳的建设速度相当快……深圳的蛇口工业区更快，原因是给了他们一点权力，500万美元以下的开支可以自己做主，他们的口号是'时间就是金钱，效率就是生命。'"① 几个月后，在北京举行的新中国成立35周年大庆上，写有"时间就是金钱，效率就是生命"标语的蛇口工业区彩车在庆典上大放异彩。从此，这句口号传遍大江南北。正是这个口号，推动了招商局蛇口工业区的思想启蒙、民主试验，铸就了全新的时间观念、效率观念、竞争观念、市场观念、契约观念、绩效观念和职业道德观念。这句口号无疑是春天的故事里最美丽动人的篇章。

（二）香港第一课

"时间就是金钱，效率就是生命"这十二个字从蛇口工业区诞生，宛如一声强有力的宣言，向世界昭示中国坚定改革开放的决心。但大多数人并不知道，这两句今天看来如此经典的口号，在当时却引起了轩然大波，也伴随着很多争议。1978年10月，袁庚上任后的第一笔生意，是买下了位于香港中环干诺道上的一座24层大楼。大楼的售价是6180万港元，第一次预交定金2000万港元，交付定金支票的时间是星期五的下午两点。当袁庚同他的助手提前5分钟到达约定的律师事务所时，对方已在等候了。双方在很短的时间里就完成了一切必需的手续。然后，对方留下老板一人与袁庚洽谈，其余三人匆匆走出律师事务所，乘坐一辆发动机一直都没有熄火的汽车，直奔银行而去。后来袁庚了解到，他们之所以急匆匆地赶赴银行，是想尽快把钱存入银行。当天是星期五，如果不能在下午三点之前去银行交那张支票，就只能等到下周一，少了三天利息。当时浮动利息是十四厘，三天就是将近3万港元。而在当时的招商局，支票在家过夜是常事。袁庚后来在多个重要场合及接受媒体

---

① 《邓小平文选》第3卷，人民出版社1993年版，第51页。

采访时,讲过这个故事,以及该事件对他的强烈刺激与深深触动。

也正是在香港上的这一课,袁庚在1980年3月,草拟了"时间就是金钱,效率就是生命,顾客就是皇帝,安全就是法律,人人有事做,事事有人管"六句口号。^① 但后面经过讨论,很多人认为顾客就是皇帝这样的话不太合适,于是就把后面几句去掉了。1981年3月,他让人用红漆在一块三合板上写下了"时间就是金钱,效率就是生命"的口号,并竖在工业区里,这是这句口号在历史上的首次公开亮相。遗憾的是,这张标语牌仅仅维持了三天就宣告夭折。口号中的"金钱"与"效率"这种市场化观念,让很多人难以接受。直到1984年1月邓小平来蛇口视察之后,对这句话表示认可,才最终确定下来。

(三) 深圳经济特区的精神象征

"时间就是金钱,效率就是生命"这句口号迸发出来的精神力量,在波澜壮阔的改革开放史上留下了浓重的色彩,它成为深圳经济特区的精神象征,也是中国共产党人精神谱系在深圳的精彩实践。每当人们提起这句口号,就会自然想起一座城市的名字——深圳。40余年来,深圳一直在践行着这句口号的观念。改革开放之初,它喊出了深圳人加快改革开放的心声。1984年,在庆祝新中国成立35周年的盛大庆典游行队伍中,这句大写口号被高高举起,触动每一个中国人的心。直到今天,它始终是时代强音,激励每一个深圳人在创新发展、创业圆梦的路上讲求效率、加快脚步。40余年里的每一次年轮递进,深圳都镌刻出不平凡的改革记忆。无疑,对效率的追求,对速度的掌控,已经成了深圳的一种特殊品质,一种精神象征。

当前中国特色社会主义进入新时代,"双区"战略下的深圳精神应该在深圳十大观念的基础上,不仅要注重金钱和效率等工具理性的引领,也要注重更具人文精神的价值理性的塑造。就像学者苏艳丽强调的,"深圳要以非凡的理论勇气和长远眼光深耕城市精神,提出具有开创性的新理念、新思想,凝练贯穿当下与未来、现实与理想的价值共识,重

---

① 沈杰主编:《深圳观念变革大事》,海天出版社2008年版,第21页。

点突出价值理性,回答深圳在中华民族伟大复兴大业中的精神追求和使命担当,同时,也要在价值层面回答什么是深圳人的价值和尊严。"①

二 空谈误国,实干兴邦

"空谈误国,实干兴邦",是继"时间就是金钱,效率就是生命"之后诞生于蛇口的又一个重要观念,也是对当时国人"姓资姓社"争论的有力回答。特别是在邓小平1992年视察武昌时强调之后,成为全党全国人民的共识。2012年12月7日至11日,习近平总书记首次离京视察广东深圳、珠海等地。习近平动情地说:"我要再一次强调'空谈误国,实干兴邦'这个口号。这个响亮的口号就是邓小平同志在1992年视察南方途中提出来的。我国改革开放30多年的实践充分证明了这个真理。"②这句20多年前在深圳横空出世的口号再一次引发人们的共鸣。

(一) 又一枚"观念炸弹"在蛇口打响

20世纪80年代末90年代初,东欧剧变、苏联解体相继发生,这给中国带来了严重影响。国内反和平演变、反资产阶级自由化的声音此起彼伏,由此也带来了对改革开放"姓社姓资"的大争论。面对争论,1991年邓小平再次来到上海,并发表了一系列有关改革开放的谈话。他指出:"不要以为,一说计划经济就是社会主义,一说市场经济就是资本主义,不是那么回事,两者都是手段,市场也可以为社会主义服务。"③随后,邓小平在上海的谈话精神通过一个名叫"皇甫平"的作者发表了一系列文章,并在全国引起了一场思想的交锋。

1992年,邓小平发表了他的集大成之作"南方谈话",这次谈话系统地梳理了许多长期以来困扰人们的问题,并做出了掷地有声的回答。比如,社会主义的根本任务是发展生产力,这不仅为中国的发展明确了方向任务,也突出了实事求是、实干的重要性。对市场经济和社会主义

---

① 苏艳丽:《深圳精神要超越金钱和效率》,《特区经济》2021年第2期。
② 胡键、岳宗:《改革不停顿 开放不止步——习近平总书记考察广东纪实》,《当代广西》2013年第1期。
③ 《邓小平文选》第3卷,人民出版社1993年版,第367页。

关系的重要论述，为中国确立社会主义市场经济明确了目标。谈话中的许多思想都强调要从中国实际出发，强调实干的重要性，这次谈话之后，深圳以其一贯的敏锐洞察力和迅速的行动力在蛇口工业区竖立起了"空谈误国，实干兴邦"的标语牌。

(二) 对"姓资姓社"争论的铿锵回答

改革开放以来，深圳各方面都取得飞速发展，尤其是经济建设方面的成就更是举世瞩目。但深圳特区在取得发展成就的同时，也引起了许多争议。这和当时国内国际环境都有很大的关系。改革开放之初，深圳做出的许多改革以及观念上的变革都是走在全国前列的，对于一个受计划经济影响深刻的国家，很多人还不能完全接受这些新的观念和创新。即使邓小平同志在1984年来到深圳考察之后做出"我们建立深圳特区的政策是正确的"这样的论断，但并没有消除人们对深圳特区是否搞的是资本主义的质疑。受20世纪80年代末90年代初东欧剧变、苏联解体的影响，很多人就更加质疑深圳的一些做法，甚至担心深圳是不是被西化了，深圳是不是要脱离社会主义转入资本主义了。正当深圳乃至全国都陷入迷茫的时候，邓小平1992年的南方谈话为迷茫中的人们找到了光亮。在邓小平发表南方谈话后不久，深圳以其独特的视角洞察到"空谈误国，实干兴邦"的深邃意义，并把写有这几个字的标语树立在蛇口工业区。可以说，当这块牌子竖起的那一刻，深圳就是用实际行动在回敬"姓社姓资"的争论。深圳以其一贯的风格堵住了批评者之嘴，同时也壮了实干者之胆。

(三) 深圳，对于"实干"的坚守从未停歇

"空谈误国，实干兴邦"是深圳十大观念之一，不仅是对深圳多年发展的真实诠释，也是对整个中国改革开放历程的真实写照。改革开放以来，深圳特区一直坚守"空谈误国，实干兴邦"的理念，踏踏实实地抓住经济建设这个中心任务，始终把发展生产力作为第一要务，先后获得区域性中心城市、国家经济中心城市、国际大都市等称号。改革开放40多年，深圳从一个名不见经传的边陲小镇发展成为一座国际化大都市，不仅成为中国社会发展的奇迹，也是世界现代化进程中出现的一个

奇迹。从经济特区到中国特色社会主义先行示范区，深圳40多年所取得的成就本身就是对"空谈误国，实干兴邦"的最好诠释。

三 深圳没有奇迹，唯有奋斗

在深圳市委大院门口，有一座雕塑——《孺子牛》。站在铜牛面前，没有人不对它真实、生动的形象留下深刻的印象，也没有人不震撼于铜牛身上蕴藏着的千钧神力。它既表现出了深圳早期艰苦创业者的集体群像，也是对深圳人能够始终保持这种艰苦奋斗精神的寄望。改革开放40多年来，深圳的发展靠的正是全体深圳人的实干和奋斗。正如习近平总书记说的"幸福是奋斗出来的"。

（一）最美奋斗者陆建新

在深圳千千万万的奋斗者中，陆建新无疑是最具代表性的一个。他对专业的执着专注、精益求精、一丝不苟、追求卓越是对深圳人埋头苦干、务实高效、崇尚法治、遵从规则的最好体现。陆建新38年如一日扎根一线工作的经历是对"以奋斗创造幸福，用实干成就梦想"的最好阐释。

他是"深圳速度"和"中国高度"的共同创建者。深圳速度最早以"三天一层楼"而闻名，但或许很少人关注到陆建新正是"三天一层楼"的创造者之一。陆建新先后参与了国贸大厦、地王大厦、京基100、平安金融中心等深圳不同时期的地标工程，而且在北京、上海、广州等地主持施工多座知名摩天大楼。他共参与了44项工程的施工，主持主体结构施工的400米以上超高层建筑有4座，建筑钢结构施工总高度达3600余米。因此，有人叫他"中国楼王"，有人叫他"传奇"。

他是拓荒牛精神的实践者。不管在哪里，陆建新始终秉承干事创业、建设国家的理想信念。他在不断践行工程师精神的同时，成为一名优秀共产党员的典范。同事们都说他是一个很敬业的人。1994年，陆建新负责深圳地王大厦建设的测量工作，当时施工条件并不好，还没有施工电梯，他去测量的时候要背着20斤重的仪器爬二十几层楼梯。陆建新的敬业是出了名的，项目上跟外部单位往来的每封函件，他都要仔细审核，一个标点、一个语气词都要反复修改。长期以来，陆建新养成了一个习惯，只要是他的分内工作，不管大事小事，他都会认真对待，尽量做到完美。

他是工匠精神的代表。当初跟陆建新搭班子的同事，有的已经做到公司副总和大区总经理的位置了，但他始终坚守在一线。曾经有人建议他不要一直在一线做最辛苦的工作，有了那么多年的基层经验，凭他多年以来的业绩完全可以胜任公司高层，但他总是婉言谢绝。也有其他的一些公司想以高薪把他聘请过去，可他从来没有因为那些高工资而动摇，他一直强调中建钢构给予他很多机会，也培养了自己，他要以自己的工作和业绩回馈公司。正是这些经历让他得到系统的训练，让他的专业更坚实。38年来，陆建新从一名测量工人，成长为中建钢构的金牌项目经理。他不仅仅是业绩傲人的"中国楼王"，也不仅仅是优秀共产党员的典范，他更是走在时代前列的大国工匠。正是千千万万个陆建新用自己的奋斗拼搏开创了令世界瞩目的"深圳速度"。

(二) 致敬深圳"摘星人"

2022年新年伊始，深圳境外输入、关联本土的疫情牵动人心。尤其是奥密克戎变异株传播速度快、隐蔽性强，给深圳疫情防控带来很大压力。疫情发生后，深圳市坚持"外防输入、内防反弹"总策略和"动态清零"总方针，全面开展流调溯源、隔离管控、核酸检测、医疗救治等处置工作。在深圳人的抗疫过程中无不体现着深圳速度、深圳力度和深圳温度。

在深圳速度、深圳力度、深圳温度的背后是了不起的"摘星人"——那些为这次疫情苦苦奋斗在一线的深圳人：疾控尖兵、临床医护、社区工作者、志愿者以及每一位全力配合的深圳市民。但是很多时候"摘星人"的工作不一定会完全被理解和配合的，他们的辛苦可能也是被低估了的。"自从实行48小时核酸以来，基本天天要被没有核酸来就诊的患者骂，以各种理由不认可我们的解释，大部分都会拿西安高新医院的新闻来说事，从医学角度有些病人真的不符合危急重症！"这是一位来基层社康工作人员的感慨。即使这样，深圳奋斗者的温度并未有丝毫的减弱。深圳人一直在做有温度的事。有一个社康的工作人员说，整个12月，他们维持原有诊疗量不变，较前几个月还有增长，新冠疫苗接种了10000多人次，10000多人次就是意味着至少要有10000多次的开瓶、抽吸、注射。然而操作这个过程的只有6个护士（这项工作别人无法替代），就是如同6个人把10000瓶矿泉水瓶打开，然后给10000多个人拿过去让他们喝，这个仅仅是工作中的一部分而已，还有另外的日常护理等。

深圳的每个市民都在用行动为防疫抗疫做出自己应有的贡献，都在自己的岗位上努力工作，通过各自的努力一起筑牢共同的防疫屏障。这只是新冠肺炎疫情以来无数场战役中的一场小战役。但是深圳人就是这样一群可爱的奋斗者，面对战役，就会拿出应有的奋斗姿态，用最快的速度、最有温度的方式去打赢这场仗。

（三）深圳用实践表达党的百年奋斗精神

一部中国共产党史，实际上就是一部党领导中国人民艰苦奋斗、自强不息的奋斗史。当前，深圳肩负着中国特色社会主义先行示范区、粤港澳大湾区中心城市等多重国家重大战略，站在新的历史起点上，深圳要从百年党史中汲取智慧和力量，继续奋斗、再创辉煌。要一如既往地坚持中国共产党的奋斗姿态，弘扬中国共产党的奋斗精神，为实现中华民族伟大复兴贡献深圳力量。深圳作为中国改革开放的长子，一出生便自带共产党独有的奋斗姿态，40多年来在中国南方演绎了一场惊心动魄的奋斗史。深圳不仅有敢于奋斗的勇气，也有乐于实干的基因，还有善于坚持奋斗的决心。

敢于奋斗。改革开放之初，在深圳有这么一群人，他们敢于走别人没有走过的路，他们敢于做"第一个吃螃蟹的人"，一路披荆斩棘，探索出蛇口工业区发展模式，成为中国改革开放与经济特区发展的开拓者。他们以"杀出一条血路"的气魄、敢为人先的勇气攻坚克难，披荆斩棘；他们以大无畏的魄力，以把个人得失放在国家发展后面的忠诚，勇闯改革"无人区"；他们以"时间就是金钱，效率就是生命""空谈误国，实干兴邦"为理念，上演了一幕又一幕动人心魄的改革话剧。深圳人最早就是以一种"敢闯敢试"的精神成为中国的改革先锋,也正是这种勇于奋斗的精神成就了深圳奇迹。

乐于实干。深圳特区的奋斗者们,用40多年的实际行动说明了,任何成功都建立在踏实工作的基础上,所有收获都来自辛苦奋斗。我曾经问过一位在深圳工作多年的朋友,深圳哪些精神最能触动他?他思考了一会儿说:"深圳有哪些精神他说不上来,只知道深圳有的是干不完的事情,加不完的班。曾经科比因为凌晨四点的洛杉矶成为一代人的偶像,其实你也可以问问别人是否看过深圳夜晚十一二点的星空。"听完我感触良多,虽然他没有直接告诉我什么是深圳精神,但他的话正是对深圳这座城市所蕴含精神的朴素解读。深圳人就是这样,不爱把精神挂在嘴上,以至于很长一段时间被称为"文化沙漠"。但是深圳人却是用实际行动描绘这幅动人的精神图画。

善于坚持。回顾改革开放以来深圳特区的发展历程及取得的各项成就,可以发现,深圳之所以从一个贫穷落后的边陲小镇发展成为一座现代化大城市,除了党中央政策的正确以及对深圳的偏爱,与深圳特区对改革开放"咬定青山不放松"的坚持是分不开的。新时期,深圳更应该保持"赶考"的姿态,坚持用实干的行动,坚守不懈奋斗的精神,当好中国特色社会主义建设的先行示范者。

四 立法"试验田"

1992年7月,全国人大常委会授予深圳经济特区立法权。2000年7月,《中华人民共和国立法法》正式实施。这部法律不仅保留了经济特区的授权立法,还赋予经济特区所在地以较大市的立法权。这标志着深圳地方立法权有了实质性的扩大。30年来,深圳在立法工作方面一直走在前列,努力把深圳经济特区建设成为文明、有序的法治社会。深圳市委书记王伟中同志指出,"要坚持党的全面领导,坚定扛起建设法治先行示范城市的政治责任、主体责任,努力打造中国特色社会主义法治的'窗口'和'名片',把深圳建设成为习近平法治思想的生动实践地和精彩演绎地"①。

（一）"石破天惊"的尝试和探索

改革开放之初那几年，深圳经济特区在与港商、外商做生意、做项目的过程中，常常会因为双方之间的法律差异而影响合作结果。当年比较典型的一个项目就是香港和深圳合作治理深圳河，由于深港两地对工程招标、环保标准、用人制度等方面的政策、法律有很大差异，导致深圳河的治理几度被搁置。像这样由于两地法律法规不一样影响工程进度或者影响合作达成的案例非常多。正是这些情况让深圳急需拥有自己的立法权。但根据当时中国的法律，只有省一级行政单位、省会城市及国务院特批的几个市才拥有立法权。深圳特区当时并不具备拥有立法权的资格。当时广东省也担心深圳拥有立法权之后会完全甩开广东，从这个角度看，当时省里面是不支持深圳拥有立法权的，甚至是阻挠的。尽管这样，深圳特区并没有放弃，而是一直在努力争取立法权的路上，终于在1992年7月1日，七届全国人大常委会第26次会议赋予深圳经济特区立法权。这个结果当时是轰动全国的，有媒体对此用了"石破天惊"四个字。的确，这样形容并不为过，深圳正是在拥有了经济特区立法权之后，做出了许许多多惊动全国的改革和创新，也取得了众多举世瞩目的成就。

（二）立法为深圳改革创新护航

2000年《立法法》的实施，在保留经济特区授权立法的基础上，还授予经济特区所在地以较大市的立法权。较大市的立法权弥补了深圳特区法规在适用范围的不足，拓展了深圳市立法覆盖范围的空间，奠定了从法律上解决"一市两制"的基础。深圳经济特区立法不仅在法理和立法体制建构两个层面具有创新性，其立法过程与深圳改革创新的举措也是同频共振的。和深圳作为改革开放的窗口、试验田一样，深圳立法也屡屡创下许许多多全国第一，是名副其实的国家"立法试验田"。

---

① 綦伟：《深圳官宣：建设社会主义法治先行示范城市》，2021年9月11日，深圳特区报，2022年7月3日访问（https://www.thepaper.cn/newsDetail_forward_14545639）。

自从获得立法权之后,深圳就拥有了在各个领域先行先试的权力。作为经济特区,深圳的立法权还是比较集中于经济领域。深圳拥有经济特区立法权的确为市场经济的发展提供了一个良好的生态土壤。正是深圳的法治生态良好,才造就了深圳发展的奇迹。很多大企业出生在深圳、很多企业家扎根深圳与深圳良好的法治环境是分不开的。1993年,深圳在全国率先审议通过了两项重要的公司法,随后又在此基础上完善了一系列企业发展的法规条例,为深圳企业健康发展、营商环境不断优化做出了详细规定,为深圳市场经济的发展做出了重大贡献。除了经济领域,深圳在社会建设领域也开了很多立法先河。尤其是在物业管理、人体器官捐献、知识产权保护方面的探索,不仅对深圳,乃至对全国都有非常重要的影响。

深圳拥有立法权以来,先后通过的法律法规有几百项,其中很多都是走在全国前列的,具有开创性意义,真正发挥了先行先试的特征。深圳的这些创举,为深圳改革和发展起到了实实在在的引领、推动和保障作用。

(三)从立法试验田迈向法治城市

深圳特区地方立法权的演变经历了一个从"要权"经"授权"到"扩权"的变化过程,这是一个从无到有、从小到大的变化过程。深圳经济特区拥有"授权立法"和"较大市立法"两种立法权,为深圳开辟了较大的立法创新空间。[①] 同时,深圳把改革与立法紧密结合起来,通过立法把改革成果固定下来,并以立法的形式引导、促进改革,深圳正在从立法试验田迈向更加文明、有序的法治城市。法治正在成为深圳经济特区的真正优势。

深圳是全国首个对改革本身进行立法的城市。2006年3月通过的《深圳经济特区改革创新促进条例》,让深圳的改革创新走在法治的轨道上。只有这样才能不辜负党中央寄予深圳将改革进行到底的厚望。2019

[①] 杨龙芳:《试论深圳特区地方立法创新》,载黄卫平、汪永成主编《当代中国研究报告Ⅱ》,社会科学文献出版社2003年版,第215—232页。

年,党中央再次赋予深圳新的使命,要求深圳建设中国特色社会主义先行示范区,在深圳的战略定位中,首先就要做到法治建设的先行示范。这就要求深圳继续用好经济特区立法权,努力在营商环境优化、生态环境保护、城市空间利用等方面探出新路,这不仅是深圳在现代化建设过程中,也是全国在实现现代化过程中要解决好的重大问题。深圳应该一如既往地发挥改革创新、先行先试的优势。

回顾深圳的立法过程,与社会、政治、生态、文化等领域相比,深圳立法创下的成果大多集中在经济领域。今天,深圳进入"双区"驱动、"双区"叠加的黄金发展期,深圳特区应该继续提升法治水平,引领全国改革发展方向。不仅要继续探索经济领域的改革创新,也要在社会、政治、文化、生态方面发挥先行示范作用。深圳应该继续发挥特区立法优势,在各个方面探索立法先行工作,继续坚持把改革创新贯穿于立法工作全过程,继续加强制度创新和观念创新,不仅要做国家立法的试验田,更应该扎实做好法治各个环节工作,真正成为法治之城。

第四节 奉献社会

改革开放 40 多年来,一批又一批的深圳人怀着共同的梦想,来到深圳这片热土上干事创业。在推进改革开放向纵深发展的伟大征程中,深圳人正是怀着同心同德、精诚团结的高尚品质和顾全大局、无私奉献的宝贵精神,共同将深圳特区建设成为一座经济快速发展又不失人文关怀的现代化城市。

一 志愿者之城

"来了就是深圳人,来了就当志愿者。"如今,"红马甲"遍布城市大街小巷,成为深圳一道最亮丽的风景线。从 1989 年一条热线电话开始,到如今十个人中就有一名志愿者,深圳"志愿者之城"已初具规模。

(一)送人玫瑰,手有余香:一次观念的变革

"送人玫瑰,手有余香"这是一句源于古印度的谚语,一经提出,就引起大家的共鸣,成为深圳义工联的口号。随着社会主义市场经济的不断发展,对物质利益的追求在社会上流行起来。深圳义工联认识到这个时候要激发大家在新时期仍然向雷锋学习,让大家争当义工去奉献自己,必须要有更与之契合的理念才行。当时大家提出了很多新的不同口号,都被大家一一否决,但"送人玫瑰,手有余香"一提出,大家都表示很满意。这与它承认了助人者自己心理和精神上的满足有关。"送人玫瑰,手有余香"不仅强调要帮助别人,为社会奉献自己,最重要的是强调了帮助别人是自身价值的体现,这是激发人们做善事的最深层的动因。

社会经济的发展本身要求与之相适应的观念变革。"送人玫瑰,手有余香"的确是在提倡人们帮助别人的理念上有了变革。以往更强调一种无私的奉献,更强调超脱自我的奉献。而时代的变迁,让人的主体意识在不断地提升,新的理念、新的口号才能激发人们内心的动力,才能把大家凝聚起来。在"深圳十大观念"的评选中,"送人玫瑰,手有余香"脱颖而出,这就表明这不仅仅是一句口号,这已经变成一种强大的精神力量,一种代表深圳的精神力量。

(二)有一种红叫"深圳红"——深圳义务工作者联合会

"来了,就是深圳人"这句话早已经在深圳耳熟能详,并早已经传遍全国。但其实大家可能不知道的是,这句话还有后半句,那就是"来了,就做志愿者"。改革开放后,深圳经济特区很快成为一块干事创业的热土,全国各地的有志青年都齐聚这片热土,想要在这里实现自己的深圳梦。但是经济特区刚刚成立,各方面的发展都不是很完善,很多人都是背井离乡来到这个陌生的城市,生活工作中都会遇见很多的困难,在这里举目无亲,有时候非常无助,在这样的背景下,团市委1989年组织义工队伍,开通青年服务热线电话,专门为大家解决生活、工作中的困难。1990年4月23日,深圳诞生了全国第一个义工团体——深圳市青少年义工社会工作者联合会(后改名为深圳义务工作者联合会)。

2005年7月1日，这对深圳义工事业的发展是标志性的一天，深圳出台了中国内地第一部义工工作的法律——《深圳义工服务条例》。这一条例的产生使得义工这项工作更加规范，也进一步促进了深圳义工事业的发展。如今，"有困难找义工，有时间做义工"已成为深圳人的一种习惯。

经过多年的发展，深圳义工已经成为深圳发展的一股重要力量，"红马甲"已经成为深圳大街小巷一道亮丽的风景线。在每一个人流密集场所，机场、高铁站、公共服务大厅等；在每一个容易产生矛盾的公共场所，公检法单位接待区、信访单位接访区、医院候诊区等；在每一个容易发生危险的地方，交通繁忙路段、高峰期的学校周边人行道口、汛期的危情区段等；在每一场重大节庆或重大应急时刻，大运会、高交会、抗击新冠疫情等；身着红色马甲的各路志愿者队伍和队员都会及时出现在每一个需要他们的地方，提供各式服务，进行各类引导。

（三）新时期的雷锋精神

雷锋精神，是我党我国一笔宝贵而永恒的财富。雷锋精神是中国共产党精神谱系的重要组成部分。它所蕴含的"信念的能量、大爱的胸怀、忘我的精神、进取的锐气"已经成为向上、向善的养分，融入中华民族的血脉与灵魂。伟大领袖毛泽东同志就曾经在报纸上号召大家向雷锋同志学习。1990年，中国内地第一个义工团体深圳义工联在深圳诞生，这无疑是在进入改革开放新时期，深圳人对雷锋精神的一种继承和表达。2006年起，深圳将每年3月5日定为深圳义工节，这个节日就是为弘扬雷锋精神而设立的，对促进城市文明建设和开展志愿文化交流具有重要的意义。深圳义工联成立以来，出现了许许多多新时期的"雷锋"：丛飞、李泓霖、高正荣、孙影、熊永兰、费英英……

30多年来，在继承雷锋精神的基础上，深圳义工创造了许许多多的先进事迹：诞生了内地第一个法人志愿者组织——深圳义务工作者联合会；组织国内第一支赴贵州开展支教的义工队——"青年志愿者扶贫接力计划"义工队；组织了第一批赴缅甸、老挝支教的国际志愿者；设立了全国第一个"义工服务市长奖"；颁发了全国第一张电子义工证；举办了第一届义工（志愿者）发展国际论坛等。尤其是新冠肺炎疫情以来，全市上下团结一心投入到抗疫防疫的战斗中来，深圳市义工联充分发挥志愿服务精神，配合身边各个社区和单位，迅速进入抗疫状态。各区义工就近开展防疫服务，在社区引导居民登记资料、做好核酸检测，配合社康进行疫苗接种，为居民群体提供精准服务指引，还立足片区，走上街道、校园周边、小区花园，为居民宣讲政府发布的疫情通告，指引群众正确佩戴口罩号召大家相信政府，做好个人及居家防疫措施。"有困难找义工，有时间做义工"已经成为深圳人的一种重要观念，不仅是深圳这座城市的一种精神状态，也是对中国共产党伟大建党精神的一种深圳表达。

二　慈善之城

深圳经济特区成立以来，不仅在经济发展领域一直走在全国前列，社会发展事业，尤其是慈善事业也在积极推进。特区成立以来，深圳慈善事业在慈善立法方面进行了积极探索，为中国慈善立法奠定了基础、积累了经验。同时也培育了一批颇具影响力的慈善品牌、组织和项目。

（一）中国慈善立法的先河

深圳自从获得特区立法权，不仅在经济领域率先立法，为改革创新保驾护航；在社会领域也走在全国前列，1997年出台了《深圳市场经济特区捐赠公益事业管理条例》（以下简称《条例》）。《条例》重点在于保护捐赠人和受赠人的合法权益，鼓励、规范捐赠行为，加强捐赠管理，发展社会公益事业。强调任何单位和个人不得侵占、挪用、毁损捐赠物，受赠人应当依法使用和管理捐赠物，这种从法律上保护捐赠款物的行为，有利益保护捐赠者的积极性。同时，捐赠人有权自行决定其捐赠款物的种类、数额、质量、方式、用途和受赠人。任何单位和个人不得违背捐赠人的意愿劝募，不得擅自改变捐赠人的捐赠意向，不得擅自改变捐赠款物和捐建公益项目的性质、用途，这在保护捐赠人权利的同时，也更利于使真正有需要的人成为受赠人，从而达到慈善的最终目的。这一系列的立法规范不仅是深圳在慈善立法方面的有益探索，也为1999年通过的全国第一部慈善方面的法律《中华人民共和国公益事业捐赠法》提供了借鉴。

（二）深圳慈善事业快速发展

2008年，深圳出台《关于加强我市慈善事业发展的意见》（以下简称《意见》），在慈善组织、慈善项目、慈善税收及慈善褒奖等方面做了具体规范。《意见》的出台为深圳慈善事业的发展奠定了坚实的基础。《意见》明确将慈善理念深入人心，增强公民、企业、社会组织的慈善意识作为慈善事业发展的目标。这有利于慈善事业体系的进一步完善，加强对慈善机构的管理，争取更多慈善资源和募捐渠道。《意见》还对构建完整的社会捐赠和慈善工作网络、加快发展慈善组织、拓展慈善救助项目、规范慈善募捐行为、落实慈善捐赠的税收鼓励政策等方面做出具体措施。同时还将每年的11月确立为"深圳慈善月"（现调整为9月），11月1日确立为"深圳慈善日"（现调整为9月5日），并设立"鹏城慈善奖"。可以说，这份《意见》是深圳慈善事业发展的一个纲领性文件，对深圳慈善事业的发展具有重要的促进作用，为深圳的慈善事业打下了坚实的基础。

三 关爱之城

深圳是一座典型的移民城市。深圳人来自五湖四海，人们之间少了宗亲和血缘的联系，但也正是这些让邻里之间、社区之间甚至陌生人之间多了一份平等的关爱。在这里最早出现了为别人无私奉献的"丛飞精神"；在这里有着许许多多因爱而创的品牌活动，比如：结对帮扶、青年驿站、白衣天使关爱工程等；在这里还有着许多传递爱的行动，正是这些"大爱筑城"的理念、精神、行动和创意造就了这座充满爱意的城市。

（一）深圳这个城市没有寒冷

2003年，深圳市精神文明建设委员会主办了第一届"深圳关爱行动"。深圳关爱行动是由政府引领，发动社会各个领域奉献爱心的活动。关爱行动主要涉及关爱他人、关爱社会、关爱心灵三大方面的内容。针对这三方面的内容都出台了很多相关的政策，在关爱他人这一方面主要是根据不同人群提供很多关爱活动，比如，针对孤儿、贫困人口、弱势群体都有相应的救助机制和政策；为了鼓励大家能把爱心传递下去，还专门有针对道德模范的帮扶制度，这有利于鼓励大家付出爱心，甘于奉献；在关爱社会这一方面主要把公益和健康、公益和文化、公益和医疗等融合起来开展活动；在关爱心灵方面设置心理图书馆、心理服务中心等场所，让居民群众可以就近、方便寻求心理辅导。深圳的关爱行动不仅有利于鼓励市民奉献爱心，把社会力量汇聚起来，打造一个被爱包围城市，同时也是对社会主义核心价值观的积极践行，只有大家都愿意付出爱心，才能使社会的大家庭更加和谐，创造更加美好的未来。

很多人是被深圳的气候吸引而来的，这里几乎没有寒冷的冬天，但是当你真的生活在深圳这座城市，你才能真正感受它的温度，不仅是它的物理温度，更重要的是这座城市用爱给予每个市民温暖，因为心永远是温暖的，所以感受不到寒冷。相信大家对2022年1月初深圳卫健委的一句"电话发我"震撼过，短短四个字让深圳卫健委上了热搜头条。这四个字背后所体现的正是深圳这座城市的关爱精神、这座城市爱的理念和温度，让这里生活的每个深圳人都感觉得幸福和安全感。这样有温度的城市，我们是感觉不到寒冷的。

（二）深圳关爱行动让"送人玫瑰，手有余香"有了生根之土壤

《深圳关爱宣言》中有这么一段话："让我们继续关爱每一个人的生存，关爱每一个人的尊严。……让我们在这雄浑而又温馨的歌声沐浴下，伸出你的手、我的手，挽住所有需要关爱的手，用心感动每个人，用爱拥抱每一天。"其实当我们细细品读这些话的时候会发现，宣言里的每一句话都是对"送人玫瑰，手有余香"理念的解读。"送人玫瑰，手有余香"是鼓励义工奉献爱心的格言，激励了一大批富有爱心的人士加入到深圳义工队伍中来。关爱行动则正是义工们爱心传递的实际表达，在关爱的过程中传递爱的理念、奉献的理念。只有在接受别人奉献的同时，回报自己对他人、对社会的关爱，才能让这种人间的互爱生生不息，只有这样的深圳才能为"送人玫瑰，手有余香"的理念厚植生根的土壤。

我们要把爱和希望不断传递下去,只有学会关心爱护别人、懂得为社会奉献,才能建设更加美好的家园。政府不断鼓励和传播这种爱的理念也是对新时代美好生活追求的表现,是对"以人民为中心"理念的践行。

四 丛飞精神为深圳精神增辉添彩

丛飞,原名张崇,中国共产党党员,深圳义工联艺术团团长。先后被授予"中国百名优秀青年志愿者""深圳市爱心市民""深圳市爱心大使""广东省杰出青年志愿者"等称号;2009年,获得由中共中央宣传部等11个部委联合组织评选的"100位新中国成立以来感动中国人物"。丛飞是深圳改革开放这片沃土上成长起来的时代楷模,是盛开在"文化沙漠"里的一朵玫瑰。尽管丛飞英年早逝,但他留下的丛飞精神是深圳精神的重要组成部分。

(一) 深圳义工联是丛飞的娘家

丛飞生前唯一的职务是深圳义工联艺术团团长,这是一份没有薪水的义务工作。无论走到哪里,在哪个舞台演出,丛飞都会自豪地亮出自己的名片:"我叫丛飞,是深圳的一名普通文艺工作者,也是一名普通的深圳义工。能对社会有所贡献,能对他人有所帮助,我感到很快乐。"① 即使在弥留之际,他仍然深爱着这座滋养他心灵的城市,希望来生还可以当一名深圳市民。不禁让人深思这位并不出生于深圳的深圳人和这座城市到底有着怎样的情缘。1997年,丛飞担任深圳义工联艺术团团长。深圳义工联也被形象地称为丛飞的"娘家"。假如说陌生好心女孩的资助让丛飞有了播撒爱心、奉献社会的初心,那么深圳义工联真正给了丛飞一个播撒爱心、奉献社会的平台。自从丛飞加入深圳市义工联,他在市义工联这个爱心大家庭里,在不断播撒爱心的同时,精神也在不断升华。丛飞在加入义工联之前,更多地是以个人力量做好事。但是加入义工联后,借助这个平台可以更有组织地去做好事,这个力量带来的

---

① 中共广东省委文明办、深圳市委文明办编:《丛飞——践行社会主义荣辱观的杰出典范》,广东人民出版社2006年版,第25页。

影响是倍增的。

（二）一朵盛开在"文化沙漠"里的鲜红玫瑰

"送人玫瑰，手有余香"，是深圳义工坚守的理念。丛飞作为深圳义工的一员，是深圳几十万义工的优秀代表。丛飞用他一连串关爱他人的举动书写了一首动人的爱的诗篇。丛飞身上所体现出的关爱他人、奉献社会的博大情怀和高尚情操，值得在全社会大力弘扬。在丛飞去世之后，广东省、深圳市都相继发出向丛飞同志学习活动的通知，也把丛飞演绎的爱心和真情概括为"丛飞精神"，并阐述了"丛飞精神"的深刻内涵，这种精神概括起来就是："热爱祖国、热爱人民的赤子情怀，关爱他人、奉献社会的价值追求，乐善好施、扶危济困的高尚品德，甘于清贫、艰苦奋斗的崇高品格。"[①]

为了别人的"重生"，丛飞把自己的一切都捐出去了。有些东西可能冥冥之中已经注定，丛飞当年给自己取了这个艺名，是想着自己可以重生，多年后他不仅让自己"重生"了，更重要的是他让无数处于无助、贫困下的儿童重生了。正如贵州省织金县官寨乡的王维珊在写给丛飞的信中所表达的："可是我今天明白了，在这个世界上，有一个给予我生命的父亲，更有另一个让我'再生'的爸爸。"[②] 很显然，丛飞正是那位让她"再生"的爸爸。他先后资助贵州、湖南、四川等贫困山区的贫困儿童183名，无私捐助失学儿童和残疾人超过150人。丛飞在贫困地区认养了很多孤儿，尽他所能给孩子们提供生活费和学费，先后捐助金额超过300万元，就这样他成了众多孩子心中的"好爸爸"。

（三）丛飞精神是深圳精神的精彩缩影

如果说有一个人可以用自己的行动感动到一座城市，我首先想到的是丛飞对深圳这座城市的影响。丛飞精神是深圳精神的精彩缩影。丛飞精神最让人动容的是爱心和奉献，而奉献精神是深圳这座城市精神的重

[①] 中共广东省委文明办、深圳市委文明办编：《丛飞——践行社会主义荣辱观的杰出典范》，广东人民出版社2006年版，第143页。

[②] 中共广东省委文明办、深圳市委文明办编：《丛飞——践行社会主义荣辱观的杰出典范》，广东人民出版社2006年版，第15页。

要一面。关爱他人，奉献社会，是丛飞的人生信条。他说："个人享受是次要的，奉献是我生命的需要，献爱心是我的天职。"深圳奉献精神不仅继承了中华民族几千年来的优秀传统文化，也深深扎根于深圳改革开放的热土。深圳是一座因改革开放而生的城市。深圳特区成立之后，吸引了全国各地的奋斗者来到这片沃土，形成了典型的移民城市特质，正是这种特质非常需要人们之间的契约精神。这种契约精神体现为人与人之间平等相处，互助互爱。在这样的环境中，深圳诞生了全国第一个义工组织，也成了全国典型的爱心城市。

丛飞精神是深圳奉献精神的集中体现。丛飞精神说明深圳不仅在经济建设方面取得了成功，同时表明深圳的精神文明建设也取得了丰硕的成果。每个城市都有自身独特的气质，爱心和奉献就是深圳城市特质的重要体现。丛飞精神是深圳土壤培育出来的，同时丛飞精神也为深圳精神增辉添彩。正如深圳市委宣传部前副部长段亚兵强调的："丛飞精神的实质是爱心和奉献，这是中华民族的传统美德，同时也是时代精神的体现。一个城市在高速发展的同时，也需要一种城市精神来引领。"[①] 当前，深圳正处于奋力建设好中国特色社会主义先行示范区，创建社会主义现代化强国城市范例的关键时期，深圳要以争创全国文明典范城市为抓手推进精神文明建设，全面提升城市文明程度，践行社会主义核心价值观，塑造展现社会主义文化繁荣兴盛的城市文明典范。

[①] 中共广东省委宣传部、中共深圳市委宣传部编：《丛飞——感动中国》，广东人民出版社 2007 年版，第 241—242 页。

第五章 叩响时代强音的"新时代深圳精神"

——"深圳精神"的时代升华

党的十八大以来,深圳市以时不我待的干劲谋求新的发展,以只争朝夕的态度追求新的卓越。秉承着"红船精神""东纵精神""特区精神"和"深圳精神",深圳走到了新的历史起点,回眸改革开放40多年来的历史,展望中国特色社会主义先行示范区的新征程,深圳市需要凝练新的时代精神,激发再次创业的热情与动力。

第一节 "新时代深圳精神"提出的背景

"新时代深圳精神"的提出不是空穴来风,不是闭门造车,更不是异想天开,而是站在历史的坐标上,审慎思考深圳的责任与担当、目标与路径,根据深圳新的发展形势而提出来的。

一 前海自贸区的建立与发展

2015年4月27日,深圳前海蛇口自贸片区正式挂牌成立,成为(广东)自由贸易试验区的重要组成部分。该片区总面积28.2平方千米,分成前海区块和蛇口区块。① 该自贸区起点高、站位高,成立伊始

---

① 深圳市前海管理局:《深圳前海蛇口自贸片区概况》,2020年12月22日,2022年5月8日访问(http://qhsk.china-gdftz.gov.cn/zwgk/zmqgh/ztgk/content/post_8365252.html)。

就明确要借助深圳的法治化、市场化和国际化优势与经验，整合深圳和香港两地资源，自觉发挥好21世纪海上丝绸之路的枢纽城市作用，通过"内通外联"集聚全球各类高端要素，重点发展金融、先进制造和各类高端服务业。自贸区准备通过几年的努力，推进深圳和香港经济的深度融合发展，将前海自贸区乃至深圳打造成为亚太区域至关重要的生产线服务中心、世界服务贸易的关键基地和国际综合交通枢纽港口。从2015年发展至今，前海自贸区逐步具备了如下四大核心优势。

一是具有制度叠加优势。制度叠加优势体现在前海深港合作区自身的"一区三功能"。前海深港合作区既是合作区，又是自贸试验区，还是保税港区，从而形成独特的区域制度叠加优势。因此该区既有全国性的自贸试验区共享的政策优势，又有合作区自身的特有政策优势，比如15%的企业所得税与个人所得税等特殊优惠政策，更加放大了自贸区的比较优势。

二是具有片区联动的互补优势。联动性首先体现在地理上的联结，主要是深圳的蛇口港、赤湾港和前海湾保税港区连成一体，打破了之前分散的局面，更加有效地促进了深圳西部港区的资源整合，减少交易成本，着力建设国际性枢纽港，更好助力国内国际双循环新发展格局。其次体现在功能上，前海自贸区的金融、贸易、航运服务能够为蛇口产业转型升级注入新的活力和支撑，而蛇口也能为前海提供产业基础及生活配套支撑，形成优势互补、产业联动、错位发展的新格局。2021年，前海蛇口自贸片区口岸进出口1.59万亿元，同比增长32.1%；自贸片区三大集装箱码头外贸集装箱总量达1202万标箱，同比增长8.2%，再创历史新高；区内海关注册企业达9809家，同比增长2.8%。[①]

三是具有深港合作的独特优势。在自贸试验区制度框架下，深圳和香港能够形成更加紧密的合作关系，两地的海空港资源得到充分的利用，形成粤港澳大湾区发展的强劲驱动轴。自贸区为港澳台青年提供各类专

[①] 吴德群、王亚芬、黄潇雨：《前海蛇口自贸片区去年外贸劲增32.1%》，2022年1月24日，深圳特区报，2022年5月8日访问（http://www.sz.gov.cn/slhwz/zwdt/content/post_9536166.html）。

项扶持资金，发放三批次共5100多万元，实施2021年前海港澳青年招聘计划，累计发布1362个岗位，举办2021前海粤港澳台青年创新创业大赛，帮助更多的香港青年来深圳创业逐梦。①

四是具有一体化管理与整合优势。根据发展的实际需要，前海蛇口片区已成立管委会，有效统筹与整合前海与蛇口两大区块的发展，从体制机制上清除了发展的藩篱，为两大片区进一步的高质量发展打下坚定的政策机制，提供强有力的政策领导。

截至2022年初，自贸片区通过不懈的改革，市场化、法治化、国际化营商环境渐趋成熟并发挥强大的引资能力，开放型经济新体制更加明显，促使更多的人投入市场经济的大潮当中。自贸片区实现了深圳—香港—澳门的深度合作，加快培育新的竞争优势和经济动能，将前海蛇口自贸片区打造成为投资贸易便利、服务体系健全、金融创新功能突出、监管高效便捷、法治环境规范的中国自由贸易试验区新标杆。

二 深圳迎来"双区建设"和"双区驱动"的巨大机遇

深圳市先被纳入粤港澳大湾区，后又成为中国特色社会主义先行示范区，"双区建设"和"双区驱动"已然成为深圳市再次腾飞的强大动力。

"双区建设"是深圳的重大发展机遇。从本质上看，"双区建设"容纳了更高水平的现代化和高质量发展的鲜明指向，与中国始终坚持的全面建设社会主义现代化国家的基本原则和重要要求是根本一致的；从推进的阶段性上看，"双区建设"包含了不同时间的阶段目标任务，对标2035年和2050年国家现代化进程的重要时间点来进行设计和展开的；从更为精细的任务上看，"双区建设"要求深圳将眼光、标准对准世界一流、赋予深圳在众多领域先行先试、先改先探的有利条件和政策保障，为深圳全面深化改革扩大开放提供了更为宽广的平台和实践基地。

---

① 深圳市前海管理局：《潮头风正劲 扬帆开新局——前海深港现代服务业合作区成果发布活动举行》，2021年12月8日，2022年5月8日访问（http://www.sz.gov.cn/cn/xxgk/zfxxgj/bmdt/content/post_9437134.html）。

"双区建设"赋能深圳,让深圳在新的历史条件下获取更大的发展空间,并思考城市精神的变革。2021年9月,中共中央、国务院印发《全面深化前海深港现代服务业合作区改革开放方案》,前海合作区总面积扩展至120.56平方千米,功能发挥有了更大的腹地。趁着政策的东风,前海充分释放"扩区"带来的强大规模效应和乘数效应,努力打造成为"双区"建设"新引擎"。深圳在前海的开发战略上谋定而后动,率先推动出台新一轮前海合作区的总体发展规划和国土空间规划,探索行政区和经济区适度分离下的新型行政管理体制。紧接着从金融开放、法律事务、服务贸易、人才引进等支持政策入手,推动这些政策覆盖至"扩区"后的全部区域,着力提升深港各项服务业的合作水平。加快将前海打造为全面深化改革的创新试验平台,使得前海的制度创新范围更广、层次更深、影响力更为宽广。2021年以来,深圳各部门在前海试点制度创新成果75项,累计达685项,制度创新赋能改革开放事业进一步做大做强。推进现代服务业创新发展,出台人才发展、办公空间、金融等产业政策。创新国际中转集拼物流模式,打造海运国际中转集拼中心和离港空运服务中心,海运集拼分拨全球货物价值超200亿元,助力深圳"全球海洋中心"城市建设。深圳着力加快科技体制机制创新,为科研人员"松绑解套",引入外部先进经验,建设世界知识产权组织技术与创新支持中心,大力推动知识产权保护与国际标准接轨,推动实施粤港澳新型研发机构支持计划,谋划打通粤港澳大湾区科研合作藩篱。打造一流营商环境,积极吸引一大批创新型企业、独角兽科技公司落户前海,新兴产业注册企业累计达3.15万家,中国(深圳)知识产权保护中心搭建快速预审平台,成功推动300余件高质量科技专利申请走向海外,助力"一带一路"建设迈向高质量发展。为更加便利化服务企业,前海自贸区税务局推行发票"秒批",使得企业办税时间减少为原先的四分之一。

"双区建设"带来的改革成果不止于此。深圳各级政府、市民、企业家本着"只争朝夕"的精神奋起改革,利用"双区建设"带来的大好契机,开始了改革开放新的长征。[①]

三 政策支持一：践行《深圳文化创新发展2020（实施方案）》

（一）政策引领文化大发展大繁荣

与时俱进的城市精神需要先进理念的指引,需要深厚文化土壤的补充。如何推进深圳的文化发展,摆脱"文化沙漠"的帽子,是深圳常年思考的重要问题之一。自深圳经济特区建立以来,始终坚持物质文明和精神文明"两手抓,两手都要硬",文化建设取得了显著成绩,文化事业不断进步,文化产业跨越式发展,文博会、读书月、创意十二月等一系列品牌活动的影响力日增,"深圳十大观念"广为传播,获得"全国文明城市""设计之都""全球全民阅读典范城市"等一系列荣誉,为深圳经济社会发展提供了坚强的思想保证和良好的文化条件。

为深入贯彻落实中央、省委和市委关于推动文化创新发展、繁荣社会主义文化的要求部署,紧密结合深圳实际,进一步提升城市文化综合实力,深圳市于2018年制订《深圳文化创新发展2020（实施方案）》（以下简称《实施方案》）。《实施方案》包含了五大创新措施,从而实现多层次、宽领域的城市文化建设体系,主要要点包括：构建以社会主义核心价值观为引领的城市精神体系,创新思想理论载体；构建以国际先进城市为标杆的文化品牌体系,创新城市形象标识；构建以媒体融合发展为主导的现代文化传播体系,创新媒体运行机制；构建以市民精神文化需求为导向的公共文化服务体系,创新文化服务方式；构建以内涵式高质量发展为特征的现代文化产业体系,创新产业发展模式,逐步将深圳打造成为与现代化国际化创新型城市和国际科技、产业创新中心相匹配的文化强市。

2020年10月14日,习近平总书记在深圳经济特区建立40周年庆祝大会上的重要讲话中对深圳文化建设寄予厚望："要加强公共文化设施

[①] 深圳市前海管理局：《潮头风正劲　扬帆开新局——前海深港现代服务业合作区成果发布活动举行》,2021年12月8日,2022年5月9日访问(http://www.sz.gov.cn/cn/xxgk/zfxxgj/bmdt/content/post_9437134.html)。

建设，推动文化产业高质量发展，更好满足人民精神文化生活新期待。"①经过数年的努力，深圳逐步打造出兼具普惠性、高质量、可持续特质的公共文化服务体系。公共文化服务体系，以文化为基础，以服务为旨归，以公共为特性，与一个城市的文化水平、审美气质、精神风貌紧密相连，而深圳在这方面独具特色。2020年，在全球价值最高的13个新建大型文化基础设施项目中，深圳独占七个，体现了深圳对未来文化品位的追求。截至2021年底，深圳先后六次获评为"全国文明城市"，始终保持对精神文明建设的高要求；连续16年举办文博会，紧紧抓住文化与产业发展之间的纽带，并借势培养了大批文化产业的从业者，为新的经济业态的蓬勃发展助力；苦练"内功"，夯实文化基础，七百余家实体书店遍布市内大街小巷；街道层面，综合性文化服务中心覆盖率达85%，社区层面，综合性文化服务中心更是100%覆盖，满足市民各个层次的文化需求。除此之外，还建有1012个公共图书馆（室）以及智慧自助图书馆，让市民对文化"触手可及、可知、可感"。发挥经济集聚效应，打造61家文化产业园区，②既能形成文化产业的全产业链，降低交易成本，激发创意活力，又能满足不同人群对办公场所的新要求，从而在轻松自由的氛围中创造文化的最大价值。随着深圳歌剧院将于2024年建成、深圳音乐学院投入办学，深圳在创造辉煌艺术的道路上越走越远。

  深圳推动构建"十分钟文化服务圈"，让文化渗透城市的每一条毛细血管。2020年11月举行的第21届深圳读书月，组织策划文化活动290项，与市民共迎多彩而有温度的阅读生活。2020年12月开始运行的"城市文化菜单周周发"，精选一周文化活动信息，更好地给市民提供便捷、翔实的文化信息服务。2021年6月，由中共深圳市委宣传部、深圳

---

  ① 习近平：《在深圳经济特区建立40周年庆祝大会上的讲话》，《人民日报》2020年10月15日第2版。
  ② 深圳政府在线：《亮出高品质"文化菜单" 送出多样化文化福利》，2021年8月13日，深圳特区报，2022年5月10日访问（http://www.sz.gov.cn/cn/ydmh/zwdt/content/post_9058849.html）。

市文化广电旅游体育局策划、组织创作的大型声乐交响套曲《英雄颂》在深圳音乐厅成功首演。2021年7月，深圳派送新一轮文化礼包，共计6万张、总面值超过200万元的文惠券的免费发放，让市民享受实实在在的文化福利。2021年9月，深圳滨海演艺中心正式启幕，为大湾区又添一重要文化地标。

（二）推选文化名片，打造城市意象

2016年，深圳市选出深圳十大文化名片：莲花山邓小平塑像、深圳义工、深圳十大观念、深圳读书月、中国（深圳）国际文化产业博览交易会（文博会）、设计之都、华侨城、大鹏所城、华为、腾讯。[①] 这十大名片既有物质性实体，又有观念性表达，是深圳在改革发展进程中沉淀形成的具有特殊价值和广泛影响力的文化意象，体现着深圳城市文化的特色、风貌和品位，也是深圳勇立改革创新发展潮头的重要精神动力。

除了以上十大文化名片以外，深圳市的另外20个文化名片包括深圳大学、袁庚、深圳中心书城、深圳《孺子牛》雕塑、深圳市民文化大讲堂、大梅沙和小梅沙、《春天的故事》、深南大道、中国国际高新技术成果交易会（高交会）、中英街、蛇口海上世界、深圳湾公园、华强北、咸头岭遗址、市民中心、国贸大厦、中国文化名人大营救、大芬油画村、邓小平画像、雅昌文化集团。

对深圳来说，"国际著名体育城市"有望成为一个越来越耀眼的城市标签。作为一个青春洋溢的城市，深圳天然与竞技体育具有相吻合的气质。随着更多国际顶级体育赛事落户深圳，随着体育精神对城市文化持续积淀，深圳将以体育的名义，带给人们更多的城市荣耀。深圳是全国平均人口最年轻的城市，人口活力将为体育消费带来无限的想象空间。2021年9月，《深圳建设国家体育消费试点城市实施方案》发布，提出到2022年，人均体育消费支出达到3500元；到2025年，经常参加体育锻炼的市民比例达到40%，市民体质合格率达到92%，全民健身各项指

[①] 李小甘主编：《十大文化名片——向中国改革开放四十周年献礼》，人民日报出版社2018年版。

标位居全国前列。仅仅是2020年，深圳体育产业总产出就达到1062.27亿元，比上年增加418.97亿元。深圳居民体育类人均消费为3175.35元，占人均消费支出比重的7.8%，全国领先。① 深圳人热衷登山徒步，凤凰山、东西涌成为众多市民的徒步圣地；而羽毛球、篮球等项目因普及率较高、场地设施相对齐全易得，同样受到很多市民青睐。

到2025年，粤港澳大湾区承办第十五届全运会时，彼时的深圳将在更好的体育设施、更加浓厚的体育氛围、更具活力的城市风采中展现属于深圳的精彩，这也将为这座年轻的城市增添更多文化与运动色彩。

（三）开列城市文化菜单，铺陈文化大戏

2017年第十三届中国（深圳）国际文化产业博览交易会期间，深圳首次发布"城市文化菜单"，成为对标国际一流城市推出的文化菜单的第一个国内城市。最开始的文化菜单就表现出高品位、高覆盖率的特征，收录的品牌文化活动达到28项，涵盖了文化艺术、创意设计、科技创新、体育休闲等类别。到2019年，累计推出93个精彩文化项目，涵盖的文化范围更加扩大，每年更有14项国际级文化活动吸引海内外文体界人士参加，使得市民充分享受到"月月有主题，全年都精彩"的丰富文化生活。

推动文化走向世界是深圳城市国际化的重要组成部分。截至2021年底，深圳市共有24个友好城市和65个友好交流城市。② 深圳与这些城市开展了丰富多彩的文化交流活动，如深圳为庆祝与西班牙巴塞罗那之间缔结友谊而举办的"无轮之廓"胡安·米罗深圳艺术展，既展示了双方极具内涵的城市文化，又增进了深圳与友好城市市民间的友情。此外，深圳还重点发展与"一带一路"沿线的重点城市、创意城市网络、联合国教科文组织等国际组织的关系，促使深圳国际化步伐迈得更大、行得

---

① 深圳市文化广电旅游体育局：《"国际著名体育城市"重新定义你对深圳的想象》，2021年12月14日，《晶报》，2022年7月4日访问（http://www.sz.gov.cn/cn/xxgk/zfxxgj/bmdt/content/post_ 9447678. html）。

② 深圳市人民政府外事办公室、深圳市人民对外友好协会网站：2021年12月30日，《国际友好城市》，http：//fao.sz.gov.cn/ztzl/gjyhcs/；《友好交流城市》，http：//fao.sz.gov.cn/ztzl/yhjlcs/，2022年7月4日访问。

更远,深圳的城市形象更加鲜明、对外文化辐射力不断增强。

"城市文化菜单"既包含了"阳春白雪"的高雅文化,又包含了"下里巴人"的大众文化,深得市民的喜爱和推崇,这也进一步增强了该文化菜单的"向外"与"向内"的特质。所谓"向外",主要是指开放包容的气质、海纳百川的气度、兼收并蓄的气量,表明深圳文化是用一种全球化的语言来呈现面向国际和高端的色彩。深圳在"一带一路"建设、粤港澳大湾区建设和国内国际双循环新发展格局中具有独特的区位优势。自2019年以来活动项目的选取,更加强调提升湾区文化凝聚力、深圳城市文化的国际化水平和国际影响力,例如:在音乐、建筑艺术、文化创意、摄影、美术、舞蹈、魔术、影视等领域的活动有"一带一路"国际音乐季、"深港城市/建筑双城双年展""深澳创意周""国际新媒体短片节""国际水墨画双年展""国际魔术节""国际标准舞公开赛"等系列文化活动,全面覆盖了市民的高雅文化享受。在34个菜单项目中,活动名称中直接有"国际"两字的就多达14项,近年来吸引越来越多的国外艺术家加入,也让深圳的本土艺术家接触文艺界的国际前沿。菜单中不少活动代表了国内相关领域的最高水准,是深圳国际化形象和城市文化活力的另类"代言人"。例如:"WTA年终总决赛"是世界女子网球领域的顶级赛事之一,吸引世界顶尖选手的加入;"中国设计大展及公共艺术专题展"是国内规格最高、最权威的国家级创意设计展览,现在已经成为国内设计人才竞逐的标杆项目。① 所谓"向内",是指深圳城市文化菜单不仅高大上,也十分接地气,注重提升市民的参与度和满意度。文化菜单项目涵盖文化艺术、创意设计、科技创新、体育休闲等多个类别,力求做到让广大市民"人人有选择,天天有期盼,月月可参与",将一个又一个的文体活动打造为小型的市民狂欢节,既带动了更多的市民参与文体活动,又推动了文体创意经济的发展。2020年深圳读书月活动中,深圳各大书城销售额同比增长20%—50%,中小书店书吧客流量环比增长88%—265%。当年的第二届深圳书展更是实现

---

① 李小甘主编:《城市文化菜单》,人民日报出版社2019年版,第170—172页。

图书销售2018.6万元，充分显示了深圳市民爱买书、爱读书的消费习性，不仅扫除了"文化沙漠"的刻板印象，还极大擦亮了城市的文化名片。① 为更好服务市民的文化需求，深圳从2020年12月开始推出"城市文化菜单周周发"，通过精选文化信息，实现对市民的精准推送，从而更大程度上实现创建"文化之城"的氛围。

深圳的城市文化菜单既"顶天"又"立地"，将具有世界色彩、国际范儿、中国风格、深圳味道的"城市文化菜单"，给市民们留下美好的文化味觉。

四 政策支持二：颁行《深圳市民文明素养提升行动纲要（2017—2020）》

城市精神体现在每个市民的身上，一个优秀的城市、国际性的城市更需要高素质的市民助其成长。深圳市委提出，要把深圳建成现代化国际化创新型城市和国际科技、产业创新中心城市。现代化、国际化，归根到底就是市民的现代化和国际化。目前，深圳很多"硬件"设施已经赶上甚至超过了国际发达城市和地区，但是以市民文明素养为代表的"软件"仍在全面养成当中。只有全面提升市民素养，才能为现代化国际化创新型城市和国际科技、产业创新中心建设提供强大的人力资源支撑，才能成为中国特色社会主义先行示范区的重要注脚。因此，2017年3月，深圳市委、市政府印发《深圳市民文明素养提升行动纲要（2017—2020年）》（以下简称《纲要》），准备通过开展"修心""养德""守法""尚智""崇文""健体"六大行动，全面提升市民六大素养。

通过文明城市创建活动，深圳形成了全民参与、以文育人、科技赋能等诸多特点。在全民参与方面，2021年3月24日，深圳市福田区在香蜜公园启动免挂号、免诊金的福田百名专家"坐镇"义诊活动，以百

---

① 焦子宇：《亮出高品质"文化菜单" 送出多样化文化福利》，2021年8月13日，《深圳特区报》，2022年5月11日访问（http://www.sz.gov.cn/cn/ydmh/zwdt/content/post_9058849.html）。

名特色专家为主体的义诊队伍，让辖区居民在"家门口"即可享受高质量和贴心的医疗服务。

在福田区华富街道，常态化开展的"红马甲行走社区"活动，从最开始公职人员穿上"红马甲"参与社区服务的1.0版升级到发动居民共同参与的2.0版，将创建文明城市活动从政府一个角色表演的"独角戏"变成了全民齐奏的"交响乐"。在龙华辖区大型商超、书城、文化广场、车站、市场等地方，还有更多身穿"蓝马甲"的文明实践队伍开展创文宣讲活动。除了"蓝马甲"，身穿"红马甲"的义工、"粉马甲"的巾帼志愿者。龙华区通过在外卖、快递等行业开展"我是文明代言人"活动，把文明实践触角延伸到更多领域，发动市民积极主动参与，践行文明理念，让文明代言人身份成为广大市民强烈的身份认同。福田区南园街道成功地将玉田社区图书馆打造成为深圳第一家全天开放的社区图书馆，成为众多市民"幽静的精神家园"。

在科技赋能方面，龙华区通过线上统一规范管理，将龙华区"4＋6＋50＋8"四级文明实践阵地矩阵有机整合，依托区公共文明促进会，创设"市民素质大讲堂"系列品牌课程，开展丰富多彩的文明实践活动，不断强化龙华区新时代文明实践中心宣传教育主阵地功能，力争在全省范围内率先打造数字赋能、品牌课程特色鲜明的新时代文明实践中心典范标杆。

在思想素养的培养中，深圳市进一步丰富和深化新时期"深圳精神"内涵，进一步突出弘扬改革、开放、创新、包容、务实、高效等城市精神特质，让深圳精神在新时期持续焕发光芒，引领城市前行。

第二节 "新时代深圳精神"的提炼

"新时代深圳精神"的提出，既展现了传承性，又体现出时代性。既表现出前瞻性，还顾及了市民接受性。因此，"新时代深圳精神"的评选是一项汇集民智、凝聚民心的重大工程。

一 "新时代深圳精神"的评选

正如一万个人心中有一万个哈姆雷特一样,大多数市民对"新时代深圳精神"的认识不一,但其内核始终在求同存异的过程中逐渐明晰。

(一) 从"深圳精神"到"新时代深圳精神"

一个城市在其发展过程中,展现出什么样的精神,表现出什么样的气质,不仅影响外部世界对它的观感,更能影响生活于其间的万千市民。深圳自建立经济特区以来,进行过几次比较大的关于"深圳精神"的讨论。20世纪80年代,深圳人把城市精神概括为"开拓、创新、献身",以凸显干事创业的勇气和冲劲。90年代,深圳人及时因应外来人口增多的移民城市特点,把城市精神扩充为"开拓、创新、团结、奉献",以显示对外来人口的尊重和"人心齐泰山移"的态度。进入21世纪后,深圳全市上下再次通过"深圳精神如何与时俱进"的大讨论,进一步关注到了以人为本、科学理性、开拓进取等内涵,因此"开拓创新、诚信守法、务实高效、团结奉献"成为"深圳精神"的代表。2010年,在深圳经济特区建立30周年之际,深圳市第五次党代会报告指出深圳经过30年改革开放和现代化建设,在精神层面已经孕育出集中体现时代风貌的特区精神。因此,"新时代深圳精神"也呼之欲出。

(二) 从设想到落地:"新时代深圳精神"的出炉

"新时代深圳精神"的提出,需要先进理念和思想的指引。"新时代深圳精神"自洽于国家的精神、自洽于社会的精神。党的十九大报告指出,要更好构筑中国精神、中国价值、中国力量,为人民提供精神指引。2018年4月,习近平总书记在庆祝海南建省办经济特区30周年大会上强调,"发扬敢闯敢试、敢为人先、埋头苦干的特区精神,始终站在改革开放最前沿"[①]。2019年8月出台的《中共中央 国务院关于支持深圳建设中国特色社会主义先行示范区的意见》提出,深圳市要"进一步弘扬开放多元、兼容并蓄的城市文化和敢闯敢试、敢为人先、埋头苦干的

---

① 习近平:《论中国共产党历史》,中央文献出版社2021年版,第191页。

特区精神,大力弘扬粤港澳大湾区人文精神"①。

随着《深圳文化创新发展 2020(实施方案)》于 2015 年底出台实施,深圳市明确提出要根据时代发展的新要求,丰富"深圳精神"的新内涵,组织开展市民大讨论和理论研讨,提炼与时俱进的新概括,塑造特色鲜明的城市气质,用新的城市精神鼓舞市民干事创业的热情、激发对未来的想象。经过数年的酝酿,2019 年 10 月,深圳市正式启动"新时代深圳精神"提炼概括工作,该工作坚持以社会主义核心价值观为引领,以"敢闯敢试、敢为人先、埋头苦干的特区精神"为文化基础,以深入市民内心的"深圳十大观念"为背景参照,力求提炼出来的"新时代深圳精神"既与中央的各项要求保持高度一致,又能精准反映深圳鲜明的城市特色和城市性格;既对深圳过去 40 年形成的精神气质进行"全景画像",又为深圳未来的改革发展树立标杆"市训"、做出殷切期许。②

为提炼"新时代深圳精神",深圳市委、市政府成立专门小组开展工作,做好每一阶段的工作,遵循了"研讨酝酿—论证完善—征求建议—集中提炼—审定发布"五个逻辑阶段。在每个阶段,专门小组的工作人员既积极征求在深老领导和曾在深工作的副省级以上老领导意见,又注重从广大在深专家学者当中吸取建议,更善于从人民群众当中听取不同的声音,充分发扬了民主的精神和求真求实的工作态度。前前后后提炼出的 10 个不同版本词句更是进行了一轮又一轮的深入思考和反复酝酿,最终形成"新时代深圳精神"备选版本。后经深圳市委常委会会议两次热烈讨论和审议研究,最终同意将"新时代深圳精神"提炼概括为现在为人所熟知的版本,即"敢闯敢试、开放包容、务实尚法、追求卓越"。③

"新时代深圳精神"的提炼过程虽然漫长辛苦,历经反复的酝酿斟

---

① 《中共中央 国务院关于支持深圳建设中国特色社会主义先行示范区的意见》,《人民日报》2019 年 8 月 19 日第 1 版。

② 韩文嘉:《"新时代深圳精神"发布 叩响时代强音》,《深圳特区报》2020 年 10 月 12 日第 A1 版。

③ 中共深圳市委宣传部、深圳社会科学院:《新时代深圳精神》,海天出版社 2020 年版,序言第 3—4 页。

酬，但这是深圳市民民意的一次集中表达，是对深圳过去40多年发展历程的一次集中梳理，是对深圳未来更加强劲发展的一次集中期许，是对正在奋斗着的深圳各行各业的建设者身上涌现出的高贵品格的一次集中展现。因此，"新时代深圳精神"从设想到落地的每一步都体现出行稳致远的工作态度和风格。

二 "新时代深圳精神"的内容

"新时代深圳精神"只有短短的十六个字，但是蕴含着巨大的文化内涵，做到了理论自洽、逻辑自洽和历史自洽。

（一）敢闯敢试

"敢闯敢试"体现了"新时代深圳精神"的历史逻辑。深圳自被批准成为经济特区以来，"敢闯敢试"已经融入了深圳的血脉，成为"新时代深圳精神"首当其冲的鲜明特征，也是深圳最具冲击力、最有别于其他城市的城市品格。40多年的历史发展当中，深圳也正是因为有了"敢闯敢试"的精神，才能一次又一次在遇到艰难险阻时刻逢山开路、遇水搭桥，展现了改革开放作为当代中国发展关键一招的时代魅力。

早在建立经济特区之前，1979年4月，邓小平在与时任广东省委第一书记习仲勋的谈话中就指出，广东要"杀出一条血路"。1992年邓小平同志的"南方讲话"，在充分肯定深圳办特区的成就和经验的同时，他特别指出深圳的重要经验就是敢闯，强调改革开放胆子要更大一些，敢于试验，不能像小脚女人一样，要让深圳的"敢闯敢试"和南中国的发展经验，为当时中国舆论场上"左"和右的争论提供实践上的对照，从而进一步坚定全国上下继续推进改革开放的信心和勇气。

在新时代，习近平总书记对于深圳市的进一步发展做出了一系列的重要指示批示，鼓励广东、深圳继续"敢闯敢试"，他强调："广东要弘扬敢闯敢试、敢为人先的改革精神，立足自身优势，创造更多经验，把改革开放的旗帜举得更高更稳。"① 习近平总书记要求深圳"充分发挥特区人敢为人先的精神,敢于'做第一个吃螃蟹的人'"②。

深圳市在改革的过程中可以试错,但不能停滞不前。1987年以深圳土地使用权拍卖为标志,冒着被一些人所谓的"违宪"风险,使得土地使用权从此走上市场化的道路。1988年4月12日,七届全国人大一次会议修改了《中华人民共和国宪法》的相关条款,土地流转的禁锢被彻底放开。深圳市的这次大胆的"闯"、大胆的"试"向全世界昭示了中国坚持经济建设、坚持改革开放的决心和勇气。

(二)开放包容

"开放包容"体现了"新时代深圳精神"的实践逻辑。改革开放是决定当代中国前途命运的关键一招,失去了"开放"犹如失去了改革的价值、失去了中国第二次革命的灵魂。

开放意味着解放思想,打破脑袋中的条条框框,打破固有观念和冥顽不化的思想。早在1987年,深圳就根据经济发展的要求,颁布了《关于鼓励科技人员兴办民间科技企业的暂行规定》,这是当时中国最早允许私营企业成立的地方政府规定,规定明确表示:现金、实物、商标、专利、技术等可以投资入股分红。正是因为这个文件的出台,华为公司在1987年在深圳注册,成就了现在的辉煌。

开放包容意味着深圳全方位多层次的与国际社会接轨。从提出"建设成为国际化城市"口号,到建立市内多个国际化街区,再到确立"全球标杆城市"的旗帜,深圳在国际化、全球化的道路上一路向前。2010年,国务院批复《深圳市城市总体规划(2010—2020)》,首次从国家层面赋予深圳建设"国际化城市"的使命。2019年更是明确深圳到"2025年,建成现代化国际化创新型城市。到2035年,建成具有全球影响力的创新创业创意之都。到本世纪中叶,成为竞争力、创新力、影响力卓著

---

① 人民日报评论员:《弘扬敢闯敢试、敢为人先的改革精神——论学习贯彻习近平总书记广东考察重要讲话精神》,《人民日报》2018年11月1日第4版。
② 綦伟:《牢记重托走在前列勇当尖兵 奋力建设中国特色社会主义先行示范区——写在党的十九大后习近平总书记视察一周年之际》,《深圳特区报》2019年10月24日第A1版。

的全球标杆城市"。深圳对各种异质文化兼容并蓄，没有排外意识，鼓励各种文化相互学习、相互交流，让更多国家的民众感受到中国城市的活力与朝气。

开放包容意味着深圳拥有海纳百川的胸襟和气度。既指深圳能够容纳每一个参与建设深圳的人，还指涉对每一个重大理论争论观点的包容。胡鞍钢"特区不特"论、贺军"特区使命终结论"、网友我为伊狂"深圳被谁抛弃论"，其中既有对深圳经济社会发展模式的争议，又有深圳历史使命的重新认识，还有深圳发展进路的人文追问，每一次重大的理论碰撞，在政府和民间都引起了较大反响，一次又一次地激发了深圳人探讨城市的发展道路的重要命题——"路在何方"，也体现了深圳对不同理念的包容。

开放包容体现在深圳对待儿童的友好态度上。深圳是人口高密度的超大型城市，根据第七次全国人口普查数据，深圳全市14岁以下青少年儿童数量达到265万余人。早在2016年，深圳就率先提出"建设中国第一个儿童友好型城市"的口号和目标，将城市治理的视角从成人扩展到包括众多青少年在内深圳市民，从而更加丰富对"以人民为中心的城市"内涵的理解和认知。超大型城市如何开展儿童友好城市建设，深圳对标国际先行示范，提供了可借鉴、可复制的生动样本。2018年，深圳开展了一次大规模的儿童参与调查，实际回收问卷1万多份，其中高达90.42%的儿童表示愿意参与到社会公共事务中，显示出儿童参与的高涨热情。为鼓励儿童参与城市治理，深圳市出台《深圳市建设儿童友好型城市战略规划（2018—2035年）》，将"建立儿童参与的长效机制"作为三大策略体系之一，把儿童视角纳入城市建设的治理体系决策中。2020年12月，深圳市妇儿工委办编制印发的《深圳市儿童参与工作指引（试行）》，对儿童参与的内容、形式、流程等给予政策指导。深圳连续九年举办国际儿童论坛，让孩子们通过演讲、对话、情景剧等形式，提出对城市规划、社会服务等方面的建议，引导儿童积极思考、勇于表达，并在活动中积极学习借鉴国际上其他城市的优秀实践。截至2021年8月，深圳全市已建成妇女儿童之家713个，各级各类儿童议事会381

个,开展议事活动超千场;各类儿童友好基地360个;公共场所母婴室1142间,覆盖交通枢纽、政务服务中心、公园、商业中心等公共场所;建成上千座各类公园,并在公园内部逐步增加完善儿童活动空间和自然教育游乐等设施场所,全市部分慢行道的改造中也充分纳入了关于儿童友好出行的考量。深圳建设儿童友好城市的探索和实践,也荣获首届"中国城市治理创新奖"优胜奖。[①]

深圳紧紧地将"开放"和"包容"联系起来,展现自身海纳百川的城市特性,更是将对市民的友好化作具体的政策实践,提升城市的温情与关怀。

(三) 务实尚法

"务实尚法"体现了"新时代深圳精神"的制度逻辑。城市的发展需要制度的保障,制度需要以法律为靠山。曾经有人总结深圳经验:市场是主导,企业是主体,法律是基础,政府是保证。让一流法治城市成为深圳新时期最为核心的竞争优势和最为显著的制度保障,把法治作为衡量一切行为的准则,才能更加体现出制度的"刚性"与"韧性",才能更好地在市场经济发展过程中体现出契约的精神。

法治精神在深圳立市以后就逐渐显现出来。1981年,广东省被授权制定经济特区各项单行经济法规。从1985年开始,深圳立法工作组着手拟订经济特区立法计划,以5年时间为节点,陆续出台覆盖经济特区建设紧要方面的地方法规,保障特区工作的开展基本做到有法可依,之后再用5年时间逐步完善和落实。经过几年的艰苦摸索和不懈努力,1992年,七届全国人大常委会授权深圳市人大及其常委会根据深圳市政治经济社会发展的实际情况和紧急需要,遵循宪法的规定以及法律和行政法规的基本原则制定本区域法规,在深圳经济特区实施,并报全国人大常委会、国务院和广东省人大常委会备案。自此,深圳市开启了法治城市的发展道路。多年来,深圳不断将法治政府建设推向纵深,以法治方式保障人民群众美好生活、优化营商环境、化解矛盾纠纷的奔跑步伐从未

---

① 李晓玲:《深圳全域推进儿童友好》,《瞭望》2021年第43期。

停歇，法治精神在鹏城落地生根，法治成为特区最亮丽的名片之一。

务实尚法体现在经济领域，用法治维护改革开放，推动塑造法治化营商环境。随着深圳外向型经济的进一步开放，越来越多的深圳企业在境外投资、设厂，深入贯彻"走出去"战略，但是因对合规风险预判和应对不足而遭受经济损失的事件时有发生。合规问题，已成为深圳企业境外投资经营的"头等风险"。2019年2月，深圳在全国率先上线"民营企业法治体检自测系统"，民营企业可以通过该系统获得企业远程诊断，通过综合大数据分析企业所面临的法律合规风险点，帮助企业查找制度漏洞和公司治理的薄弱环节，自动生成合乎法律规定的意见和建议。2020年1月，深圳市司法局开展合规宣传培训，邀请《美国陷阱》一书作者、法国阿尔斯通前高管弗雷德里克·皮耶鲁齐来到深圳，为法律工作者、涉外企业高管讲述跨国企业合规风险问题。在合规建设上，深圳围绕政府合规、企业合规、行业合规、涉外合规四个方面先行先试，打出一套组合拳，成为国内最早系统性推进合规建设的城市。

优化营商环境，除了给企业行便利，也要为个人做保障。深圳"创客"大军众多，但是创新创业的道路充满未知，因此深圳"创客"也需要有法律作为保障。2021年3月1日，《深圳经济特区个人破产条例》开始施行，成为我国首部个人破产法规。同日，全国首家个人破产事务管理机构——深圳市破产事务管理署挂牌成立。深圳率先以法治方式促进诚信债务人"经济再生""破茧成蝶"。2021年7月16日，在深圳市破产事务管理署的协同推进下，深圳市中级人民法院裁定终结了全国首宗个人破产案件。

务实尚法体现在社会领域，用法治维护公平正义，为民分忧巧解矛盾纠纷。在宝安区，社会矛盾纠纷日益多元，主体多元化、成因复杂化、调处难度大，重大疑难纠纷积案增多，过去依靠单一手段、单个部门、单兵作战的工作方式，已不太适应矛盾纠纷化解的现实需要。宝安区是深圳的传统工业大区，外来人口比重大，人员居住情况复杂，各类矛盾纠纷时有发生。2019年8月，宝安区出台《深化矛盾纠纷多元调解若干措施》，构建人民调解、行政调解、司法调解非诉纠纷解决"三调联动"

工作机制，从原有司法行政机关参与调解扩充到各职能部门参与调解，深化"大调解"工作体系。①

在龙华区，2021年，龙华区龙华街道司法所被司法部授予"全国模范司法所"称号，这是深圳基层司法所首次摘得"全国模范司法所"的荣誉。龙华街道外来务工人员众多，各种矛盾纠纷突出，基层治理难度较大。龙华街道司法所聚焦社区治理问题所在，创新社区治理工作方式方法，统筹推进人民调解、法律援助、数字司法等各项司法工作，探索出一条符合超大型城市人口高度密集区域特色的基层治理新路子。在开展人民调解工作中，龙华街道创新构建出"冠名调解工作室+流动调解室+兼职调解员+调解员挂点楼栋+园区解纷中心"全方位、立体式、多元化人民调解体系，将人民矛盾化解在基层，将社区情感留在基层，使人民调解成为龙华街道化解矛盾纠纷、增进社会和谐、助推社会善治的重要力量。②

（四）追求卓越

"追求卓越"体现了"新时代深圳精神"的发展逻辑。深圳是作为特区的使命而生，特区之特，不仅仅在于在经济发展方式上要为全国探索一条中国特色社会主义市场经济道路，还要充实中国特色社会主义民主政治内涵，在民生社会领域探索中国特色社会主义共建共治共享的社会治理格局，在文化上追求中国特色社会主义文化大发展大繁荣，为中国在人类文明史上书写新的时代篇章，从而在壮大肌体的基础上实现城市能级的迭代升级，打造真正的"全球标杆城市"。

追求卓越是一个动态的进行时，而不是一种完成的状态；是一种始终保持昂扬斗志，而非自满自足的精神气质。在经济领域，深圳完成了从"深圳制造"到"深圳创造"、从"深圳速度"到"深圳质量"的转

---

① 靳昊、吴姿娜：《法治，让深圳成为所有人的家》，2021年10月22日，《光明日报》，2022年5月12日访问（https://difang.gmw.cn/sz/2021-10/22/content_35253243.htm）。

② 龙华区：《龙华区龙华街道司法所获评"全国模范司法所"》，2021年11月9日，深圳政府在线，2022年5月12日访问（http://www.sz.gov.cn/cn/xxgk/zfxxgj/gqdt/content/post_9351459.html）。

变。数字时代已经来临，深圳市敢于站在数字经济的前沿赛道，与外部世界的优秀者进行合作，抢抓数字经济机遇，努力成为数字经济时代的佼佼者。新加坡是全球重要的金融中心、航运中心和贸易中心，新加坡智慧城市建设水平在全球排名第一，是值得学习和借鉴的"标杆"。深圳是粤港澳大湾区的核心引擎，也是全球电子信息产业研发、生产、出口的重要基地，因此数字经济成为深新合作特别是智慧城市合作的重点领域。2019年10月15日，深圳市与新加坡通讯及新闻部在中新双边合作机制会议上签署了《关于深圳—新加坡智慧城市合作倡议的谅解备忘录》。近两年来，深新双方基于《谅解备忘录》有序推进智慧城市合作。2020年6月，由深圳主办，以视频会议方式召开执委会第一次会议，签署了首批8个合作项目谅解备忘录，涉及电子贸易、数字身份互认、科技人才交流培养、创新创业、跨境仲裁等领域。尽管受到新冠肺炎疫情影响，深新智慧城市第一批合作项目仍进展良好，取得了阶段性成果，为推动深新合作发挥了积极作用。两座城市以智慧城市合作为新契机，拓展了合作的新领域，推动跨境贸易无纸化、跨境电子支付、科技型初创企业和中小企业服务平台等方面合作取得了重要成果。2021年深圳和新加坡第二次视频会议，签署合作项目包括电子发票、5G、物联网和区块链联合创新，智能机器人和智慧农业合作，数字孪生联合创新。此次确定的合作项目是在第一批合作项目良好推进的基础上，结合全球经济发展方向以及深圳、新加坡的产业优势而确定的，这些将为双方合作注入新活力，开创新局面。

不仅仅是新加坡，深圳市与美国、以色列、丹麦、芬兰等发达国家在多个产业领域、多个高新技术领域都有广泛合作，始终让自己处于全球科技的前沿位置。

三 "新时代深圳精神"的重要特征

"新时代深圳精神"表现出四个方面的特征。

（一）历史的厚重性

尽管深圳很新，特区很年轻，但是"新时代深圳精神"却脱胎于厚重的中国历史文化土壤，滋润于岭南文明和海洋文明的阳光雨露，使得"新时代深圳精神"赓续了历史文脉，沁入了国人的心脾。

鉴往知来，向史而新。2021年，习近平总书记考察时强调"走好路，就要不忘来路。看看过去的沟沟坎坎，我们是从这里走过来的，其作始也简，其将毕也必巨[①]"。深圳的精神乘着历史车轮不断变。追溯深圳的源头，六千多年前就有先民们在这片土地繁衍生息。春秋战国时期，深圳地属南越，因盐业而兴的深圳，在三国时期，吴主孙皓便在这里设立了司盐都尉，并始建垒城；秦灭六国平定南越，百越中原文化融合；唐朝开放海域，深圳成为海路要冲；宋明时代，深圳成为海路贸易枢纽，大批国外商船聚集。1573年，明朝政府建立新安县，县治设在南头城。南头古城，又称新安故城，地处珠江入海口东岸，辖区曾涵盖香港、东莞、惠州等地，是岭南沿海地区跨越两个千年的行政中心、海防军事重镇、江海交通要塞和对外贸易集散地。因此，南头古城也被誉为"粤东首郡，港澳源头"。古城历经千年风雨，在时代的浪潮中见证着深圳快速发展的日暮朝夕。随着海防海商的重要性提升，深圳地域文化也在酝酿积淀。深圳精神，贵在多元，包容开放，一脉相承。在深圳，不仅有客家文化的传统，还可以看到诸如粤语、粤剧、粤曲等广府文化的传统；凤凰山下生活着文天祥弟弟文天璧的后人；凤凰村的古建筑群是广东保存最好的广府居民建筑群之一。

一部深圳经济特区成长史，就是一部改革开放进化史，就是一部中国特色社会主义道路的开拓史。

(二) 时代的前瞻性

"新时代深圳精神"是发展着的精神，站在时代发展的潮头，深圳近距离地感受到第四次工业革命的脉搏和律动，并乘势而起，继续引领新型城市化、新型工业化的发展道路。"新时代深圳精神"中的"追求卓越"则是时代前瞻性的重要体现。

[①] 张晓松、朱基钗、胡浩等：《继续奋斗，走好新时代赶考路——写在党的十九届六中全会召开之际》，《光明日报》2021年11月8日第1版。

深圳的基因里一直内含着走在时代前列、体现时代担当的品质。2021年是中国加入WTO整整20周年。刚刚加入WTO的时候，深圳市抢抓入世机遇，首先意识到入世以后深圳乃至中国的经济运行规则、标准要与国际接轨，因此率先成立深圳市世界贸易组织事务中心，专门负责深圳地方WTO事务工作，成功闯入全国地市专研WTO事务的"第一方阵"。随着深圳全面融入世界经济贸易体系，该中心的工作范围也不断拓宽，职能也逐渐延伸，在运营近20年后，于2021年更名为深圳市商务发展促进中心（深圳市世贸组织事务中心）。它在具体协调地方融入世界贸易组织事务工作机构的同时，还承担着大量的商务研究、投资促进、企业服务、外商投资企业投诉等商务领域中发展促进和保障工作，为各行各业的国际商贸运行工作提供强有力的智力支持和政策解答。随着深圳进入了"双区"驱动、"双区"叠加的黄金发展期，该中心秉承敢为人先的精神，积极把握时代发展机遇，不断创新商务工作的促进模式，千方百计丰富工作内容，以实际行动维护以世界贸易组织为基石的多边贸易体制，为完善全球经济治理规则、推动建设开放型世界经济贡献出来自中国的地方力量，为深圳市更好地融入全球化发展进程提供强大的能力支持和制度保障。地方的世界贸易组织工作以"咬定青山不放松""不破楼兰终不还"的精神常抓不懈，高度重视地方贸易政策文件与WTO规则的契合性，建立并完善深圳地方贸易政策的合规性审查制度，进而成为在此方面的全国标杆；开展地方补贴通报工作，提高政策透明度，维护开放、包容、非歧视等世界贸易组织核心价值和基本原则；关注技术性贸易措施，针对经贸热点问题开展专项调研并组织宣传贯彻，助力深圳企业加速布局生态经济领域。积极关注国际经贸摩擦信息，尤其是涉及中国的相关信息，汇总、分析并通报国际经贸形势、相关主要国家的经贸政策、投资风险、安全风险以及法律变动风险，提供经贸预警信息和决策参考，引导鼓励深圳市企业积极应诉贸易摩擦案件，成为深圳企业在海外发展的重要依靠力量，尤其是随着深圳企业在"一带一路"沿线国家的布局，更体现了该中心时刻走在时代前列、分析时代发展大势的"内功"。① 该中心的工作成果已经成为深圳市涉外企业、人员的重要规则参考。

现在,深圳在WTO中贡献自己的地方实践,在"一带一路"中发挥着重要枢纽节点城市的作用,在"双循环"中承担沟通国内国外贸易链、产业链、价值链的重要桥梁作用,努力在不断推进的新发展格局中找准自身的定位。

(三) 内涵的本土性

"新时代深圳精神"的历史厚重性与内涵本土性相辅相成。包容意味着一种善良,一种人间大爱,是对中国优秀传统文化的继承和发扬。深圳这片热土不仅创造了经济发展的奇迹,而且处处盛放精神文明之花。"老吾老以及人之老,幼吾幼以及人之幼",相互关爱的优良品质在深圳大地上展现。2021年11月,深圳市雨燕残疾人关爱事业发展中心主任、党支部书记,深圳市龙华区公共文明促进会会长张莹莹获得第八届全国道德模范荣誉称号。迄今为止,包含张莹莹在内,深圳已经产生了6名全国道德模范获得者、5名全国道德模范提名奖获得者、11名广东省道德模范及提名奖获得者、26名"中国好人"、84名"广东好人"。他们的积极涌现,反映了深圳市精神文明建设的重要成果,引领了深圳市的道德风尚,从精神层面为深圳的经济社会发展提供强大的信念力量和文明支撑。

道德模范的涌现来自普通人的善举,其根源在于深圳市的领导和市民对中华优秀传统文化的认同,对中国传统文明道德之风的崇尚。深圳历届市委、市政府都高度重视精神文明建设,将其列入年度重点工作长期推进实践,因为他们深知经济繁荣的表象背后还需要厚重的文化精神予以支持。深圳之所以能够连续六届入选全国文明城市,与她长期深入推进"关爱之城"的建设密不可分,从而形成了崇德向善、礼遇模范的社会风尚,契合了中华优秀传统文化精神"仁义礼智信"

---

① 深圳市商务局:《深圳:维护多边贸易体制,构建商务发展新格局》,2021年12月14日,深圳政府在线,2022年5月20日访问(http://www.sz.gov.cn/cn/zjsz/fwts_1_3/yxhjjc/content/post_9448096.html)。

等要素。与此同时,深圳市委、市政府印发实施《深圳市民文明素养提升行动纲要》,全面涵养市民文明素养,为选树先进典型奠定了坚实的文明基础。①

张莹莹坚定投身残疾人服务事业的想法与深圳包容与友善的社会氛围分不开。张莹莹先后创办了"深圳市雨燕残疾人关爱事业发展中心"和"龙华区 IC 爱创空间",探索出一条适合残障者的"多元化就业"模式,已开展残疾人创业培训 200 多场,孵化出 23 家残障者创业企业和社会组织,帮助 2700 多位残障者就业。与此同时,张莹莹带领团队为广西东兰县、凤山县等贫困偏远地区残障朋友送就业技能、送就业岗位、送医疗救治,累计 5 万余人次受益,为精准扶贫献出自身的力量;同为残障者,张莹莹积极鼓励残障朋友勇敢走出来,进社区、学校和企业,组织励志演讲近百场,帮助部分残障者走出"心灵灰色的阴霾"。同时,张莹莹还受邀加入了龙华区公共文明促进会,身体力行地宣扬城市公共精神。

一个人是这样,一群人也是如此,一个城市更是在长期的发展过程中孕育了新的传统,接续了中华文明的精神谱系。深圳自 2003 年开始就已经举办"关爱行动",并将一直延续,十余年间先后举办了 3 万多项爱心活动,让参与公益慈善成为深圳市民的现代时尚和主动选择;深圳全市注册志愿者达 270 多万人,年均参与志愿服务约 960 万人次,位居全国前列。"来了就是深圳人,来了就当志愿者"的观念深入人心,激发了大量年轻人投身公益慈善的热情,助力深圳打造"志愿者之城",极大地凸显了现代城市文明。与此同时,深圳先后出台实施《深圳经济特区文明行为条例》和《深圳市道德模范礼遇和帮扶制度》,将文明建设纳入法治框架,并从医疗服务、文化服务、基金帮扶、住房保障等方面,强化礼遇帮扶道德模范的保障制度。

(四) 规范的国际性

西方国家的城市精神起源于古希腊和古罗马文化,高度重视法治是

---

① 张锐:《深圳"雨燕"勇敢起飞》,《深圳特区报》2021 年 11 月 19 日第 A2 版。

其重要的精神特征。西方国家的法治精神伴随着城市的发展而兴起，经过历史的打磨，最终铸造了西方城市的普遍精神特质——法治文化。"新时代深圳精神"中的"务实尚法"则是法治精神的体现，既显示深圳依法治市的担当，还显示了法治政府、法治社会的定位。

纽约将城市精神定位为"融合、创造、竞争、应变"，凸显纽约以文化和种族多元主义为核心的开放之城；东京以"干练、优雅、合作"来塑造城市精神，展现其复兴于战后的合作发展之道；巴黎以"活力、创造力、生机"为核心的城市精神，显示了法兰西民族的自信。全球城市有着大量的外籍人士，他们来此工作、生活，能直接感受到这个城市的温度，也最容易向世界传递这个城市的形象和盛誉。

城市的国际化发展离不开外国友人的帮助。目前有3万多外籍人士在深圳工作生活，他们在各行各业为深圳的经济社会发展做出了重要贡献，为更好地融入城市生活，外籍友人时刻关注深圳城市发展的方方面面，因此提升深圳的政府传播能力至关重要。2006年，深圳市英文版政府网站应运而生。多年来，英文版网站不断升级改版，目前网站设置投资、生活、旅游、法律、服务等九大频道30余主要栏目，日均访问量高达3万多次，翻译量累计超过200万字，[①] 为提升深圳国际化水平起到了切实的助推作用。

为深入贯彻习近平总书记关于加强我国国际传播能力建设重要讲话精神，继英文版网站后，深圳政府在线法、日、韩等多语种版网站完成建设。2021年11月8日，深圳政府在线上线多语种版网站，让深圳市政府门户网站有了非常大的变化，更多的语种链接了网线另一端不同国家的友人们。在中国政府门户网站评估中，"深圳政府在线"连续多年位居全国前两位，为"数字政府"建设奠定了坚实的基础。这构成了全球网民全面深入了解深圳的重要载体，并成为深圳对外政务信息共享和"一站式"对外政务服务的新平台。"深圳政府在线"现已形成以深圳政

[①] 郭保瑞、陈楠：《多语种上线！深圳市政府官网大变样！》，2021年11月8日，澎湃新闻，2022年5月20日访问（https：//m.thepaper.cn/baijiahao_15285378）。

府在线为主站、80余家党政机关网站群为子站的综合性政府网站群，成为深圳市各级政府机关在国际互联网上公开政府信息、展现城市风貌、提供在线服务和开展互动交流的第一选择。多语种版网站以丰富的信息资讯、鲜明的中国视角、广阔的世界眼光讲好深圳故事、中国故事，传播好中国声音，让世界了解一个真实、立体、全面的深圳，让全世界都能听到并听清中国声音、深圳声音！

第三节 "新时代深圳精神"的先锋引领

精神是可以传承的，是可以延续的，也是可以与时俱进不断发展的。新时代深圳精神既体现时代性，又体现历史性；既呈现地方性，又呈现中华性，与"红船精神"、人文湾区精神密不可分。

一 传承"红船精神"，改革开放不止步

"红船精神"蕴含着中国共产党人的理想信念、初心使命、鲜明品格和政治品质。"新时代深圳精神"因时代而生、应时代而变，是民族精神和时代精神的重要组成部分，是"红船精神"在特区这片热土上的重要体现和延续发展。传承"红船精神"，意味着深圳开启了再次创业、再次啃硬骨头的征程，在百年未有之大变局中找到自身的坐标和前进的方向。

（一）解放思想，锐意进取

思想停滞了，那么发展就无从谈起，甚至长期处于倒退的状态而不自知。深圳的发展历程是解放思想的历程，是在一次又一次冲破思想禁锢、思维禁区的历程。面向未来，传承"红船精神"，更需要将解放思想的信念融入到城市的灵魂当中。

深圳是一座因创新而生的城市。在她的发展历史上，成功发行了新中国第一只股票、敲响了中国土地拍卖的"第一槌"。深圳在经济特区创立之初就冲破旧观念，吸收和传播新思想，所以才能以一个又一个的

"第一"为中国改革发展的创新探路。① 进入产业转型升级的发展时期,深圳又先后出台《深圳经济特区国家自主创新示范区条例》、推进创新"十大行动计划",再一次凭借自主创新实现产业转型升级和"腾笼换鸟",不仅实现了自身的华丽转身,而且再次成为中国经济新常态下创新发展的"开路先锋",深圳也因此成为更多民众心目中的"创客之都"和"创新之城"。

(二) 坚定理想,不辱使命

从上海石库门到嘉兴红船,参与中国共产党第一次全国代表大会的代表们抱着"咬定青山不放松"的精神,即使身处险境也要完成建党大业,即使身处黑暗也要为未来寻找光明,这是有着坚定理想信念的人的作为。没有背负理想,在前行的道路中就会出现迷惘;没有担负使命,在前行的道路中就会出现动摇,所以"红船精神"中的坚定理想、不辱使命教会了中国人民如何在逆境中获得成功。"新时代深圳精神"背负的是建设中国特色社会主义先行示范区的光荣使命,背负的是建设全球标杆城市的光荣使命,背负的是城市治理能力和治理体系现代化的光荣使命,尽管使命光荣,但道阻且长,唯有保持理想和定力,才能完成全国人民的嘱托,不负党和国家的期望。

(三) 真抓实干,攻坚克难

前行的道路充满坎坷,建党如此,建国如此,改革开放亦是如此。现在,中国的改革开放已经进入了攻坚期和深水区,面临着来自国内外各种各样意想不到的困难和挑战,其中既有"黑天鹅",又有"灰犀牛",百年未有之大变局逐渐成为时代发展的重要幕景。在攻占一个个新的"娄山关""腊子口"的时候,奋力挺进更多"无人区""深水区"的时候,需要强大的精神意志作为支撑,在困难面前不含糊、不犹豫、不退缩。

"新时代深圳精神"不是空洞的文本,而是有着鲜活生命力的话语规范。深圳作为经济特区,在新时代承担着什么使命,是深圳上至政府

---

① 段亚兵:《创造中国第一的深圳人》,人民出版社2010年版。

官员、下至普通市民都在思考的问题。可以肯定的是,深圳的任务不会轻松,是需要一步一个脚印、脚踏实地地干出来的,是带着闯劲、迎着困难拼出来的。深圳既是经济特区,也是"试验田",中国未来发展的很多重要制度、规范和价值必然需要在深圳这块"试验田"中进行多次反复的试验和压力测试,如果深圳不能攻坚克难,那么深圳"敢闯敢试"的精神头就不存在了。同样,"新时代深圳精神"也不欢迎投机取巧、滥竽充数,只有在真抓实干中获得发展和进步。

(四)不忘初心,忠诚为民

人民城市人民建,人民城市为人民。城市的发展是为了人民,深圳的发展是为了让越来越多的深圳市民享受更高水平的小康。"十三五"时期,深圳居民人均可支配收入达6.49万元,五年年均增长7.8%;新增就业64.6万人;新增基础教育学位39.1万个、增长近30%;公办幼儿园在园儿童占比从4%提高到51.6%;高校数量增至15所;新增养老床位4781张,新增病床位2.5万张,三甲医院从10家增加到22家;建设筹集公共住房44万套;九大类民生支出占一般公共预算支出比重达68%。① 一个个亮眼数据的背后,是深圳始终坚持不忘初心、忠诚为民的精神体现。更重要的是,这种精神不仅体现在经济发展上,还体现在城市的民主建设上。

在深圳奋勇推进改革开放和社会主义现代化建设的道路上,人们始终能听到不断发展全过程人民民主的铿锵足音。坚持开门立法、民主立法,找到全社会意愿的"最大公约数";打造一系列政协工作"品牌",把协商平台搬到市民中间,体现人民民主真谛;畅通民意表达渠道,扩大人民有序政治参与。打造民主政治建设样板,是深圳助力完善"中国之治"的应尽担当。

(五)开放包容,合作共赢

改革开放是深圳的永恒使命,是发展特区的关键一招。深圳推动改

---

① 覃伟中:《政府工作报告——2021年5月15日在深圳市第七届人民代表大会第一次会议上》,2021年5月25日,深圳新闻网,2022年5月21日访问(https://wxd.sznews.com/BaiDuBaiJia/20210525/content_ 483758.html)。

革开放,从来就不是只盯着自家"一亩三分地",而是放眼"全国一盘棋",对标国际一流。一批标志性、引领性改革落地见效,是在为全国探路示范;一批"高含金量"改革纵深推进,是在为"中国之治"贡献深圳智慧。

唯有开放包容才能创造合作共赢的局面。深圳市全方位、多层次、宽领域开展民间外交、城市外交、公共外交,引进城市发展所需高端资源,推动深圳对外交流工作不断开创新局面。深圳目前与全球56个国家和地区的88个省市地区结为友好城市或友好交流城市,包括美国休斯敦市、巴西圣保罗市、德国柏林市、日本大阪市、柬埔寨金边市、澳大利亚布里斯班市、韩国釜山市、意大利米兰市、阿联酋迪拜市等,国际友好城市"朋友圈"遍布全球。深圳不断推进与国际友城在经贸、文化、科技、职业教育等领域务实合作。2019年,深圳首次举办了深圳国际友城智慧城市论坛,共享智慧城市建设成果,探索普遍适用于各国城市的解决方案。截至2021年底,深圳已成功举办了5届深圳国际友城文化艺术周。

二 塑造湾区人文精神,共同建设人文湾区

人文湾区的核心是文化,而文化的核心则是精神。精神层面的要素是构成"人文湾区"最基础、最高层次的要素。基于这样的考量,"人文湾区"的核心精神要素应该是湾区人文精神。换言之,"人文湾区"的精神内涵应是湾区人文精神。人文精神突出体现人作为人的价值、意义和尊严等基本要素。同时,湾区人文精神属于现代中国人文精神的一种形态,是传统文化与现代文化、中国文化与西方文化、中华文化与地方文化等碰撞交融再创造的一种新的综合性精神形态。因此,湾区人文精神既应该体现人文精神的普遍性气质,又应该体现中国的、现代的及湾区独特的、稳定的、具有传承功能的气质。简言之,湾区人文精神是人文精神和中国现代地方精神的有机统一体。[1]

---

[1] 曹峰:《人文湾区的内涵及建设目标》,2021年8月5日,中国社会科学网,2022年5月21日访问(http://www.cssn.cn/zx/bwyc/2021/08/t20210805_5351996.shtml)。

与此同时，人文湾区的建设需要搭建包括湾区内一切承载文化的具体物质形式、可见形态、表现平台等多元化载体，构筑"湾区—城市—社区/乡村"的多层次人文行动，而打造国际一流湾区和世界级城市群则成为形塑人文湾区的最高层次行动。

（一）打造国际一流湾区和世界级城市群

国际一流湾区，不仅仅是经济发展的高地，还是科技创新的高地、制度创新的高地、文化聚合的高地。按照《粤港澳大湾区发展规划纲要》，以香港、澳门、广州、深圳四大中心城市作为区域发展核心引擎的粤港澳大湾区，不仅要建设成为充满活力的世界级城市群、国际科创中心、"一带一路"高质量发展的重要支撑、内地与港澳深度合作示范区，还要打造成宜居、宜业、宜游的优质生活圈，成为"一国两制"更高水平发展的典范。

在粤港澳大湾区发展中，深圳勇担重任。对自身发展而言，深圳需要发挥作为经济特区、全国性经济中心城市和国家创新型城市的引领作用，努力建成具有世界影响力的科技创新城市和创新创意之都。对与周边城市的连接而言，深圳要全力当好粤港澳大湾区建设主阵地，推进深澳港更紧密地合作交流；加强与广州等城市的协作，积极参与广深港澳科技创新走廊建设。近年来，深圳与港澳的互动愈加频密。开建深港国际中心，举办深澳创意周等系列文化交流活动，推进深澳中医药创新研究院等研究项目，设立港澳台和外国法律查明基地，成立粤港澳大湾区气象监测预警预报中心，从科技、高端服务等领域加深深港澳的合作关系。

深圳抓住发展机遇，共谋大湾区发展。2021年12月15日，深圳举行以"新时代、新征程，投资深圳、共赢未来"为主题的全球招商大会，在五大洲设置了12个海外分会场，大会洽谈签约项目超260个，涉及投资总额超8200亿元。[①] 深圳全球招商大会已成为集中展示深圳经济

[①] 《2021深圳全球招商大会举行》，2021年12月16日，深圳政府在线，2022年5月21日访问（http://www.sz.gov.cn/cn/xxgk/zfxxgj/zwdt/content/post_9454304.html）。

竞争力和综合实力的一块金字招牌，担负起助力深圳实现更高质量发展、更高水平开放。

深圳在促进大湾区法治建设上率先作为。无论是机构的成立，还是机制的搭建，深圳一直在进行探索。2020年，《深圳建设中国特色社会主义先行示范区综合改革试点实施方案（2020—2025年）》发布，明确以深圳国际仲裁院为基础建设粤港澳大湾区国际仲裁中心。2021年1月11日，为促进粤港澳大湾区三地的规则衔接和机制对接，深圳市颁布《关于建设粤港澳大湾区国际仲裁中心的改革方案》，促进深圳国际仲裁院深化与港澳的合作，进一步发挥国际商事仲裁跨境管辖、跨境执行的特殊作用和深圳经济特区的核心引擎功能。随着粤港澳大湾区国际仲裁中心交流合作平台的揭牌，以及先后有三家香港机构和四家澳门机构进驻该交流合作平台，粤港澳大湾区国际仲裁中心交流合作平台将在人才交流、培训推广、专业研讨、法律科技等多个方面开展交流合作，推动粤港澳三地制度、机制和规则的互认、共生、融合与衔接，努力为大湾区企业和境内外当事人提供国际一流的法治化营商环境，推动粤港澳法治合作再上新台阶。

（二）创建具有世界影响力的创新创意之都

进入21世纪，深圳市政府意识到文化创意产业对城市经济社会发展的重要意义，决心把文化创意产业放在城市建设发展的重要位置，成为深圳市区别于国内其他知名城市的独特内涵。历史发展的脉络甚为清楚：2002年，深圳市提出要围绕建设现代文化名城的目标，初步建成中外文化交流的窗口、文化精品和优秀人才的荟萃中心、文化意识商品交易中心和区域性文化产业中心；2003年进而提出"文化立市"战略，文化与产业发展的互动作用进一步加速；2004年提出要确立和强化文化产业作为深圳支柱产业的地位。[①] 文化产业在深圳全市GDP和第三产业的占比呈现出"芝麻开花节节高"的蓬勃发展态势。2011年，深圳市政府发布《深圳文化创意产业振兴发展规划（2011—2015）》，指出深圳要大力发

[①] 陈汉欣：《深圳文化创意产业的新跨越》，《经济地理》2012年第3期。

展文化创意产业，通过文化创意产业联结高新科技发展、知识产权保护、文化消费等业态，并且将文化创意产业集中到"创意设计类、文化软件类、动漫游戏类、新媒体及文化信息服务类、数字出版类、影视演艺类、文化旅游类、非物质文化遗产开发类、高端印刷类、高端工艺美术类"十大类。① 2019 年，中共中央、国务院印发的《关于支持深圳建设中国特色社会主义先行示范区的意见》明确提出，到 2035 年，深圳要建成具有全球影响力的创新创业创意之都。历经 20 年，深圳对发展文化创意产业的目标、定位、实现途径有了更为清晰的认识。"成功不必在我，但成功必定有我"，深圳自上而下对发展文化创意产业秉承着一步一个脚印的踏实精神，终于在新时代结出丰硕的成果。

创建具有世界影响力的创新创意之都，需要在"新时代深圳精神"的指引下在三个方面取得突破。

首先，继续推动创意设计产业的发展。深圳经济的发展阶段历经要素驱动、资本驱动阶段，现在已经进入创新驱动时期。对于深圳而言，城市的发展历史就是一部城市在各个领域的创新史，创意设计是创新驱动的重要因素。1983 年深圳出现第一家带有设计性质的企业，如今在平面、建筑、工业等设计领域占有国内较大市场份额。以飞亚达、AUBE 欧博设计、浪尖设计等为代表的一批企业成功"出圈"，成为深圳设计的品牌名片。1992 年，创办于深圳的"平面设计在中国"展（GDC）成为当时在中国兴起的标志性平面设计展览，甫一推出，便吸引了大量年轻人争相进入到平面设计领域。1999 年，"荔枝节"变身为中国国际高新技术成果交易会，打开了深圳创新的大门，从此有大量的创意人才扎根深圳。2005 年，深圳举办首届"创意十二月"活动，拉开"深圳创意"扎根群众当中发展的帷幕。历经 16 年发展，"创意十二月"已经成为深圳标志性的文化狂欢活动，整个十二月当中各类文化活动精彩纷呈，越来越多的市民从文化活动当中领悟到"创意+"带来的智力快乐、社区温情和

---

① 《深圳市人民政府关于印发深圳文化创意产业振兴发展规划（2011—2015 年）的通知》，2011 年 11 月 14 日，深圳政府在线，2022 年 5 月 23 日访问（http://www.sz.gov.cn/zfgb/2011/gb764/content/post_ 4967900. html）。

城市动感。2008年,深圳获批加入全球创意城市网络,成为中国首个被联合国教科文组织授予"设计之都"称号的城市,"深圳设计"的全球影响力逐渐凸显,并拥有日益重要的话语权。2011年,"联合国教科文组织创意城市网络深圳创意设计新锐奖"设立并永久落户深圳,2014年举办首届新锐奖,吸引了16个创意城市2000多名设计师参与。自2017年起,每年4月下旬的"深圳设计周"期间,深圳设立了总奖金达千万元的深圳环球设计大奖。深圳作为文化创意之城的美誉在全球愈发深入人心。

其次,塑造创意设计的城市氛围。2019年,深圳印发《关于推动深圳创意设计高质量发展的若干意见》,提出要壮大创意设计市场主体,支持创意设计企业向专、精、特、新方向发展,打造中小微创意设计企业集群,进一步增加创意设计商事主体数量。

最后,创意设计的国际化取向。深圳创意设计必须跟国际接轨、跟未来结合。包容的环境对一个城市的发展而言是无形资本,能够最大程度地调动文化从业者的工作激情和创意构思。城市文化越是开放多元、兼容并蓄,就越会激发出更多创意,从而形成与文化产业发展的正向循环。深圳需要加强与香港创意产业合作。深港的密切合作能让深圳创意设计的人才、资本、信息、技术、项目等多种资源进一步被激活。

三 弘扬"新时代深圳精神",建设中国特色社会主义先行示范区

踏上新征程,建设好中国特色社会主义先行示范区,对深圳而言,这是非凡壮阔的征途,这是极其光荣的使命。

观大势,思大局。深圳的进阶之路,暗含着中国道路的前进方向。"双区"驱动、"双区"叠加、"双改"示范,是深圳改革开放先锋使命基于时代性、系统性、全局性的提升,是中国特色社会主义进入新时代的崭新课题,是习近平新时代中国特色社会主义思想在广东、在深圳新的生动实践。

(一)凝聚推进新时代改革开放的强大共识,建设社会主义现代化强国的城市范例

党的十八大以来,习近平总书记先后三次亲临深圳视察,在最近一

次出席深圳经济特区建立 40 周年庆祝大会并发表重要讲话当中,对深圳的工作做出一系列重要指示批示,为深圳把脉定向,指明了关系经济特区发展的方向性、根本性问题。深圳成为多重国家战略的交汇地、国家战略科技力量布局的重要阵地,社会主义现代化强国的城市范例在深圳大地上进行实践。

百年大计,教育为本。深圳是全国最大的国内移民城市,自带"移民"荟萃的光环,成为众多外来移民中那个口耳相传的致富之地、创业之地。深圳非户籍人口占常住人口的 66.6%,比例在全国一线城市中最高,外来人口及其子女的教育问题始终成为民生重点关注的事项。为保障随迁子女享受公平优质的公共教育服务,深圳把随迁子女接受义务教育纳入城市国民经济和社会发展五年规划和城市社会事业发展年度计划,划出专门财政资金,把公办学校在校在籍随迁子女纳入学校教职工编制、办学经费的配置基数,一系列举措彰显了深圳市保证教育公平的态度和决心。目前,深圳义务教育阶段有 58.7% 的学位提供给了随迁子女,规模和占比均为全国一线城市最高,有力保障了超大规模移民城市的适龄人口入学需求,给大量外来移民吃下了一颗"定心丸"。深圳市在自身发展中探索出一条适合市情的随迁子女义务教育之路。2005 年,深圳制定了全国门槛最低的义务教育入学政策,成为当时舆论的焦点。经过数年的探索,伴随着城市财力的进一步提升,深圳市于 2013 年出台了《义务教育公办学校试行积分入学办法指导意见》,在全国率先推行义务教育阶段公办学校积分入学政策。该政策规定将户籍儿童和符合本市就读条件的非深户籍儿童统一纳入积分入学范围,根据招生计划和积分情况统一安排学位,赢得了众多外来移民的支持。本着"边干边学",在实践中探索的精神,深圳市又于 2018 年修订出台了《深圳市非深户籍人员子女接受义务教育管理办法》,明确规定以特区居住证作为主要入学依据,凡符合就读条件的非深户籍随迁子女与深户适龄儿童一样,可在本市享受免费义务教育,按统一程序在网上就近申请学位,并实施统一的学籍管理、统一的教育教学管理。这些不断完善的措施赢得了大量外来市民的心,也真正让"来了,就是深圳人"口号成为市民的普遍感受。

"十三五"时期,深圳新改扩建公办中小学185所,新增学位23.8万个以上,较"十二五"时期增加50%以上,力度不可谓不大。进入"十四五",深圳实施大规模学校建设计划,进一步打响基础教育学位保障攻坚战,准备在2020—2025年新增74万个公办义务教育学位,比现有基础再增加78%。大手笔对应大思路,大思路写好大文章,大文章赢得大民心。深圳探索教育资源均衡发展的新路径——集团化办学,通过一所优质校带领几所学校成立一个教育集团,让优质的教育资源流动起来,实现优质均衡发展。深圳将继续践行以人民为中心的发展思想,努力打造幼有善育、学有优教的民生幸福标杆。[1] 深圳在义务教育方面的先进做法将会继续吸引更多的民众从国内不同地方移民来深圳,从而在不断拼搏的人生中获得一个又一个精彩。

特大城市的公共交通问题既涉及民生工程,又是解决现代"城市病"的最佳突破口。"绿色公交"已成为深圳的一张"城市名片"。2017年以来,深圳不仅成为全球第一个实现公交车100%纯电动化的城市,而且成为全球应用纯电动公交车、出租车规模最大的城市。深圳巴士集团的"绿色公交"模式获评"全球绿色交通代表案例",世界银行也将深圳的全面电动化应用案例向全球189个国家推广,[2] 进一步为中国的碳达峰和碳中和政策做出"深圳贡献"。深圳巴士集团实现全面电动化至今,年均减排二氧化碳44万吨、油类废水21.79万升,节约标准煤15万吨、燃油1.6亿升,有效支持了国家的碳达峰和碳中和政策。

城市慢行系统是绿色交通的重要载体。构建自行车友好型城市不仅是国际社会的潮流,也是适应城市未来发展的重要步骤。近年来,深圳在全国率先出台自行车交通发展规划,明确自行车交通是城市综合交通系统当中的重要组成部分,引领慢行复兴。"十三五"时期,深圳市的自行车道路网规模增长132%,建设力度位于全国前列。全市慢行出行

---

[1] 党文婷、严圣禾:《深圳全力保障随迁子女接受优质义务教育》,《光明日报》2021年11月17日第15版。

[2] 戴晓蓉、李宇:《深圳"绿色公交"模式将在189个国家推广》,《深圳特区报》2021年11月16日第A5版。

分担率保持在50%以上，在国内超大型城市中居于首位，市民骑着自行车可以通达市内主要地点。2020年，深圳市编制《深圳市慢行系统骨干网络布局及试点实施方案》，规划建设一批高品质慢行交通基础设施，补齐非机动车道短板，构建完善的慢行交通体系，为市民创造一个安全、连续、舒适、便捷的慢行环境，从而促进慢行交通高质量发展，更好地满足市民出行需求，促进城市交通可持续发展。

既要有"立地"的民生，又要有"顶天"的科技。深圳现在已经成为全球首个实现5G独立组网全市域覆盖的城市。2020年，深圳电子信息产业规模达到2.8万亿元，约占中国的五分之一、全球的十分之一；以新一代信息技术为代表的战略性新兴产业增加值突破1万亿元，占地区生产总值比重达37.1%。特别是深圳抓住5G、人工智能等数字技术的新机遇，大力发展数字贸易、跨境电商等外贸新业态，2021年上半年跨境电商交易额增长近40%，跨境电商货物货值突破1000亿元，有力促进了深圳高水平、高质量的开放发展。

（二）践行社会主义核心价值观，塑造社会主义现代城市文明

社会主义核心价值观蕴含于现代城市文明，现代城市文明彰显社会主义核心价值观。构建社会主义现代城市文明，需要在体制机制上实现创新发展，绝不能将文明发展与经济和社会的进步割裂开来，从而因噎废食、自废武功。深圳首先将创建文明城市纳入经济社会发展"大盘子"统筹谋划、一体推进，进而成立由市委主要领导担任组长的文明城市创建工作领导小组，从政治高度上把准创建文明城市的大格局，社会主义现代城市文明因此有了生根发芽的"现实土壤"和"优渥肥料"。

深圳文明创建的重要方向就是"先行示范"。"先行示范"，即行动在先、示范在前，表明深圳处处要以先行者的姿态表现于文明城市的创建过程中。因此对于文明创建，深圳努力做到事前有规划、事中有检查、事后有深思。针对深圳在未来阶段的文明建设目标，深圳出台《深圳城市文明建设规划（2021—2035年）》，谋划城市文明图景。针对疫情防控形势下一些地区出现的违法行为，深圳坚持以法治促文明，用法治来规范文明，实施《深圳经济特区文明行为条例》和《深圳经济特区全面禁

止食用野生动物条例》,为推进城市文明进程打下坚实的法治基础。针对文明城市创建过程中可能出现的"运动状态"和"常规状态"的机制悖论,深圳紧抓长效机制坚实,用长效机制巩固文明成果,通过公共文明、环境卫生、窗口服务、公共安全等指数监测,不断提高和完善文明城市创建新标准,并在很大程度上成为国内同类城市的领先标准。针对数字时代社会信用体系建设过程中出现的不完善现象,深圳建立健全诚信奖惩机制,让诚信意识体现在深圳人的日常生活中,从而全力推进深圳全域社会信用体系建设。除此之外,深圳还用创新推动"新市民培训"为来深市民上好文明素养"第一课";在市内多个行政区设立新时代文明实践中心,发挥带头作用,让市民每时每刻都能够感知文明创建的存在,并自觉投入到文明城市创建的每一个环节。

"绿水青山就是金山银山",生态文明最能串联起政治文明和精神文明,最能体现现代城市文明的表征与内涵。2021年,南连深圳湾、北通大学城,全长约13.7千米的大沙河生态长廊全线贯通,呈现出河畅水清、岸绿景美的画面,并率先实现全市域消除黑臭水体;"深圳蓝"招牌越来越亮,空气质量多次位居全国大中城市之首。深圳全力建设国家可持续发展议程创新示范区,2021年9月,我国首个生态环境保护全链条立法——《深圳经济特区生态环境保护条例》正式实施,将碳达峰、碳中和纳入生态环境建设整体布局,① 真正践行了习近平生态文明思想。

深圳的生态文明是推窗见绿开门见园。深圳全市森林覆盖率超40%,已建成各类公园1090个,如今的鹏城是名副其实的"公园里的城市"。在深圳,鸟与人之间,"和谐共生"的浪漫正不断上演。每年10月,冬候鸟乘着北风,陆续南下。作为黑脸琵鹭的重要栖息地之一,深圳一直默默做出自己的贡献。2014年5月1日起,深圳在深圳湾23平方千米的特定海域全面禁渔,全年全时段禁止一切捕捞和养殖行为,就连徒手下海捕捞、沿岸钓鱼也被禁止。这个动作,是深圳善待自然的小小缩影,而对于每年来往于深圳湾的数万只候鸟来说,迁徙与繁衍,便有

---

① 韩文嘉:《深圳:一座城的"幸福账单"》,《深圳特区报》2021年10月12日第A2版。

了动力与意义。① 深圳坪山在创新发展的同时，始终坚持生态优先，道路建设为百年古树"让路"、土地整备核查保护树木数据、组织完成古树名木健康检测及5年养护工作方案。2021年初，深圳市坪山区按计划组织了对17株长势较为衰弱的古树名木进行病虫害防治和复壮工作，周边配置花草绿植，营造出人与自然和谐共生的靓丽风景。② 一个个生动的生态保护案例成为浓缩城市发展历程的标记。

（三）大幅提升文化软实力，打造全球标杆性城市

深圳的文化软实力，是通过对内对外塑造包容的文化氛围，增强对文化事业、文化产业和文化体制改革的理解而打造的。

1. 着力增强文化事业和文化产业发展

文化是城市之魂。2018年，为助力建设全球区域文化中心城市和彰显国家文化软实力的现代文明之城，提升城市文化影响力，深圳正式印发了《深圳市加快推进重大文体设施建设规划》，准备通过大型文体项目的建设带动市民参与文体活动的热情，从而真正体会现代城市的动感与美感。截至2021年底，深圳各类图书馆（室）、自助图书馆等服务网点达到1012个，是名副其实的"千馆之城"，进一步满足市民的阅读需求；博物馆54个、区级以上美术场馆30家，基本满足群众就近就便享受公共文化服务，初步构筑起"十分钟文化圈"，奠定了提升市民审美、悟美的物质基础；全市每年举办公益文化艺术活动上万场次，受惠市民超过千万人次；全市有各类体育设施22093个，"一键预约"平台可轻松体验城市的文体活动，让全年龄段的市民进一步享受到体育运动带来的乐趣与活力。③

一批新时代的文化地标与国际一流水平的文体设施渐渐在深圳浮出

---

① 南兆旭、钟旭辉：《人与鸟相逢，在深圳，深度的共鸣》，2021年10月7日，澎湃新闻，2022年5月21日访问（https://www.thepaper.cn/newsDetail_forward_14806256）。

② 《坪山区圆满完成150棵古树名木安全与健康状况评估工作》，2020年12月11日，深圳市规划和自然资源局坪山管理局，2022年5月23日访问（http://pnr.sz.gov.cn/ps/zwdt/content/post_8341210.html）。

③ 韩文嘉：《深圳不断完善城市文化服务体系 一批新时代文化地标浮出水面》，《深圳特区报》2021年11月5日第A1版。

水面，除了"十大特色文化街区"之外，深圳正在大力建设以深圳科技馆（新馆）、深圳美术馆新馆、深圳创意设计馆、深圳歌剧院等为代表的"新时代十大文化设施"，以及100多个市、区级文化项目，可谓是文化项目"遍地开花""枝繁叶茂"。文化创意经济的涌现，也影响到了各类图书馆，比如灯塔图书馆、听海图书馆、"荷·美空间"、"城市书房"、"书香民宿"等等，融合了文化、创意、艺术、科技等现代手段，成为市民休闲、旅游和学习的重要目的地。

2. 加强文化保育，凸显城市历史与文脉

城市规划当中的紫线，是为了让城市留住记忆。一栋栋历史建筑、一个个古村落，让深圳这座城市的形态更加丰满，文化更加多元，它们既传承了历史，也丰富了市民的精神生活。深圳经济特区成立之后，在城市快速发展进程中，城市面貌发生了巨变。2008年10月31日，深圳首部保护城市历史文化遗产的《深圳市城市紫线规划》草案公布。2009年5月，深圳市城市规划委员会第一次会议正式通过《深圳市城市紫线规划》。划定紫线，是深圳保护自身传统文化的自觉。

在深圳，可以看到客家文化的影子，祠堂、围屋、仙人粄、坪山的鹤湖新居、龙岗环水楼都是珍贵的"客家民俗博物馆"。在深圳，甚至能看到生蚝文化的变迁，深圳生蚝养殖已有上千年历史，其中沙井蚝最负盛名，沙井江氏大宗祠蚝壳屋便是代表。

深圳，一个文化创新之都，为进一步提高文化综合实力，在传承本地文化基础上，深圳提出《深圳文化创新发展2020（实施方案）》，文化建设取得显著成绩，文化事业不断发展，文化产业跨越式发展。

深圳拥有1600多年建城史，见证了海上丝绸之路兴盛，也回荡着数次海战的号角，文天祥、林则徐等在此留下可歌可泣的历史，广府与客家文化在此交汇。以此为根，汇聚四海文化，深圳已成为一个文化熔炉。

3. 以"企业家日"为起点，打造更良好的营商环境

从边陲小镇到创新都市，深圳依靠的是开放和创新，深圳创造了"六个90%"的奇迹："90%以上的研发机构设立在企业、90%以上的研发人员集中在企业、90%以上的研发资金来源于企业、90%以上的创新

型企业是本土企业、90%以上的职务发明专利出自企业、90%以上的重大科技项目发明专利来源于龙头企业。"① 企业家与深圳，相互提升、相辅相成。

深圳经济特区建立40多年以来，诞生了华为、顺丰、比亚迪等一大批民营企业，涌现出了许多追求卓越、服务社会的知名企业家，"2020中国民营企业500强"榜单显示，深圳有华为、正威、万科、比亚迪、顺丰等27家企业上榜；《财富》世界500强发榜，深圳拥有8个上榜企业，其中民营企业数量全国第一。深圳企业，越来越成为城市高质量发展的重要支撑。

2019年10月31日，深圳市确定11月1日为深圳"企业家日"。深圳自此成为全国首个设立"企业家日"的城市。这不仅意味着深圳有较为先进的政府公共关系理念，还能够将理念与实际相结合，真正地建设服务型政府。在"企业家日"，深圳着重从三个方面开展工作：首先是精神引领，集中加强对优秀企业家先进事迹和突出贡献的宣传报道，弘扬优秀企业家精神；其次是建立"亲""清"的新型政商关系，树立政府公关理念，举办企业家座谈会，座谈会"知无不言言无不尽"，而且直指政商关系中的不和谐因素，从另一个侧面帮助深圳市领导深入一线开展调查研究；最后是政策帮扶，政府主动为企业家提供各类政策和服务，破除政府的"等靠要"思想，优化营商环境。"深圳企业家日"已不再是一个简单的节日，而是多维度的结合。

首先，它是弘扬也是致敬——用满满的"仪式感"，让企业家精神得到更好的弘扬和光大，鼓励深圳企业家干事创业、开拓创新，营造全社会尊重企业家、理解企业家、支持企业家的良好氛围，向深圳全体企业家致敬。

其次，它是沟通也是倾听——通过举办座谈会，市领导与企业家的座谈，能够及时了解企业的近况，倾听企业的心声与需求，第一时间接

---

① 武彩霞：《深圳：六个"90%"背后的逆向创新》，《新华每日电讯》2010年8月28日第3版。

收来自企业家的意见和建议。

再次,它是"礼包"也是激励——在这个节日,出台优惠政策、送服务,持续优化营商环境,激励更多的民众加入"大众创业、万众创新"的浪潮中,推动更多的企业家在商海拼搏中涌现出来,激励不同的企业家感受更有安全感、更具公平感、更有尊严感的深圳营商环境。[①]

不同于"中秋节""春节"等全国大型节庆活动,"深圳企业家日"是通过立法形式,调动全社会注意力的节日,属于特定城市特定群体的纪念日。从这个角度而言,"深圳企业家日"的设立,展现的是深圳对企业家群体给予足够的关心和重视,这一份"关爱"的由来,深圳有足够的"底气"。因此,也让深圳成为名副其实的"民营企业家之城"。

深圳正致力于打造市场化法治化国际化的营商环境,打造创新发展氛围。为实现这一目标,深圳持续发力,发布"惠企十六条""一号改革重点任务清单"……如今,"秒批"已经成为深圳不断提升营商环境的代名词。弘扬企业家精神,同样是建设社会主义先行示范区的应有之义。《关于支持深圳建设中国特色社会主义先行示范区的意见》明确指出,深圳"要健全政企沟通机制,加快构建亲清政商关系,进一步激发和弘扬优秀企业家精神"[②]。设立"深圳企业家日",便是对此做出的生动注解,可以鼓励更多人来深圳创业,让更多人才聚集深圳。

"人民城市人民建",习近平总书记的话道出了现代城市的深刻本质。深圳,这个因时代而生、应时代而变的城市,也将会把时代的精神融入城市的血液中,与市民偕行,在不断的变革中发现更多的、具备人民性的先锋旗帜。

[①] 钟旭辉:《什么是"深圳企业家日"?》,2020年11月1日,澎湃新闻,2022年5月23日访问(https://www.thepaper.cn/newsDetail_forward_9809967)。
[②] 《中共中央 国务院关于支持深圳建设中国特色社会主义先行示范区的意见》,《人民日报》2019年8月19日第1版。

第六章　新时代深圳精神的践行路径

深圳建市40余年来，已成为一座综合竞争实力跻身世界一流的城市，成为经济、科技与文化、文明"比翼齐飞"的城市，实现了由经济开发到统筹"五个文明"①协调发展的历史性跨越，走过了市场经济发达国家和地区一些国际型大都市上百年才能走完的历程，创造了世界城市发展历史上的奇迹。深圳之所以取得这些举世瞩目的发展成就，离不开以"开放、竞争、活力、法治和创新"为核心的深圳精神。当中国特色社会主义进入新时代，在建设粤港澳大湾区和中国特色社会主义先行示范区"双区驱动"的大背景下，如何继承和践行深圳精神，让新时代深圳精神发扬光大？践行新时代深圳精神的路径有哪些？结合本课题主题，笔者从三个角度来考察新时代深圳精神的践行路径。

第一节　发扬新时代深圳精神，引领社会主义先行示范区建设

党中央寄望深圳在新时代建设中国特色社会主义伟大征程中做出新的更大贡献，赋予深圳新的历史使命，要求深圳建设好中国特色社会主义先行示范区，创建社会主义现代化强国的城市范例。2019年8月，中共中央、国务院《关于支持深圳建设中国特色社会主义先行示范区的意见》对深圳提出五个方面的战略定位，分别是：高质量发展高地、法治

---

① "五个文明"是指社会主义物质文明、政治文明、精神文明、社会文明、生态文明。

城市示范、城市文明典范、民生幸福标杆、可持续发展先锋。为此,深圳要为城市筑心立魂,大力弘扬"新时代深圳精神",不断夯实思想之基,凝聚行动之力,以更大的决心、更大的努力,积极投身新时代中国特色社会主义先行示范区建设的伟大实践,实现党中央赋予深圳的战略目标。

一 建设高质量发展高地

经过40余年的努力,深圳逐渐探索出了以企业为主体、以市场为导向、产学研相结合的技术创新体系,逐步形成了以"六个90%"为特色的高新技术产业发展模式,[①] 成为中国首个国家创新型城市、首个以城市为单元的国家自主创新示范区。同时也要清楚地看到,深圳创新发展的基础还不够牢固,国家布局的行业性大院大所和原创性基础研究平台缺乏,创新领军人才、高技能人才不足,创新型企业快速发展与土地空间约束紧的矛盾不断凸显。尤其是许多产业的核心技术和关键设备都受制于人,包括制造业需要的工作母机、大型医院配置的医疗器械和检测试剂等,还大量依靠进口,"卡脖子"的问题仍需要花大力气解决。这些都对深圳进一步的创新发展形成了限制和制约。

(一)深入实施创新驱动发展战略

党的十八大以来,习近平总书记对广东、深圳工作多次做出重要指示和批示,要求深圳实施创新驱动发展战略,在粤港澳大湾区乃至全国发挥示范带动作用。2018年3月7日,习近平总书记参加第十三届全国人大一次会议广东代表团审议时,明确指示深圳高新技术产业发展成为全国的一面旗帜,要发挥示范带动作用。[②] 深圳坚持把自主创新作为主要发展战略,把自主创新与改革开放放在同等重要的位置,形成以创新为主要引擎和支撑的经济体系和发展模式,加快建设创新

[①] 武彩霞:《深圳:六个"90%"背后的逆向创新》,《新华每日电讯》2010年8月28日第3版。

[②] 中共深圳市委党史研究室、深圳市史志办公室编著:《深圳改革开放四十年》,中央党史出版社2018年版,第350页。

型现代化国际化城市,加大力度建设布局国际科技中心和产业创新中心,努力在建设创新型国家发展进程中发挥经济特区的先行示范和引领作用。

深圳探索出"政府抓战略抓政策、以企业为创新主体"的发展模式,为城市未来赢得了纵深发展空间。通过顶层设计完善创新发展体系,以政策创新和体制机制创新全面促进科技创新,为创新驱动发展战略提供政策保障和战略引领,建成了一大批开放式的重大科技设施、创新孵化载体和公共服务平台,以内涵式发展方式弥补了城市土地空间不足的短板,创造了单位面积 GDP 产出居中国各大中城市前列的良好成绩。制定出台全国第一步国家创新型城市总体规划,率先发布促进科技创新的地方性法规,出台自主创新"33 条"、创新驱动发展"1 + 10"文件、战略性新兴产业及未来产业发展规划等一系列推动创新发展的公共政策与规划文件,从财政金融支持、人才支撑、创新载体建设、科技服务发展等各个方面,全面加大对自主创新的支持力度,形成了覆盖自主创新体系全过程的公共政策链。美国《福布斯》杂志曾这样评价说:"深圳是自发性创新的代表,开放的经济格局以及市场经济先行一步,使得创新成为企业的内生动力。"①

未来,深圳继续践行新发展理念,牢牢把握新一轮科技革命和产业变革的重大机遇,坚持自主创新和高质量发展道路,深入实施创新驱动发展战略,加快打造具有全球竞争力影响力的创新示范区,为在新的起点上勇当尖兵,为创新局面做出更大的贡献。

(二) 打造具有全球影响力的创新创业创意之都

深圳坚持"创新只有第一、没有第二"的理念,构建起"基础研究 + 技术攻关 + 成果产业化 + 科技金融 + 人才支撑"的全过程创新生态链,国家级高新技术企业数量居全国城市第二位,高新技术产业发展成为全国的一面旗帜。2020 年,深圳的国家高新技术企业总量达 1.86 万家,五年增长 237%,在 5G、光通信、无人机、新能源汽车等领域技术

---

① 转引自吴德群《创新发展的特区样本》,《深圳特区报》2015 年 5 月 14 日第 A1 版。

创新能力处于全球前列。① 2021年，深圳的国家高新技术企业达2.1万家，全社会研发投入占地区生产总值比重达5.46%，居全国前列；PCT国际专利申请量连续18年居全国城市首位，在国家创新型城市创新能力排名中位居第一，为新时代国家创新型城市建设树立新的样板。②

2019年，深圳深化科技体制机制改革，制定实施重大科技计划项目评审办法、科技项目评审管理办法，推出科技计划管理改革"22条"，推行与国际接轨的项目推荐"悬赏制"、项目评审"主审制"、项目经费"包干制"，努力让更多优质项目脱颖而出。2020年3月，科技部、发改委、教育部、中科院、自然科学基金委五部委联合印发《加强"从0到1"基础研究工作方案》，提出深圳将建设综合性国家科学中心。同年10月，深圳成为全国首个标准国际化创新型城市。同年12月，科技部和中国科学技术信息研究所分别公布《国家创新型城市创新能力监测报告2020》和《国家创新型城市创新能力评价报告2020》，深圳的创新能力位列中国国家创新型城市榜首。

2021年2月，科技部和深圳市人民政府联合印发《中国特色社会主义先行示范区科技创新行动方案》（国科发区〔2020〕187号）。根据行动方案总体要求，到2025年，深圳全社会研发投入占GDP比重力争达到4.8%，PCT专利申请量超过2.5万件，战略性新兴产业增加值占GDP比重超过38%，建成现代化国际化创新型城市，为落实2030年可持续发展议程提供深圳经验。到2035年，深圳高质量发展成为全国典范，全球高端创新人才、创新要素和高科技企业高度集聚，形成多个具有创新竞争优势的全球性产业集群，建成具有全球影响力的创新创业创意之都。③

---

① 闻坤：《深圳向全球科技创新高地迈进深圳国家级高新企业超1.86万家》，2021年10月28日，深圳新闻网，2022年6月8日访问（https://appatt.sznews.com/jzApp/files/szxw/News/202110/28/630489.html）。

② 郭子平：《关于深圳市2021年国民经济和社会发展计划执行情况与2022年计划草案的报告》，《深圳特区报》2022年4月25日第A4版。

③ 王海荣：《到2035年深圳建成全球创新创业创意之都》，《深圳商报》2021年2月26日第A3版。

未来，深圳将坚定不移深化改革，更大激发市场活力和发展内生动力。同时，持续强化自主创新在社会主义现代化建设中的核心地位，强化科技自立自强对经济社会发展的战略支撑作用，强化企业创新主体地位，优化社会主义市场经济制度，强化知识是第一资源的理念，弘扬企业家精神，为中国建设科技强国贡献"深圳力量"。

（三）建设现代化产业体系

近年来，深圳把战略性新兴产业发展作为重中之重，转变发展方式、优化经济结构、转换经济动力，加快产业链再造和价值链提升，瞄准高端高新向上突围，提升现代化经济体系能级。经过不懈努力，已经构建起"四个为主"的现代产业体系，即全市以高新技术、金融、物流、文化"四大支柱"产业为主，经济增量以战略性新兴产业为主，工业以先进制造业为主，第三产业以现代服务业为主，成为中国战略性新兴产业规模最大、聚集性最强的城市之一。

深圳大力支持民营经济发展，率先出台了《关于促进我市上市公司稳健发展的若干措施》等政策措施，协调建立上市公司救助基金、中小企业融资担保基金和贷款风险补偿机制。面对中美贸易摩擦影响，深圳采取有效措施，及时推出一系列针对性举措，经济加快迈向高质量发展阶段，经济运行增长平稳。2020年6月，《关于打造高品质产业发展空间 促进实体经济高质量发展的实施方案》实施。《方案》提出，打造"两个百平方公里级"高品质产业空间的总体目标。良好的市场和政策环境，推动深圳加快产业链再造和价值链提升，不断完善实体经济、科技创新、现代金融、人力资源协同发展的现代产业体系，推动深圳制造向深圳创造、深圳速度向深圳质量、深圳产品向深圳品牌转变。

未来，深圳要抓住建设"双区"建设和实施综合改革试点等重大历史机遇，率先建设符合高质量发展要求的现代化产业体系，推动经济体系优化升级。首先，大力发展实体经济，重点抓好产业链创新和价值链提升，不断增强产业链的核心竞争力，培育新的经济增长极，全面提高产业链的集聚效应和创新能力。其次，推进产业基础高级化、产业链现代化。采取有力措施推动制造业高质量发展，促进制造业向全球价值链高端迈进。再次,加快发展战略性新兴产业和未来产业。发展壮大新一代信息技术、生物医药和健康、高端装备制造、数字经济与时尚创意、新材料、绿色低碳、海洋经济等产业,到2025年,战略性新兴产业增加值超过1.5万亿元。最后,提升现代服务业发展能级和竞争力。精准扶持现代服务业和先进制造业高质量协调发展,推动现代服务业向高端化迈进,打造具有全球影响力的服务经济中心城市。①

二 引领法治城市示范

改革和法治如同鸟之两翼、车之双轮。深圳始终坚持依法治市,以法治助推改革、以法治保障改革,增创城市竞争新优势。习近平总书记在深圳经济特区建立40周年庆祝大会上指出,"必须坚持科学立法、严格执法、公平司法、全民守法,使法治成为经济特区发展的重要保障"。② 深圳的法治建设始终与改革开放同频共振。从早期提出"依法治市"到"打造一流法治城市",再到"法治中国示范城市"的新时代使命,深圳一直努力把法治锻造成城市最强核心竞争力。深圳运用法治思维和法治方式推进城市治理体系和治理能力现代化,切实发挥法治在推进"双区"建设中的重要作用,打造国际一流法治营商环境,率先营造彰显公平正义的民主法治环境。

(一)用足用好经济特区立法权

当前,深圳经济特区立法工作存在以下问题:经济特区法规创新力度需要根据数字经济时代的新特点进行提升;立法对改革的引领和推动作用发挥得还不充分;立法在破解影响高质量发展的体制性、资源性、结构性问题,助推粤港澳大湾区建设,优化法治化、国际化营商环境等方面的作用还有待进一步提升。在当前和今后,深圳要坚持党对立法工作的全面领导,将质量和效率作为考评深圳特区立法工作的关键词,突出人大在立法工作中的主导和中心作用,为推动深圳建设社会主义先行

---

① 覃伟中:《2021年深圳市人民政府工作报告》,2021年5月25日,深圳政府在线,2022年6月8日访问(http://www.sz.gov.cn/zfgb/2021/gb1121/content/post_8852606.html)。

② 习近平:《论中国共产党历史》,中央文献出版社2021年版,第291页。

示范区和综合授权改革试点提供强有力的法治保障。①

2019年8月,《中共中央 国务院关于支持深圳建设中国特色社会主义先行示范区的意见》指出,深圳经济特区要"率先营造彰显公平正义的民主法治环境","用足用好经济特区立法权,在遵循宪法和法律、行政法规基本原则前提下,允许深圳立足改革创新实践需要,根据授权对法律、行政法规、地方性法规做变通规定"。2020年10月,在深圳经济特区建立40周年庆祝大会上,习近平总书记发表重要讲话并提出明确要求,党中央决定以深圳经济特区建立40周年为契机,支持深圳实施综合改革试点,以清单批量授权方式,赋予深圳在重要领域和关键环节改革上更多自主权。②

未来,深圳要深入贯彻习近平法治思想,坚定不移走中国特色社会主义法治道路,继续用足用好经济特区立法权,以立法创新推动体制机制创新,为"双区建设"提供法治保障。第一,完善党委领导、人大主导、政府依托、多方参与的立法工作格局,健全立法评估制度,在立法工作中推行协商民主机制,完善立法听证和重大决策论证咨询机制。第二,健全立法和改革决策相衔接的工作机制,发挥立法对改革创新的推动、规范和保障作用。第三,加强高质量发展、社会治理、民生保障等重点领域立法,加快推动人工智能、无人驾驶、大数据与信息服务、生物医药与医疗健康、数字经济与时尚产业等新兴领域立法,形成一批可复制可推广的立法成果,为国家新兴产业和前沿领域立法探索经验。③

(二) 深化前海法治示范区建设

前海在法治创新方面一直走在全国前列,为前海蛇口自贸片区打造国际一流营商环境提供了有力的司法保障。2018年,出台《关于支持前海中国特色社会主义法治建设示范区先行先试若干举措的意见》,提出

---

① 王喆:《深圳用足用好经济特区立法权实施路径研究》,经济日报出版社2021年版,第44页。
② 习近平:《在深圳经济特区建立40周年庆祝大会上的讲话》,《人民日报》2020年10月15日第2版。
③ 《中共深圳市委关于制定深圳市国民经济和社会发展第十四个五年规划和二〇三五年远景目标的建议》,《深圳特区报》2020年12月31日第A1版。

涵盖立法、执法、司法、守法全链条四大方面38条改革措施；同时，制订《加快建设前海社会主义法治建设示范区专项行动方案（2018—2022年）》，加快推动"前海法治2.0版"建设。2019年11月，集司法审判、诉讼服务、多元化调解、法治宣传等功能于一体的前海法治大厦正式启用，标志着前海建设"一站式"现代化诉讼服务体系迈上新台阶。2021年8月，在深圳市中级人民法院的指导下，前海法院成立多元化纠纷解决中心分中心，这成为前海法院打造前海特色诉源治理新模式，助力"双区"建设的又一创新举措。

前海始终把法治作为改革开放的核心竞争力和主要驱动力，为建设国际商事争议解决中心提供了生动的"前海实践"。前海法院经过多年探索，依托打造多元化和国际化的商事诉调对接平台，形成了国际商事纠纷"一站式"解决方案。其中案件调解的专业化，增强商事调解的普遍性和实际效能，是机制建设的核心内容。截至2021年10月，前海法院共受理涉外涉港澳台商事案件13406件，其中涉港案件9003件，居全国法院第一，有效提升粤港澳大湾区社会治理水平。[①] 新冠疫情发生后，前海法院广泛运用在线调解，为港澳台地区的当事人和调解员省去了出行不便、费时费钱的麻烦。

前海法院专门成立多元化纠纷解决中心，组建国际化、专业化的调解力量，为跨境纠纷中的当事人指定港澳台地区调解员参与调解，打消港澳台地区当事人因法律、文化背景差异带来的顾虑。截至2021年6月，前海法院在册的外籍和港澳台地区调解员共16名，已成功调解案件674宗。案件主要为借款合同纠纷、股权纠纷、新类型金融纠纷、国际买卖合同纠纷和运输类合同纠纷。[②] 通过不断创新和探索，前海法院已经成为国际商事纠纷解决优选地。

[①] 深圳前海合作区人民法院：《诉源治理的"前海模式"如何炼成？》，2021年11月26日，澎湃新闻，2022年6月8日访问（https://www.thepaper.cn/newsDetail_forward_15577655）。

[②] 张燕：《前海法院跨境纠纷调解越来越高效：远程视频调解当事人免跨境》，2021年8月30日，深圳新闻网，2022年6月8日访问（http://www.sznews.com/news/content/2021-08/30/content_24524323.htm）。

未来，前海将进一步强化顶层设计，充分运用特区立法权，推动前海与香港进行全方位法律规则衔接，推动一批标志性的涉外法律事务重大项目，积极完善国际商事争议解决机构布局，推动举办"一带一路"国际商事仲裁论坛等国际化高层次法律交流，将前海打造为国际法治文化交流的窗口。

（三）推动法治中国示范城市建设

2017 年，深圳正式印发《法治中国示范城市建设实施纲要（2017—2020 年）》，明确提出新时期法治深圳建设的指导思想、总体目标、工作原则等重要内容，部署了建设法治中国示范城市的任务和举措。2019 年，深圳围绕"法治城市示范"目标定位，组织开展了法治领域 18 个课题调研，在制订贯彻落实先行示范区意见的六年行动方案中提出 22 项法治建设工作举措。2020 年 6 月，中央全面依法治国委员会办公室发布《关于第一批全国法治政府建设示范地区和项目名单的公示》，深圳成为首批获评的全国法治政府示范城市。未来，深圳持续推动法治中国示范城市建设，需要从以下三个方面发力。

（1）加快建设一流法治政府。2021 年 8 月，中共中央、国务院印发了《法治政府建设实施纲要（2021—2025 年）》。这为深圳建设一流法治政府提供了操作指南。深圳可以从行政决策、行政执法和行政监督三个方面推进一流法治政府建设。首先，完善重大行政决策程序，实行重大项目决策目录管理制度；其次，完善行政执法标准化体系，赋予行政执法辅助人员部分执法权限，全面推行行政执法公示、执法过程全记录等制度；最后，深化行政复议体制改革，完善政务公开、政务失信问责等机制，强化对行政权力的制约和监督。

（2）优化市场化法治化国际化营商环境。首先，深化"放管服改革"，全面推行权力清单、责任清单、负面清单制度，推行政务服务标准化、规范化、便利化；其次，健全信用监管机制，构建统一的社会信用平台，完善自然人破产制度，提升市场综合监管能力；再次，落实好减税降费政策，降低企业经营成本，助力市场主体纾困解难；又次，实行最严格的知识产权保护，打造知识产权保护标杆城市；最后，大力弘扬企业家精神，依法平等保护各种所有制企业产权和企业家合法权益，促进民营企业健康发展。

（3）加快建设模范法治社会。首先，加大普法力度，完善普法责任制，让法治成为全社会的基本共识；其次，完善法律援助制度，建设全面覆盖的公共法律服务体系，健全律师行业权利保障机制；再次，完善社会规范和道德规范建设，推进诚信建设制度化；又次，推动公证机构创新、规范发展，拓宽公证服务领域和范围；最后，建立健全大湾区国际仲裁中心和跨境商事争议解决中心，高标准建设前海深港国际法务区，提升涉外法律服务水平。

三 塑造城市文明典范

2021年7月，习近平总书记在庆祝中国共产党成立一百周年大会上的重要讲话中提出"人类文明新形态"的新概念。同年11月，党的十九届六中全会审议通过的《中共中央关于党的百年奋斗重大成就和历史经验的决议》强调："党领导人民成功走出中国式现代化道路，创造了人类文明新形态。"人类文明新形态是习近平新时代中国特色社会主义思想关于人类文明的最新论述，既是中国共产党百年发展历程的凝练，又是未来中国现代化发展的方向。"文明城市典范"理所应当成为这种文明新形态的重要代表者。从曾经被人诟病的"文化沙漠"，到"深圳读书月""深圳十大观念"等成为在全国叫得响的城市文化品牌，深圳在精神文明建设方面取得了同样令人瞩目的成绩，但离成为"文明典范城市"仍有不小的差距。

（一）成为城市精神文明建设的典范

2018年10月，习近平总书记在广东视察时强调，要推动物质文明和精神文明协调发展，不断提高人民文明素养和社会文明程度。深圳牢记总书记嘱托，始终把精神文明建设贯穿城市各项事业发展全过程，努力让城市更加安全稳定、更加文明和谐、更加宜居舒适、更加崇德向善，为创建社会主义现代化强国的城市范例提供强大的精神支撑。

观察一座城市精神文明建设成果，最直观的就是看这座城市普通市民日常的文明行为举止。市民文明行为举止是学校思政教育和良好家风浸润的结果,也是政府提倡和推动的结果,更是中华传统文化和社会主义核心价值观教育的结果。城市文明典范要从市民的一言一行抓起。现在全国都点赞深圳的"车让人"文明行为,这里交通管理部门功不可没,也和市民的基本素质直接相关。①

未来,深圳要建设更高水平的精神文明。首先,大力弘扬社会主义核心价值观,加强青少年爱国主义、集体主义、社会主义教育,做好关心下一代工作。其次,加强人文社会科学重点研究基地、学术平台和新型智库建设,繁荣发展哲学社会科学,擦亮"深圳学派"城市品牌。再次,培育城市人文精神,弘扬特区精神,发扬新时代深圳精神,提升城市文化软实力。又次,深化全国文明城市创建,做好革命遗址和红色资源保护、开发和利用,拓展新时代爱国主义教育基地建设,打造升级版的"关爱之城""志愿者之城",创建"双拥模范城市"。最后,深入开展市民文明素养提升行动,加强社会公德、职业道德、家庭美德和个人品德教育,让诚信成为城市文明最美的底色。

(二)成为实现市民文化权利的典范

"实现市民文化权利"是深圳"文化立市"战略的重要落脚点和坚持出发点。"文化立市"战略开启了深圳城市文化建设的新局面,并为全国做了示范。2008年,深圳被联合国教科文组织授予"设计之都"称号,成为中国第一个获得该称号的城市。2009年,深圳被世界知识城市峰会授予"杰出的发展中的知识城市"称号。2013年,深圳被联合国教科文组织授予"全球全民阅读典范城市"称号,这是授予全球城市在全民阅读领域的最高荣誉。深圳还连续六次蝉联全国文明城市称号,这是国内城市综合类评比中的最高荣誉,也是最具有价值的城市品牌。与此同时,深圳还将底蕴比较薄弱的文化产业做成了全市的战略性新兴产业和支柱产业。深圳读书月、市民文化大讲堂、文博会、创意十二月以及"两城一都一基地"等城市文化品牌相继涌现。

---

① 艺衡:《打造中华大地上的城市文明典范》,《深圳特区报》2021年12月10日第A12版。

深圳坚持以公益、基本、均等、便利为标准，建设普惠性、高质量、可持续的城市公共文化服务体系，让每个市民都能愉悦地感知、感受、参与改革文化建设的成果。截至 2021 年底，深圳"图书馆之城"共有各类公共图书馆（室）、自助图书馆合计 1039 个，成为名副其实的"千馆之城"。其中，深圳共有公共图书馆（室）733 个，其中市级公共图书馆 3 个，区级公共图书馆 9 个，街道及以下基层图书馆（室）721 个，与 306 个各类自助图书馆（包含城市街区自助图书馆 235 个、24 小时书香亭 71 个）共同形成了覆盖全市所有街区的公共图书馆网络体系。[①] 此外，深圳已建成文化馆（站）84 个，社区综合性文化服务中心 663 个，在册博物馆 57 家、美术馆（院）35 家，实现市、区、街道、社区四级公共文化设施 100% 全覆盖。这些公共文化设施覆盖全市，全方位、多层次为广大市民提供优质的文化产品和服务。

未来，深圳要构建更加完善的普惠性、高质量、可持续的公共文化服务体系。首先，加快建设"新时代十大文化设施"，打造国际一流城市文化地标。其次，高标准完成"十大特色文化街区"改造提升，加强历史文化古迹保护传承，形成充满活力的城市文化群落。再次，深化文艺院团改革，规划实施新时代文艺发展工程，大力推进文艺精品创作。又次，优化基层公共文化服务体系，深化"图书馆之城"建设，建成"十分钟文化服务圈"。最后，广泛开展全民健身运动，创建城市社区运动场地设施建设试点城市；积极申办国际大型体育赛事，建设国家队训练基地。

（三）成为强大文化产业创新发展的典范

深圳通过扎实举措，推动全市文化产业蓬勃发展。深圳先后出台《关于推动深圳创意设计高质量发展的若干意见》《关于加快文化产业创新发展的实施意见》及配套设施，修改完善《关于推进文化与金融深度融合发展的意见》和《深圳市创建国家文化金融合作示范区工作方案》，

[①] 李福莹：《〈2022 年深圳"图书馆之城"阅读报告〉发布："10 后"阅读新势力崛起》，2022 年 4 月 23 日，深圳新闻网，2022 年 6 月 8 日访问（https://appatt.sznews.com/wanbao/files/szxw/News/202204/23/111942.html）。

助推文化产业发展。新冠疫情期间，深圳发布《关于应对新冠肺炎疫情影响支持文化企业健康平稳发展的若干措施》，出台组合政策着力帮扶文化企业健康平稳发展。近年来，深圳在经济高质量发展的同时，文化产业发展充分发挥资本活跃和高科技发达优势，保持快速增长态势。截至2020年，深圳文化及相关产业法人单位超过10万家，从业人员超过100万人，深圳文化产业增加值2200亿元，占全市GDP比重8%，年均增速高于全市GDP增速。① 2021年，深圳精心编制《深圳市文化产业高质量规划（2021—2025）》，确立"一核一廊多中心"的产业布局，初步建立"六个一"工作体系，发展成效明显。

深圳文化产业从无到有、从弱到强，取得了重要发展成就。深圳文化创业产业增加值占全市GDP的比重达到8%—10%，成为重要的战略性新兴产业和支柱产业。中国（深圳）国际文化产业博览交易会（简称"文博会"）被誉为"中国文化产业第一展"。深圳制造的文化产品出口量占全国的六分之一。这些成就不仅具有重要的经济意义，还为各种文化创意竞相绽放提供了强大的平台。同时，以"文化+科技""文化+金融""文化+旅游""文化+时尚"为代表的"文化+"是深圳文化产业创造的发展模式，在国内外具有广泛而深远的影响。

未来，深圳要构建更具竞争力的现代文化产业体系。第一，实施文化产业数据化战略，积极参与国家文化大数据体系建设，加快发展数据文化产业。第二，大力发展文化创意、时尚设计等产业，赋能提升珠宝、黄金、服装、家具、工艺品等传统优势产业。第三，加快建设深圳创意设计馆、创新创意设计学院，提升深圳设计周、深圳环球设计大奖等的国际影响力。第四，提升文博会、慈展会国际化专业化市场化水平，加快建设国家级文化产业平台。第五，创建国家文化和旅游消费示范城市、国家全域旅游示范区。

四 树立民生幸福标杆

习近平总书记在深圳经济特区建立40周年庆祝大会上的讲话强调：

---

① 杜翔翔：《深圳文化产业从业者超百万》，《深圳商报》2022年1月19日第A3版。

"人民对美好生活的向往就是我们的奋斗目标。经济特区改革发展的出发点和落脚点都要聚焦到这个目标上来。"① 近年来，深圳开展"城市管理治理年""城市质量提升年"工作，创建全国首批市域社会治理现代化试点城市，全方位提升城市功能和城市品质。2021年，深圳集中开建的241个重大工程中，社会民生类项目数量最多，达到72项。② 深圳正拿出更多改革创新举措，把改革开放红利转化为民生幸福指数，不断提高人民群众的获得感、幸福感、安全感。

（一）提升社会治理水平

党的十九大提出"造共建共治共享社会治理格局"的目标，为城市社会治理指明了方向。2018年1月，深圳市委六届九次会议部署了新时期率先建设社会主义现代化先行区的九大战略任务，提出坚定不移推进更加规范有效的基层治理，完善"党委领导、政府负责、社会协同、公众参与、法治保障"的社会治理体制，促进基层社会治理体系和治理能力现代化。同年3月，深圳市委常委会召开扩大会议，提出要在营造共建共治共享社会治理格局上走在全国最前列，改进社会治理体制和方式，加快形成有效的社会治理、良好的社会秩序。同年7月，深圳市委六届十次会议明确提出社会治理工作的目标和要求，强调要坚持以人民为中心的发展思想，在营造共建共治共享社会治理格局上率先突破、做得更好，建设最安全稳定、最公平公正、法治环境最好的城市之一。

深圳按照"幼有善育、学有优教、劳有厚得、病有良医、老有颐养、住有宜居、弱有众扶"七项社会治理目标，逐项梳理各项短板和不足，持续将财政支出六成以上投向民生领域。2019年，深圳九大类民生支出达3031亿元；2020年，深圳九大类民生支出达2838.5亿元；2021年，深圳九大类民生支出达3197亿元；这些政府投入为实现"民生七有"目标提供了坚实保障，提升了市民的获得感、幸福感、安全感。

---

① 习近平：《在深圳经济特区建立40周年庆祝大会上的讲话》，《人民日报》2020年10月15日第2版。

② 綦伟、崔霞、甘霖：《书写奋进新征程的"深圳答卷"》，《深圳特区报》2021年10月14日第A1版。

未来，深圳要完善"党委领导、政府负责、民主协商、社会协同、公众参与、法治保障、科技支撑"的社会治理体系，建设"人人有责、人人尽责、人人享有"的社会治理共同体，打造全国城市社会治理现代化标杆城市。首先，推动社会治理与公共服务下移，深化网格化服务管理，完善智能化的城市社会治理平台。其次，健全社会矛盾纠纷排查预警和多元调处化解机制，努力将矛盾化解在基层。再次，完全基层群众自治制度，拓展非户籍常住人口参与基层社会治理。最后，发挥群团组织和社会组织作用，畅通不同群体参与社会治理渠道，实现政府管理、社会治理、居民自治良性互动。

（二）完善教育医疗事业

习近平总书记在深圳经济特区建立40周年庆祝大会上的讲话中强调："拿出更多改革创新举措，把就业、教育、医疗、社保、住房、养老、食品安全、生态环境、社会治安等问题一个一个解决好，努力让人民群众的获得感成色更足、幸福感更可持续、安全感更有保障。"① 教育和医疗是人民群众关心的民生问题。近年来，深圳在发展教育和医疗卫生方面做出了重要努力，取得了可观的效果。

深圳持续加强教育投入，推动基础教育优质均衡发展，保障所有符合条件学生的入学需求。2019年9月，深圳市委、市政府发布《关于推进教育高质量发展的意见》，努力实现"幼有善育、学有优教"。近年来，深圳市、区两级政府把学位建设作为教育民生的"一号工程"来抓，持续加大教育财政投入。"十三五"时期，深圳规划新改扩建公办中小学185所，新增近400所幼儿园，新增公办中小学学位23.8万个以上；"十三五"以来，深圳累计财政性教育经费投入约3560亿元，各级各类学校生均经费标准居全国领先水平。2021年是"十四五"开局之年，深圳开始实施"大规模学校建设计划"，学位建设驶入"快车道"。2021年新开工建设学校150所，已建成学校151所，全年新增13.1万

---

① 习近平：《在深圳经济特区建立40周年庆祝大会上的讲话》，《人民日报》2020年10月15日第2版。

座基础教育学位。目前，全市已建成28个中小学教育集团，教育优质资源实现重新布局；高校增至15所，职业教育全国领先，高等教育处于历史最快高质量发展期。到2025年，全市新建学位超百万座，其中新增公办普高学位11.8万座、公办义务教育学位74万座、幼儿园学位14.5万座。①

深圳坚持"保基本、强基层、建机制"，深入推动医疗、医保、医药"三医联动"改革，加快建立健全分级医疗、现代医院管理、全民医保、药品供应保障、医疗卫生行业综合监管5项基本医疗卫生制度。2018年，罗湖医改模式获得世界卫生组织的通报推荐。2020年5月，深圳市政府发布《关于打造健康中国"深圳样板"的实施意见》，围绕完善大卫生大健康治理体系、深化医疗卫生体制改革等提出八大方面21项措施，努力实现"病有良医"。同年10月，深圳市六届人大常委会第45次会议通过《深圳经济特区健康条例》，这是国内首部地方性健康法规。全面启动医学科学院建设，获批建设国家感染性疾病临床医学研究中心，三甲医院数达23家，加速从"病有所医"向"病有良医"转变。

未来，深圳将从三个方面完善教育医疗事业。首先，深化教育体制改革，扩大高校办学自主权，建立新时代教育评价制度，开展高水平中外合作办学。其次，深化医药卫生体制改革，鼓励社会力量发展高水平医疗机构，为引入国际先进医疗资源建立方便的规则体系，建设国际医疗合作示范区。最后，优化社会保障机制，完善普惠婴幼儿照护托育服务体系，实现医保政务服务一体化办理。

（三）健全社会保障体系

习近平总书记在深圳经济特区建立40周年庆祝大会上的讲话中强调："要把提高发展平衡性放在重要位置，不断推动公共资源向基层延伸……建成全覆盖可持续的社会保障体系。"②深圳市委、市政府践行以人民为中心的发展思想，推动实现高质量更充分就业，城市社会保障水

---

① 包力：《深圳学位建设驶入"快车道"》，《深圳商报》2022年4月21日第A2版。
② 习近平：《在深圳经济特区建立40周年庆祝大会上的讲话》，《人民日报》2020年10月15日第2版。

平不断提升，最低生活保障标准全国第一，最低工资标准和企业职工基本养老金水平都位于全国城市前列。

多举措推动高质量更充分就业，城镇登记失业率稳定在2.3%以下，"零就业家庭"动态归零。首先，出台多种促进就业措施，实施积极就业培训，帮扶就业困难人员，减轻企业负担，有效应对新冠疫情、中美贸易摩擦等新情况、新变化。其次，实施高校毕业生就业促进计划，深圳高校毕业生初次就业率保持在95%以上。再次，依托信息平台提供精准跟踪服务，采取"项目+政府购买服务"的模式，开展针对贫困劳动力全方位、精准化、专业化的跟踪服务。最后，对来深贫困劳务工提供帮扶服务。市、区、街道三级公共就业服务机构工作联动，确定专人"一对一"帮扶，及时回应贫困劳动力的在深务工需求。开发"贫困劳动力信息管理服务系统"，实现帮扶入库、稳岗就业、离深返乡的全过程闭环式管理。

全覆盖可持续的社会保障制度体系更加完善，人民生活更殷实安康。首先，提升养老服务水平，构建统一的智慧养老服务平台，建成覆盖市、区、街道、社区小区、家庭的服务网络，推出敬老优待系列措施，60岁以上老人不论户籍全部免费乘坐公交地铁。其次，养老保险待遇水平稳步提升，将低保对象等困难群体纳入深圳居民基本养老保险扶贫范围。再次，医疗保险实现广覆盖低缴费高保障，推广"与分级诊疗相结合的医疗保险总额管理制度"，在全国率先实现医疗保险制度一体化。2022年1月，深圳全市基本医疗保险参保1640.69万人，环比减少18.92万人，下降1.14%，同比增加48.82万人，增长3.07%。①

未来，深圳将拿出更多改革创新举措，尽力而为、量力而行，不断完善广覆盖、优保障、可持续的社会保障制度。首先，实施全民参保计划，做到"应保尽保"。加快发展以基本养老保险为基础、以企业（职业）年金为补充、与个人储蓄型养老保险和商业保险相衔接的养老保险

---

① 深圳市医疗保障局：《深圳市2022年1月基本医疗保险、生育保险参保情况概述》，2022年2月23日，深圳政府在线，2022年6月8日访问（http://www.sz.gov.cn/szzt2010/sjfb/sjjd/content/post_9585119.html）。

体系。其次,加快构建以促进健康为导向的创新型医保制度,鼓励商业健康保险与基本医疗保险补充衔接,推动长期护理险落实落地。最后,健全综合性社会救助体系,提升困难群众生活保障水平。

五 打造可持续发展先锋

深圳牢固树立"绿水青山就是金山银山"的理念,强化"全周期管理"意识,统筹推进山水林田湖草系统治理,推动形成绿色发展方式和生活方式,加快营造天蓝地绿水清的优美生态环境,城市环境日新月异,先后获得"国家卫生城市""国家园林城市""全国绿化模范城市""首届中国人居环境奖""首届中国十佳绿色城市""国际花园城市"等称号,成为首批国家可持续发展议程创新示范区。

（一）建立最严格的生态环境保护制度

建立最严格的生态环境保护制度。深圳始终将生态环境保护工作摆在突出位置,全力推进生态文明建设。2018年,深圳出台《深圳市生态环境保护工作责任清单》和《深圳市党政领导干部生态环境损害责任追究制度》,完善生态文明考核评价指标体系,将"环境保护实绩考核"升级为"生态文明建设考核"。2020年12月,完成修订《深圳市生态环境保护工作责任清单》,以清单形式明确了各部门生态环境保护工作责任,进一步严明生态环境保护责任制度,为深圳营造生态环境保护工作齐抓共管、各司其职、协调配合的良好局势。

2022年1月,深圳市政府印发《深圳市生态环境保护"十四五"规划》,实行两步走战略:到2025年,生态环境质量达到国际先进水平,基本建成完善的现代环境治理体系,深圳城市更美丽;2035年,建设成为可持续发展先锋,生态环境质量达到国际一流水平,全面建成"绿色繁荣、城美人和"的美丽深圳。①

同时,深圳通过制度建设和法治建设践行"绿水青山就是金山银

---

① 《深圳市人民政府关于印发〈深圳市生态环境保护"十四五"规划〉的通知》,2022年1月19日,深圳政府在线,2022年6月8日访问（http://www.sz.gov.cn/zfgb/2022/gb1227/content/post_ 9539918.html）。

山"的发展理念。2021年3月，深圳发布全国首个GEP核算"1+3"制度体系，①衡量生态环境保护的效果和绩效。2021年6月，深圳市七届人大常委会第二次会议通过《深圳经济特区生态环境保护条例》，这是中国首个生态环境保护全链条立法。

未来，深圳将围绕碳排放达峰为核心做好生态环境保护工作，深入实施生态优先战略，把自然生态作为城市建设发展的基础和底线，依据生态格局统筹生产、生活布局，率先建成绿色低碳、美丽宜居、人与自然和谐共生的生态城市。同时，落实生态保护红线、环境质量底线、资源利用上线硬约束，确定城市承载力上限和适宜发展空间，促进全域生态网络空间结构更加稳定。

（二）构建城市绿色发展新格局

习近平总书记视察深圳时，高度赞扬"深圳的居住环境很好"，全市森林覆盖率40.68%、绿化覆盖率达45.1%，绿道总长2448千米，各项指标达到并超过《国家园林城市系列标准》规定要求。近年来，深圳交出一份"绿水青山就是金山银山"的绿色答卷，率先打造人与自然和谐共生的美丽中国城市典范。"深圳绿""深圳蓝""国家森林城市""千座公园之城""国家生态文明建设示范市"等诸多生态名片，尽显深圳绿色低碳发展的核心竞争力。

深圳以打造"公园中的城市"为蓝本，以打造"世界著名花城"为目标，大力推进城市绿化。深圳在全国率先构建"自然公园—城市公园—社区公园"三级公园体系，率先建成"千园之城"。截至2019年9月，深圳建成各类公园1090个，公园面积31085公顷，公园绿地500米服务半径覆盖率达90.87%。②公园品质实现跨越式提升，香蜜公园、人才公园、深圳湾休闲带、大沙河生态长廊等公园成为公园建设的新标杆，

---

① GEP（Gross Ecosystem Product）即生态系统生产总值，是指生态系统为人类福祉和经济社会可持续发展提供的最终产品与服务价值的总和，包括物质产品价值、调节服务价值和文化服务价值三部分。

② 王丰：《深圳建成各类公园1090个，提前实现"千园之城"目标》，2019年9月24日，光明网，2022年6月8日访问（https://m.gmw.cn/baijia/2019-09/24/33181857.html）。

真正成为"公园里的深圳"。截至2020年,深圳打造了60多条"花卉景观大道"、20多个"花卉特色公园"、200多个花漾街区、400多个街心公园,初步营造了"花繁四季、彩绘鹏程"的花城景象。[①]深南大道、北环大道、滨河滨海大道等一批城市主次干道绿化景观大幅提升。

深圳的城市绿化和管理水平不仅在国内具有举足轻重的影响,而且具有较强的国际竞争力。2017年成功举办第19届国际植物学大会,2018年成功创建国家级森林城市,深圳绿、深圳蓝成为城市名片。2019年,深圳开工建设一批碧道试点项目。2020年10月,《深圳市碧道建设总体规划（2020—2035年）》正式实施,当年开工建设240千米碧道,计划于2022年完成600千米碧道建设、2025年完成1000千米碧道建设、2030年完成1000千米碧道品质提升、2035年实现全市域水产城共治,全面形成生态美丽河湖新格局。[②]

未来,深圳持续推动绿色低碳发展。首先,构建市场化的绿色技术创新体系,加强新能源、节能环保技术的科学研究和市场应用。其次,推动绿色产业发展,大力发展新能源汽车、新型环保材料、可再生资源等产业,培育一批绿色领军企业,打造绿色示范产业园区。再次,推广装配式建筑和绿色建筑,加强绿色低碳交通体系建设,完善绿色金融政策体系。最后,加快发展智能电网,建设绿色清洁能源中心等重要平台,构建清洁低碳、绿色高效的能源体系。

（三）领跑城市生态文明建设

深圳始终将生态环境保护作为政治工程、民生工程,稳步提升生态环境质量,构建城市绿色发展新格局。2018年以来,深入实施"深圳蓝"可持续行动计划,不断擦亮"深圳蓝"闪亮名片,建成首个符合国家标准的"一街一站"网格化监测体系,实施全国最严的高污染燃料标

[①] 孙鹏：《森林城市群中的诗意栖居》,2020年7月16日,澎湃新闻,2022年6月8日访问（https://www.thepaper.cn/newsDetail_forward_8298468）。

[②] 深圳市水务局：《深圳市碧道建设总体规划（2020—2035年）》,2020年12月29日,深圳政府在线,2022年6月8日访问（http://swj.sz.gov.cn/attachment/0/736/736052/8381732.pdf）。

准，在全国率先实现公交车100%纯电动化、出租车100%纯电动化、工业锅炉100%清洁化，率先实施轻型车国六排放标准。深圳的空气质量达到国际先进水平，碧水蓝天绿地成为亮丽的城市名片，实现了环境治理与经济社会发展的双赢。

深圳将治水作为"一号民生工程"和"一把手工程"，推行"大兵团作战，全流域治理"，举全市之力超常规推进，全面清理处理一级水源保护区违法建筑及项目。2019年，深圳的河流水质实现历史性转折，被国务院评为重点流域水环境质量改善明显的5个城市之一，并成为全国黑臭水体治理示范城市。2020年1月，深圳159个黑臭水体和1467个小微黑臭水体全面消除黑臭，五大河流全面达标，310条河流水质全面提升，饮用水源100%稳定达标。[①] 同年10月，生态环境部公布《关于命名第四批国家生态文明建设示范市县的公告》，深圳成为全国首个荣获"国家生态文明建设示范市"称号的副省级城市。2021年上半年，深圳PM2.5平均浓度为19微克/立方米，空气质量在全国GDP超万亿城市中排名稳居第一。

未来，深圳继续提升生态系统的质量和稳定性。首先，加强河库湿地和红树林湿地保育，推进城市空间整体保护、系统修复、综合治理。其次，实施"山海连城计划"，构建蓝绿共生、城海交融、水城融合的生态格局。再次，加大海洋环境保护，落实海洋生态红线管理制度，推进海洋生态系统保育和修复。最后，实施生物多样性保护和监测工程，加强外来物种管控。

第二节　发扬新时代深圳精神，弘扬粤港澳大湾区人文精神

从历史唯物主义看，新时代深圳精神属于意识形态范畴，是上层建

[①] 綦伟：《深圳先行示范区建设两周年大事记》，《深圳特区报》2021年8月18日第A3版。

筑的组成部分，属于观念上层建筑。在意识形态内部，如果新时代深圳精神能够辐射到政治、法律、思想、哲学、艺术等领域，那么它就能起统帅作用，由此影响政治上层建筑的构筑，乃至对经济基础起到一定的推动作用。可见，经济基础和上层建筑的矛盾运动规律能够为新时代深圳精神引领意识形态和城市人文精神提供理论论证。

习近平总书记指出："一个民族需要有民族精神，一个城市同样需要有城市精神。城市精神彰显着一个城市的特色风貌。要结合自己的历史传承、区域文化、时代要求，打造自己的城市精神，对外树立形象，对内凝聚人心。"① 可见，城市精神具有"对外树形象、对内凝聚人心"的重要作用，它是一座城市区别于另一座城市的重要指标，也是增强城市社会凝聚力的重要途径。新时代深圳精神是深圳的文化内核，是深圳改革开放实践和价值共识的集中体现，是城市创新发展的灵魂。

一 发扬新时代深圳精神，要坚持人民至上理念

习近平总书记曾说过："理念是行动的先导，一定的发展实践都是由一定的发展理念来引领的。发展理念是否对头，从根本上决定着发展成效乃至成败。"② 2019年11月，习近平总书记在上海考察时指出"城市是人民的城市"，提出了"人民城市人民建，人民城市为人民"的理念，显示出城市的人民属性。③ 这就要求城市规划者和管理者铭记：城市属于人民，城市建设需要依靠人民，城市发展是为了人民，社会主义现代化城市建设旨在提高人民的幸福感、获得感、安全感。

（一）重塑公共空间，以人民为中心进行城市更新改造

构建空间规划体系是中央政府高度关注的重大问题。城市公共空间规划和改造是现代城市建设的重要抓手。2015年12月，中央城市工作

---

① 《中央城市工作会议在北京举行 习近平李克强作重要讲话》，《人民日报》2015年12月23日第1版。
② 《习近平谈治国理政》第2卷，外文出版社2017年版，第197页。
③ 吴新叶、付凯丰："'人民城市人民建、人民城市为人民'的时代意涵"，《党政论坛》2020年第10期。

会议文件明确了城市规划、建设与管理三大环节。规划的完成正是新一阶段城市建设与管理的起点，深圳新一轮城市总体规划应运而生。2017年11月，《深圳市城市总体规划（2016—2035年）》草案面向广大市民征求意见，让广大市民有组织地参与到城市未来发展设想和规划设计过程中来，集思广益。本次总体规划是深圳经济特区40多年以来第四版法定的总体规划，也是国家规划体制改革后第一部覆盖全市域全要素"多规合一"的总体规划。

根据这一总体规划，深圳的城市发展将从规模拓展转向品质供给。深圳将提升旧工业区效益，改善城中村面貌，建设宜居生活空间，让老城区焕发新活力，提高城市空间资源利用效率。通过改善公共空间、修复改造建筑物、植入公共活动等多种手段，活化城市空间资源，服务创新经济发展。这次总体规划聚焦人民群众的实际需求，精心构筑高品质公共空间，展现"人民城市"的温度与情怀。

这次规划的一大亮点就是提出了"全民友好型城市"的新概念，即：儿童友好，要打造一个五分钟安全成长圈；老人友好，要打造十五分钟的宜居健康圈；人才友好，要打造十五分钟活力社交圈；国际友好，打造国际化社交生活圈。[①]"全民友好型城市"从全年龄段人群的差异化行为特征入手，针对现状公共空间存在的有效供给不足、品质不高、可达性较差等问题，创新公共空间供给方式，缩小公共空间可达尺度，提高市民公共空间体验满意度，推动形成孩童快乐成长、老人健康舒心、青年乐业安居、国际人士共同发展、特殊人群平等便利、全民共享幸福融合的城市图景。这四个"友好"均指向深圳人最关注的民生领域，体现了深圳"人民城市人民建，人民城市为人民"的城市发展理念。

（二）保护文化传统，延续深圳城市历史文化风貌

习近平总书记指出，"要保护好前人留下的文化遗产，包括文物古迹、历史文化名城、名镇、名村，历史街区、历史建筑、工业遗产，以

[①]《共同描绘全民友好型城市的蓝图》，2017年11月1日，深圳新闻网，2022年6月8日访问（http://jb.sznews.com/PC/content/201711/01/c214668.html）。

及非物质文化遗产,不能搞'拆真古迹、建假古董'那样的蠢事。既要保护古代建筑,也要保护近代建筑;既要保护单体建筑,也要保护街巷街区、城镇格局;既要保护精品建筑,也要保护具有浓厚乡土气息的民居及地方特色的民俗"。① 面对新移民缺乏传承深圳传统文化意识、本土传统文化和遗存急需保护等现实,深圳市、区两级政府通过加强对深圳历史文化的宣传,让市民形成对第二故乡历史文化的保护传承意识。

2018年,深圳市政府印发《深圳市加快推进重大文体设施建设规划》,首次提出建设"特色文化街区",并选择"十大特色文化街区"进行提升改造。"十大特色文化街区"包括大鹏所城、南头古城、大芬油画村、观澜版画基地、甘坑客家小镇、大浪时尚创意小镇、大万世居、蛇口海上世界、华侨城创意文化街区、华强北科技时尚文化街区,这些都是展示深圳城市人文历史、留住城市记忆的重要文化载体。2021年,首批10个文化街区均已完成阶段性提升改造工作,通过实地考察评估认定,打造成十大特色文化街区,形成了一批特色鲜明的文化空间。

宝安区原住民以广府人为主。现存100余处广府古村落中,列入文物保护单位的主要有福永凤凰村和松岗燕川村。其中,福永凤凰村是民族英雄文天祥后裔的聚居地;松岗燕川村是抗日战争时期广东省第一个县级抗日民主政权——东宝行政督导处所在地。龙华区原住居民则以客家人为主。观澜古墟位于观澜街道,是深圳目前仅存较为完整、具有浓郁客家风情特色的传统商业墟市,距今已有200多年的历史。陈烟桥旧居陈列馆位于观澜街道广培社区俄地吓村,是典型的客家民族风格建筑。陈烟桥是鲁迅先生的学生和追随者,是近代中国新兴木刻运动的倡导者和参与者,也是著名的版画理论家和教育家。中国文化名人大营救纪念馆位于民治街道白石龙村,1942年东江抗日游击队根据中央指示营救滞留香港的文化名人、爱国民主人士等共800余人,其中300多人是通过白石龙村进行隐蔽和安全转移的。

---

① 中共中央文献研究室编:《习近平关于社会主义文化建设论述摘编》,中央文献出版社2017年版,第189—190页。

龙岗区致力于打造深圳乃至珠三角地区的"客家文化之都"。龙岗客家是清初新客家的典型代表，在龙岗创业、生息的 300 多年间，龙岗客家"四海为家、冒险务实"，并且在改革开放中率先跟上了时代潮流。官方资料显示，龙岗户籍人口中客家人的比例超过 80%，龙岗客家文化登记点有 500 多个，占地面积在 800 平方米以上的客家古民居近 160 处，3000 平方米以上的多达 37 处，数量之多、密度之大，放眼全国也不多见。横岗街道更是"每个社区都有客家古建筑"，可谓是客家"活历史"。位于龙岗街道龙岗河畔的鹤湖新居，是我国目前规模最大的客家民居建筑群。① 这些不同历史时期所建的客家围屋，真实记录了深圳地区的客家历史，是非常珍贵的历史文化遗产。鹤湖新居、大万世居、龙田世居、茂盛世居、新乔世居、洪围 6 座客家围屋已列入各级文物保护单位，28 座列为重点保护对象，并得到修缮整治。

（三）回应市民关切，真正实现"人民城市为人民"

过去的城市治理理念和手段，都是站在方便政府管理的角度，所谓治理就是有助于政府对老百姓的统治，实行自上而下的、单向度的管理。政府治理理念创新，就是要克服这种管理的弊端，把自上而下的政府管理和自下而上的公民参与结合起来，鼓励社会组织与公民参与公共管理，充分发挥人民群众的积极性和创造性，实现社会公共事务的多中心治理。深圳的城市社会治理实践仍处于探索阶段，有不少管理制度和政策举措亟须完善，有不少短板亟须补齐。但是，这并没有妨碍"以人民为中心"的治理理念在深圳城市治理中的贯彻和执行。

2020 年，肆虐全球的新冠疫情是对城市治理的综合大考和全面检验。在疫情防控工作中，深圳突出党建引领，打破部门、领域界限，下沉 75 个指导服务组、701 个援助工作组，统筹 3.76 万名党员干部，实现市、区、街道、社区，以及小区、物业、业委会等各级各类组织力量的有效整合，筑牢联防联控防护网，以扁平化组织形式迅速撬动和凝聚基层党组织的组织力，取得了疫情防控阻击战的阶段性胜利。2022 年 3

---

① 易运文：《客家文化如何保护？》，《光明日报》2013 年 12 月 17 日第 5 版。

月，新冠病毒奥密克戎变异株（BA.2）肆虐。面对新一轮的疫情侵袭，深圳快速绘出封控区、管控区、防范区"三区"地图，对可能存在风险的重点人群进行有效管控，并公布封控区、管控区解除须满足的三个条件。这些举措有效化解了市民的焦虑和疑惑，使广大市民理解、支持并积极配合各项防控举措。高效精细而又人性化的城市治理，基层党组织的积极动员，社会力量的有效整合，有效阻止了疫情的扩散和蔓延。[①]

中国共产党的执政基础在社区，社会治理的重点在社区，党和政府联系群众、服务群众的"最后一公里"也在社区。作为联系群众最紧密、服务群众最直接、组织群众最有效的基础平台，社区最能感知群众冷暖，最能听到群众声音，也最能检验工作成效。社区细节越彰显，城市治理就越精细；社区细胞越活跃，城市活力就越充沛；社区认同感、归属感越强，城市向心力、凝聚力就越大。近年来，深圳以"标准＋"模式引领社区基层党建规范化，完善党建引领下的共建共治共享社区治理格局，让生活在这座城市的人们更加安心、舒心、暖心。2021年以来，深圳各街道、社区把加强党史学习教育与群众服务工作紧密结合，发挥全体党员的先锋模范作用，认真落实各项保障民生的举措，掀起解民生之忧、谋民生之利的"我为群众办实事"良好风气。

二 发扬新时代深圳精神，要厚植于粤港澳大湾区人文精神

2019年2月，中共中央、国务院颁布《粤港澳大湾区发展规划纲要》，其战略定位是把粤港澳大湾区建设成世界级城市群和国际一流湾区，并增强大湾区文化软实力，进一步提升居民文化素养与社会文明程度，共同塑造和丰富湾区人文精神内涵。粤港澳大湾区位于珠江三角洲，在长期的东西方文化交流互鉴中形成了务实、开放、包容、进取的文化特质。发扬新时代深圳精神，就不能脱离粤港澳大湾区这种务实、开放、包容、进取的文化特质。

（一）坚定文化自信，把深圳精神转化为文化力量

党的十九大报告指出，"文化是一个国家、一个民族的灵魂。文化兴

[①] 庄媛、姚龙华、张强：《深圳抗疫：人民至上》，《深圳特区报》2022年3月3日第A1版。

国运兴，文化强民族强。没有高度的文化自信，没有文化的繁荣兴盛，就没有中华民族伟大复兴"。①深圳城市文化是具有中心辐射力、中心影响力、中心吸引力的引领性文化高地。深圳地处大湾区的核心枢纽，是粤港澳文化的融合点，是中外文化的交汇点，深圳有条件成为大湾区的文化创新高地，有优势成为代表国家文化软实力的文化名城。

2020年7月22日，《深圳加快建设区域文化中心城市和彰显国家文化软实力的现代文明之城实施方案》经审议原则通过。《实施方案》对标深圳建设社会主义先行示范区要求，为城市文化创新发展提出"三阶段"发展目标，分三步实现城市文化发展蓝图。《实施方案》明确提出：到2025年，建成辐射粤港澳大湾区、服务全国、面向世界的区域文化中心城市。到2035年，建成具有全球影响力的创新创意之都，成为彰显国家文化软实力的现代文明之城。到21世纪中叶，成为创新力、引领力、影响力卓著，富有人文风采和文化魅力的国际文化大都会。②

在"共建人文湾区"这一目标上，深圳要发挥核心枢纽作用，建成辐射粤港澳大湾区、服务全国、面向世界的全球区域文化中心城市。要加强与港澳的文化艺术交流与合作，不断增强港澳同胞的认同感、凝聚力和向心力。这是国家赋予深圳的特殊使命和建设粤港澳大湾区的基本要求，也是衡量社会主义文化强国的重要维度。

把新时代深圳精神转化为文化力量，要弘扬本土历史文化传统，创新文化的生产方式和传播方式，有效提升深圳的文化辐射力和影响力。龙岗区社区·客家文化艺术节是弘扬客家文化，促进老客家与新移民的大融合，落实文化民生的重要举措。客家文化艺术节自2005年以来，每两年举办一届，是龙岗区倾力打造的基层文化特色的品牌活动，也是广大社区居民一起联欢的盛会。2019年第八届艺术节期间，共有各式竞技

---

① 习近平：《决胜全面建成小康社会 夺取新时代中国特色社会主义伟大胜利——在中国共产党第十九次全国代表大会上的报告》，人民出版社2017年版，第40—41页。
② 《〈深圳加快建设区域文化中心城市和彰显国家文化软实力的现代文明之城实施方案〉即将出台》，2020年7月24日，深圳新闻网，2022年6月8日访问（https：//wxd.sznews.com/BaiDuBaiJia/20200724/content_ 400918.html）。

比赛、展示、展演、非物质文化遗产四大类 18 项形式多样的文化活动，历时 7 个月，为市民打造了一场亲民惠民的社区客家文化嘉年华。①

(二) 引领文化改革，塑造大湾区人文精神

粤港澳大湾区不仅是一个经济概念，也是一个文化概念。深圳不仅要从经济层面引领粤港澳大湾区的发展，更要在粤港澳大湾区城市群中找到自己的文化席位，以文化助力经济社会转型升级、推动城市可持续发展。实际上，深圳在融入粤港澳文化体系、提升自身文化软实力方面还存在很大的上升空间。根据《2021 年中国文化竞争力十佳城市排行榜》，深圳在综合竞争力排行榜中位居榜首，但是在中国文化竞争力排名前十的城市中却没有深圳的位置。这从一个侧面折射出深圳在文化发展机制制定、文化氛围塑造、文化系统建立等方面，还有很大的提升空间。

当前深圳的基础文化设施建设与"粤港澳大湾区"核心引擎城市这一形象并不匹配；城市人文精神、文化氛围有待逐步提升；城市文化建设中缺少自身特色，跟风、模仿的成分更多，创新、有特色的东西并不多。改革开放前 30 年，深圳曾经因为"深圳十大观念"而辉煌。那么，最近 10 年，深圳为全国贡献了什么新观念呢？从改革开放的历史来看，深圳往往是先产生新的观念，然后才创造令人瞩目的物质文明和精神文明成果。因此，深圳还需要不断地创造新的时代文化和时代观念。当深圳的观念能够领先的时候，才能有更加广阔的未来；反之，深圳的文化和城市精神都将面临枯竭的危险。

展望未来，深圳需要加快推进文化建设，提升城市文化品位，努力打造与城市经济、科技发展水平相适应、与建设粤港澳大湾区核心引擎城市相匹配的城市文化体系。把深圳建设成为一座彰显国家文化软实力的现代文明之城，既是服务民生、促进经济社会发展的需要，也是提升城市文化品位、建设富有活力和国际竞争力的一流湾区和世界级城市群

---

① 《共享艺术盛宴！2019 龙岗区第八届社区·客家文化艺术节开幕》，2019 年 5 月 19 日，深圳新闻网，2022 年 6 月 8 日访问（https：//wxd.sznews.com/BaiDuBaiJia/20190519/content_321087.html）。

的必由之路。

（三）整合湾区资源，参与全球文化竞争

粤港澳大湾区是"一带一路"的黄金走廊，是中国主动推进全球化战略的重要平台。"一带一路"地区占全球人口的六成、全球贸易额的三分之一、全球GDP的三成，在全球经济中举足轻重。粤港澳大湾区可以辐射一半以上的"一带一路"地区。深圳地理位置独特，与东南亚自古以来就建立了紧密的联系，移民多，跨国企业多，经济呈现开放型、外向型的特点。深圳依托于华为、中兴、传音等跨国企业以及外贸等开放型、外向型企业，已经与"一带一路"沿线国家和地区建立起经济上的广泛联系。这是深圳的资源，也是深圳的优势，我们应该利用好这一优势，与"一带一路"国家建立起更加广泛深入的文化交流与合作。

高等院校是一个城市文化软实力的重要组成部分。目前，深圳正在加速推进一流大学建设，已建成15所大学，其中南方科技大学已于2022年2月正式进入"双一流"建设高校行列，这是深圳本土第一所"双一流"高校。到2025年，深圳高校将达到20所左右，全日制在校生约20万人，其中本科生规模将超过10万人，研究生规模将超过4万人。深圳可以利用自身的大学资源，借助"一带一路"的国家政策，与港澳地区和东南亚国家的高校进行文化交流与合作，互派留学生和交换生，在深圳招收外国留学生学习汉语和中国文化，向境外传播岭南文化和深圳文化，让深圳文化真正走出去，进行深度国际交流与合作。

深圳作为改革开放的先锋，义不容辞地要承担起维护国家文化主权、弘扬国家文化主权的责任。深圳曾经创作的《人文颂》就是一个典范，它用西方的交响乐形式，表达中国人的价值观，全世界都听得明白，在巴黎演出期间得到观众们持续达6分半钟的鼓掌，获得空前的成功，成为联合国教科文组织向世界推荐的音乐作品。深圳要多做这样的事情。

三 发扬新时代深圳精神，要与践行社会主义核心价值观紧密结合

在全社会培育和践行社会主义核心价值观，要把新时代深圳精神作为主流价值观原则进行提倡。当今社会价值观呈现多样化的趋势，社会

舆论和网络评论出现分层化、社群化的倾向，把新时代深圳精神蕴含的价值观原则和社会主义核心价值观作为主导原则加以引导，可以整合社会各阶层力量，有助于凝聚共识建设社会主义现代化。

(一) 引领社会风气，践行社会主义核心价值观

习近平总书记指出："我们要在全社会大力弘扬和践行社会主义核心价值观，使之像空气一样无处不在、无时不有，成为全体人民的共同价值追求，成为我们生而为中国人的独特精神支柱，成为百姓日用而不觉的行为准则。"[1] 践行社会主义核心价值观，能够引领良好社会风气，提升一个城市的文化凝聚力。精神文明建设需要以社会主义核心价值观为引导，把握正确的文化建设方向，提升城市的文化软实力。深圳是一座改革开放以后发展起来的新兴移民城市，其文化建设的优势是现代文化资源。这就要求深圳的文化建设要以现代文明建设为核心，发掘深圳文化基因，创造体现深圳特色、展现深圳精神的新型文化。

人们常说，深圳是一个没有邻居的城市，跨区就没有朋友。人们同在一个楼层住了好几年，邻居之间彼此都不认识；跨区谈个恋爱一不小心就成了"异地恋"，这都是深圳常见的事。由此，深圳缺乏由亲缘、友谊、出生地、居住地以及其他形式所构成的比较稳定的社群和社会网络。主要由经济共同体维系的文化共同体具有天然的经济依附性和脆弱性。因此，深圳的文化建设需要强化市民精神的培育，提高市民的城市文化自觉与文化自信，加强移民的城市文化认同。这就需要党和政府在市民文明素养和道德建设领域发挥作用。

2017 年，深圳以市委、市政府名义印发的《深圳市民文明素养提升行动纲要 (2017—2020 年)》(简称《行动纲要》)，从思想素养、道德素养、法治素养、科学素养、文化素养、健康素养六个方面，对市民文明素养进行了全面、科学的界定，在全国具有领先意义。2020 年，深圳市文明委印发《深圳市加强新时代公民道德建设实施方案》，通过一系列创新举措，深入开展公民道德建设，全面提升公民道德素质和社会文

---

[1] 习近平：《在文艺工作座谈会上的讲话》，《人民日报》2015 年 10 月 15 日第 2 版。

明水平,将"城市文明典范"落实到人。深圳是一座年轻人聚集的城市,要不断创新表达方式,将抽象的社会主义核心价值观具体化、生活化,满足年轻人的诉求,在快节奏的城市工作、学习和生活中保持健康的心态。

(二)培育品牌活动,凝聚共识提高市民文化素质

城市文化品牌凝聚着城市独特的价值理念和审美品位。确立和推广一个城市的良好形象,最有效最直接的方式就是打造文化品牌。40多年来,深圳以市民精神文化需求为导向,打造了读书月、文博会、设计周、创意十二月以及"一带一路"国际音乐季等重大文化品牌活动,许多已经成为深圳新的文化标识,大大增强了城市的文化竞争力、感召力,为深圳文化发展带来澎湃动力。文化品牌可以表现出多个维度,可以是文化名企、文化名人、文化地标、文化活动。对标全球标杆城市,深圳还需要在文化品牌的国际化、高端化、差异化上持续发力,寻求突破。

从2016年开始,深圳以"我的价值我的城"为主题,推出了"网上派发价值观微信红包"、迎春福袋、"最美橱窗"评选、影像深圳家谱、成人礼、"我的价值观·深圳好故事"随手拍等"九个一"系列活动,引发广泛社会反响。如"社会主义核心价值观新春红包"派发活动,将大热网络的"猴嗨森"等粤语祝福融入价值观宣传,推出了标有"国是家:家大业大做壕猴""善作魂:做件好事猴嗨森""勤为本:我是敬业的加班猴"等祝福语的微信红包,活泼风趣的创意赢得广大市民追捧,新媒体专题浏览量超过百万。"深圳家谱"通过影像家谱记录形式,以一个个温情的家庭故事,具象化展示深圳这座年轻移民城市创新、开放、包容、务实的精神特质,在地铁、公交站台等城市核心公共空间进行展示,推进影像与市民的情感互动,成为每年影响千万人群的"最温暖的城市风景"。

"百万市民看深圳"大型系列活动深受市民喜爱,被评为深圳最贴近百姓、最有影响力的活动之一。活动邀请深圳市民走进能源再生基地,学习深圳环保发展的举措;邀请深圳市民走访部队警营行政审判中心,见证深圳法治社会的建设成效;邀请市民朋友探秘医疗机构、探访深圳

国际大学园,了解深圳医疗和教育事业的发展成果。通过一场场实地走访和参观学习,广大市民零距离感受到深圳城市发展中的变化,聆听变化中的故事,见证城市发展奇迹,增强了家园感、归属感和自豪感,凝聚了对社会主义核心价值观的广泛共识。

"走进博物馆"活动依托深圳博物馆群,邀请市民带着孩子一起进博物馆,感受文化魅力。活动既有根据博物馆所在区域划分的线路,如福田(如深圳博物馆、改革开放展览馆、钢琴博物馆、棋国象棋博物馆、水围雅石艺术博物馆、大观茶具博物馆等)、罗湖(如玺宝楼青瓷博物馆、金石艺术博物馆、古生物博物馆、至正艺术博物馆、惠风古陶博物馆、苏六河沉香博物馆等)、盐田(如中英街历史博物馆),也有以不同参观兴趣为主题而设计的线路,如东纵之旅、改革开放之旅和寻根之族、民俗之旅等,受到众多深圳市民的热情追捧,各条路线年年爆满。这一活动吸引着越来越多的市民走进各类博物馆,了解深圳的历史、文化和艺术,在享受文化的同时,陶冶了情操,架起了一座市民与城市、历史与未来沟通的桥梁。

(三)创新体制机制,让核心价值观浸润城市空间

习近平总书记指出:"培育和弘扬社会主义核心价值观,不仅要靠思想教育、实践养成,而且要靠体制机制来保障"。"要把社会主义核心价值观的要求转化为具有刚性约束力的法律规定,用法律来推动核心价值观建设。各项社会管理要承担起倡导核心价值观的责任,注重在日常管理中体现价值导向。"[①] 深圳依托"设计之都"的优势,通过制度建设和法治保障,让各种极富感染力的公益广告遍布深圳的公交车(站)、地铁(站)和大街小巷。

公益广告宣传是推动社会主义核心价值观具象化和大众化的有效载体,对创造优美环境,提升市民文明素质和城市文明程度,发挥着潜移默化的重要作用。2020年,为了迎接援鄂医疗队员回家,深圳平安金融

[①] 中共中央文献研究室编:《习近平关于社会主义文化建设论述摘编》,中央文献出版社2017年版,第111页。

中心大厦、京基 100、春笋大厦等地标建筑滚动播出欢迎标语，与夜空中绽放的一张张援鄂医疗队员的笑脸交相辉映，让人动容，引发全网共鸣。这感人一幕的背后是深圳创新城市公益传播体系的不懈努力。深圳为了营造培育和践行社会主义核心价值观的社会氛围，用好用活各类户外宣传媒体，进行了积极探索，取得了良好成效。

建立高效协调机制，使公益宣传加速落地。深圳积极推行公益广告管理联席会议制度，打造全覆盖、立体化宣传格局。横向到边，口岸、机场、高铁、码头、公交、地铁、城管、工商、住建等部门各司其职，通力协作；纵向到底，形成市、区、街道、社区、小区、楼栋联动的"全市一盘棋"，并借助信息化手段进行发布管理，实现"30 分钟响应"。

推动法治化，确保公益宣传健康发展。深圳相继出台《深圳市公益广告管理暂行办法》《深圳市公益广告促进和管理办法》等规范性文件，在全国率先为公益广告管理工作提供法律支撑。相关文件实施以来，自觉参与公益宣传发布的媒体单位呈现逐年上升趋势，公益广告发布数量大幅增长。

未来，深圳继续依托"设计之都"的优势，充分发挥公益广告创作基地、名师工作室的积极作用，持续开展公益广告精品创作，让宣传内容更加富有感染力。每年举办公益广告大赛，为公益广告创意设计搭建交流平台，让一大批优秀的公益广告作品和设计人才从深圳走向世界。高效的协调机制、强有力的法治保障和高超的创作水准，让一幅幅极富感染力的公益广告遍布深圳的大街小巷，深入社区、学校、电视、广播里，无处不在、无时不有，让整个城市浸润在社会主义核心价值观的滋养中。

第三节　让深圳精神融入日常行为，教育青年做追梦者、奋斗者

从个人维度看新时代深圳精神的践行路径，要把深圳精神和个人的

日常行为结合起来。从历史唯物主义来看，人们的日常生活和日常行为构成历史活动的基础。马克思和恩格斯说："人们为了能够'创造历史'，必须能够生活。但是为了生活，首先就需要吃喝住穿以及其他一些东西。因此第一个历史活动就是要生产满足这些需要的资料，即生产物质生活本身……"①吃喝住穿及相关活动是现实个人的日常行为，是真实的历史活动。这些日常行为必须有精神指引，否则就容易沦为动物式的本能行为。让新时代深圳精神融入当代青年的日常行为，让日常生活具有意义感，就要教育青年做追梦者、奋斗者，需要从以下三个方面入手。

一 注意教育感化，增强深圳精神的认同感

习近平总书记指出："青年是整个社会力量中最积极、最有生气的力量，国家的希望在青年，民族的未来在青年。"②青年时期是一个人认知社会的重要阶段，更是树立正确的价值观、人生观和世界观的关键时期。对新时代青年，尤其是思想认识陷入困惑彷徨、人生抉择处于十字路口的青年学生，应当通过思想教育来悉心引导，使其从内心深处真正理解与认同新时代深圳精神的社会价值，并在内化于心的基础上将深圳精神外化于行。

（一）推动深圳精神"三进"工程

"三进工程"即推动新时代深圳精神进教材、进课堂、进头脑。新时代深圳精神不仅具有冒险、拼搏、开拓、开放、兼容等移民文化的共性，还具有创新精神、契约精神、法治精神、包容精神、奋斗精神、志愿精神等独有的精神特质。这些精神特质与高校思想政治教育的价值追求存在着高度的契合。③因此，应该大力推进新时代深圳精神"三进"工程。这不仅有利于新时代深圳精神的传承与创新，也有利于青年学生

---

① 《马克思恩格斯文集》第1卷，人民出版社2009年版，第531页。
② 习近平：《论中国共产党历史》，中央文献出版社2021年版，第243页。
③ 张一鸣：《深圳特区移民文化资源融入高校思政课教学研究》，《广东交通职业技术学院学报》2021年第4期。

树立崇高的理想信念、培养高尚的道德情操，培养出能够担当民族复兴大任的时代新人。

一是进教材，即开发新时代深圳精神教育校本教材，将深圳改革开放的故事写进高校思想政治理论课的辅助教材，以教材为载体，弘扬深圳精神。思政课教师和思政教育工作者，需要开展《深圳文化》《深圳精神》选修课教材和学生课外读物的编撰工作，促进新时代深圳精神走进青年学生。

二是进课堂，即在进教材的基础上，把深圳改革开放的精彩故事和杰出人物事迹融入课堂教学中，以学生为课堂主体，弘扬新时代深圳精神。一方面要利用先进典型加强课堂教学，为深圳发展做出卓越贡献的建设者、创业者和企业家就是先进典型；另一方面要加强教师队伍建设，对相关教师进行新时代深圳精神的知识培训，使教师能够结合新的教学手段制定并完善教学方案，将新时代深圳精神更好地融入课堂教学中。

三是进头脑，即通过举办新时代深圳精神教育活动，促进理想信念内化，使青年学生坚定信仰、磨炼意志、砥砺品格，进而凝聚人心。进头脑的关键是实现青年学生"知"与"行"的转化，培养优秀的社会主义建设者和接班人。推进新时代深圳精神"三进"工程，有利于升华当代青年学生对改革开放取得伟大成就、实现中华民族伟大复兴中国梦的感悟，进而以知促行，以行求知。

(二) 促进深圳精神研究成果转化应用

关于深圳精神的资料零散地分布在各种媒体报道、党政文件、史志资料、报纸杂志以及学术著作之中，需要通过系统的学术研究和认真爬梳才能使其价值得以充分呈现。促进深圳精神研究成果的转化引用，就是将深圳精神及相应的案例故事进入教材体系、培训案例、研究报告、学术论文，通过各种课题、研究项目、学术会议、讲座、辩论赛、思政课程、课程思政等具体形式呈现出来，以大众话语、专业话语、学术话语等多种方式对各类社会人群产生影响，引发共鸣。学者郑永年认为，"西方媒体强大是因为它背后有一套知识体系，媒体只是把这个体系传播出来。西方媒体的强不是传播技术的强，是它背后知识体系的强。我们现在弱是我们没有自己的一套知识体系"。[①] 通过社会科学学术研究把新时代深圳精神加以适当的话语转换，以公共知识体系和文化体系的面貌出现，从而获得更多人的认同，帮助市民建立城市文化自信。

目前，深圳哲学社会科学年度规划课题已经有关于深圳精神的课题研究。同时，还可以在主流报纸、电视、广播、互联网等媒体设置栏目讨论深圳精神，用公益广告、标语口号、招贴画等多种形式宣传深圳精神，举办关于深圳精神的学术研讨会、讲座、辩论赛、摄影比赛，在深圳境内的学术期刊杂志上开辟"深圳精神"专栏，让来自各个研究领域的专家学者齐聚一堂，共同深入探讨新时代深圳精神传承与发展面临的前沿问题，加强不同学科专家学者的交流与探讨，听取专家学者提出切实可行的建设性意见，扩大深圳精神的文化影响力，更好地弘扬新时代深圳精神。

（三）将深圳精神融入社会实践

习近平总书记曾说过："一种价值观要真正发挥作用，必须融入社会生活，让人们在实践中感知它、领悟它。要注意把我们所提倡的与人们日常生活紧密联系起来，在落细、落小、落实上下功夫。"[②] 增强新时代深圳市民尤其是青年学生对深圳精神的认同感，不仅需要课堂学习与学术研究，还需要将深圳精神纳入青年学生的社会实践中。传播新时代深圳精神的最终目的是从内心说服人，真正做到让市民、青年学生真听、真信、真用。只有在切近生活、青年学生乐于参加的实践活动中，使新时代深圳精神更接地气，才能让深圳精神更容易被人内化于心，处处体现在日常行动上，并进一步转化为新时代青年建设中国特色社会主义的精神动力和力量源泉。

将深圳精神融入社会实践，需要参与模式与体验模式相结合，形成深圳城市人文精神氛围，传承深圳文化基因。其一，要以党支部、班级为依托，开展社会实践教育。党支部、班级是学校和学院开展示范教育

---

① 郑永年：《中国的文明复兴》，东方出版社2018年版，第173页。
② 《习近平谈治国理政》，外文出版社2014年版，第165页。

的重要组织。通过组织观看深圳精神文化专题片、主题演讲、辩论赛、读书会等党团日活动，以及班级讨论、话剧和微视频创作等班级活动，丰富校园文化，让青年学生得到熏陶与内化。其二，以邓小平画像广场、莲花山邓小平雕塑、深圳改革开放展览馆等为载体，组织青年学生参加社会实践活动。可以组织学生到上述地方开展情景体验式教学，通过专业人士讲解，让学生更深入领悟到深圳改革开放的历史，增强对深圳城市与深圳精神的认同感。

二 完善宣传体系，提高深圳精神的影响力

现代管理学告诉我们，不仅要做好工作，还要让人知道你做了什么。所谓宣传，就是让全国人民知道党和政府做了什么，接下来还要做什么。习近平总书记指出，"深圳是改革开放后党和人民一手缔造的崭新城市……深圳广大干部群众披荆斩棘、埋头苦干，用四十年时间走过了国外一些国际化大都市上百年走完的历程。这是中国人民创造的世界发展史的一个奇迹"。① 宣传工作要向人民群众解释深圳奇迹，既要讲好深圳改革开放的精彩故事，又要讲清楚深圳发展奇迹背后的深圳精神。缺失了深圳精神的深圳发展奇迹是没有基石的，缺失了深圳精神的深圳故事是没有灵魂的。

（一）传统媒体和新媒体相结合，构建立体化的深圳精神宣传平台

习近平总书记曾在多个场合反复强调互联网建设的重要性，他指出："互联网是一个社会信息大平台，亿万网民在上面获得信息、交流信息，这会对他们的求知途径、思维方式、价值观念产生重要影响，特别是会对他们对国家、对社会、对工作、对人生的看法产生重要影响。"② 随着互联网媒体属性的不断增强，网络新媒体成为新时代人们获取信息、进行社交的重要平台。新媒体技术的发展为深圳精神的传播提供了多种平台。"两微一端"是人们日常使用频率极高的新媒体平台。比如，2015

---

① 习近平：《论中国共产党历史》，中央文献出版社2021年版，第288页。
② 《习近平谈治国理政》第2卷，外文出版社2017年版，第335页。

年9月开通的深圳市卫健委"深小卫"微信公众号,其定位是:"用老百姓听得懂的语言,提供老百姓、医护群体需要的信息。""深小卫"的关注人数超过1700万,超过20万人阅读的文章是日常,最高单篇曾达到超过773万人的阅读量。"深小卫"的影响力不局限于深圳,粉丝遍布全国。有网友评论说:"这个公号背后所折射出来的,是深圳官方与民间的包容和大度。"可见,以"深小卫""深圳发布"为代表的"两微一端",成为新时代传播深圳精神和深圳文化的重要渠道。

但是,新媒体传播也有一定的缺陷,比如信息流动快、碎片化严重,还有一些虚假信息夹杂其中,混淆视听。这就使新媒体信息传播缺乏长期性、严谨性和深刻性。而传统传播平台,如报纸杂志、广播电视等有着良好的传播形象、雄厚的品牌资源和丰富的宣传工作经验,给人以较强的权威感和较高的可信度,依旧是信息传播的重要渠道。因此,传播新时代深圳精神,需要将传统媒体和新媒体相结合,构建立体化宣传平台,扩大宣传矩阵,增强时代感和吸引力。

(二)媒体传播和团队宣讲相结合,形成多样化的深圳精神宣传手段

在综合应用各类媒体广泛传播的基础上,扩大深圳精神在新时代的影响力,还应注重深圳精神的现代表达。2015年,习近平总书记在谈到提高宣传引导水平时,曾明确指出,"讲好故事,事半功倍"。将媒体宣扬和专业宣讲相结合,丰富并创新传播内容与话语方式,可以把深圳故事叙述得更加生动、吸引人。

其一,扩大媒体传扬,积极寻求深圳本地媒体与国家主流媒体的合作,用音乐、电影、电视剧(片)、戏剧、动漫等多种表现形式,利用多家媒体资源共同宣扬深圳精神,以扩大影响范围。比如,传唱大江南北的《春天的故事》《走进新时代》,在党的十九大精神指引下创作的《向往》,改革开放40周年之际推出的《再一次出发》《信仰》都是深圳原创音乐,并都受到中宣部精神文明建设"五个一工程"奖的表彰。不仅仅是歌曲创作,其他诸如电影、电视剧(片)、戏剧(曲)、广播剧、动漫、图书等深圳文艺精品都体现出相同的特征:记录新时代、书写新

时代、讴歌新时代，深刻反映历史巨变。光明日报原总编辑何东平说："深圳的文化具有先锋观念、包容精神、创新气质、文明活力、丰富内涵等特点，深圳应该把握住这些特点和优势，为建设中国特色社会主义文化繁荣兴盛的现代城市文明做出表率，为培育和践行社会主义核心价值观作示范，为建设先行示范区提供强大精神动力和良好文化条件。"①

其二，组织团队宣讲新时代深圳精神。成立新时代深圳精神讲师团，寻找合适的专家教授、思政课教师、宣传工作人员、文化学者、研究人员、志愿者等参加新时代深圳精神宣讲活动，扩大宣讲队伍。举办"我是解说员"夏令营活动，通过实地考察、动手动脑等丰富多样的形式让中小学生在体验式活动中感受新时代深圳精神。由高校志愿者组织"深圳精神进课堂"活动，开发思想政治教育活动项目。宣讲团队可以到学校、图书馆、科技馆、书城、市民大讲堂、基层社区、企业等多种地方向更多受众群体传播深圳改革开放的故事和新时代深圳精神。专业宣讲有利于跨越时空传承深圳精神的火种，打造新的深圳志愿者服务品牌。

（三）细化目标受众，深化深圳精神宣传效果

习近平总书记指出，"要适应分众化、差异化传播趋势，加快构建舆论引导新格局"。②深圳精神是中国改革开放精神的重要一脉，是深圳独有的文化品牌。要将这一品牌推广出去，并使其达到一定的宣传效果，必然立足深圳特色，细分受众；再针对不同群体的受众，采用不同媒介手段或平台宣传，将深圳精神以大众喜闻乐见的形式进行传播。

其一，根据受众自然属性的差异，细分目标受众。并非所有群体都能够接受同样的深圳精神教育，但针对不同群体采用不同的传播方式，能够在一定程度上提高传播效果。比如，针对学生群体，要通过思政课程、课程思政等形式进课堂讲。针对老年人，可以用电视剧（片）、戏曲、音乐等形式走进社区（包括家里的电视机）。针对年轻人，可以多采用"两微一端"、微视频、知乎等互联网的形式。深圳被

---

① 庄宇辉、何凡：《何东平：三大优势打造城市文明典范》，2020年8月13日，光明网，2022年6月8日访问（https：//m.gmw.cn/baijia/2020-08/13/34084151.html）。

② 《习近平谈治国理政》第2卷，外文出版社2017年版，第333页。

认为是中国"最互联网的城市"。根据《2020深圳市互联网发展状况研究报告》数据显示，截至2020年12月，深圳市网民规模达到1244万，互联网普及率高达93.2%，比全国平均水平高出22.8个百分点。其中，深圳市手机网民规模达1236万，网民使用手机上网的比例为99.4%。[1] 互联网的广泛普及和应用，使"互联网+"的生活方式在深圳异常活跃。积极推动精神文明创建活动与"互联网+"相结合，让新时代深圳精神融入普通市民的日常生活，展现的是一个城市的精神风貌和文明程度。

其二，根据受众行为属性的差异，实现深圳精神精准化传播。从受众活动行为着手，针对不同受众采用不同的传播方式。比如，针对来深圳旅游的游客和一般市民，可以采用公益广告的传播方式。2020年3月20日傍晚，数十辆铁骑护送47名深圳援鄂医疗队员从深南大道市民中心路段缓缓驶过，市民自发夹道欢迎。这时，市民中心广场水晶塔及CBD楼宇幕墙闪现出返深医疗队队员们的巨幅肖像，大巴车上的队员们激动欢呼，纷纷拿起手机拍照留念。这是深圳礼赞英雄、致敬"最美逆行者"的独特方式，全市数百家户外广告媒体公司主动参与"欢迎英雄回家"全程亮灯宣传活动。3批70多名援鄂医疗队员的脸庞悉数亮相于主干道、商业区、机场、地铁400多块电子大屏幕和5000辆公交车上，成为万众瞩目的"鹏城之星"。[2] 针对经常使用互联网了解信息的受众，可以将新时代深圳精神的传播渗入微博、微信、客户端以及新媒体等渠道发布。

三 坚定理想信念，激励青年勇于担当使命

2022年5月，习近平总书记在庆祝中国共产主义青年团成立100周

---

[1] 《〈2020深圳市互联网发展状况研究报告〉发布》，2021年6月21日，深圳新闻网，2022年6月8日访问（http://www.sznews.com/news/content/mb/2021-06/21/content_24315110.htm）。

[2] 中共深圳市委宣传部、深圳市文明办编写：《文明深圳》，人民日报出版社2020年版，第53页。

年大会上的讲话中指出，"青春孕育无限希望，青年创造美好明天。一个民族只有寄望青春、永葆青春，才能兴旺发达"①。努力成为担当民族复兴大任的时代新人，是新时代中国青年的历史使命。深圳青年在开创精彩人生的过程中，要勇于担当使命，自立自律自强，传承新时代深圳精神，坚定服务深圳城市发展的理想信念，积极融入粤港澳大湾区的改革发展。

（一）坚定理想信念，做勇敢追梦者

历史充分证明，江山就是人民，人民就是江山。作为新时代青年，只有站稳国家立场、人民立场、时代立场，只有与祖国共奋进、与人民齐奋斗、与时代同奋发，才能让自己的青春不迷惘、人生更有意义。天下兴亡，匹夫有责，实现中华民族伟大复兴是每个青年义不容辞的使命和责任。

一百年前，一大批先进青年在"觉醒年代"纷纷觉醒，他们高举马克思主义思想火炬，为中国苦苦探寻民族复兴的前途。16岁的毛泽东写下"孩儿立志出乡关，学不成名誓不还"，13岁的周恩来坚定地回答"为中华之崛起而读书"，救国、富国大业在青年志士的壮志强音中全面开启。

一百年后，新时代的深圳青年生逢盛世，肩负重任，更应始终牢记为中华民族的伟大复兴而奋斗的职责使命。在疫情防控阻击战中，"90后""00后"纷纷挺身而出，选择成为一个又一个"逆行者"，用血肉之躯铸就"钢铁长城"，为夺取战"疫"胜利奉献青春力量。在全面决胜脱贫攻坚战中，一批有志青年毅然放弃大城市的生活，奔赴祖国和人民最需要的地方，将美丽芳华留在了山乡热土。

青年一代要始终胸怀"国之大者"，补足"精神之钙"，追寻"信仰之光"，进一步坚定理想信念，把青春奋斗融入党和人民的伟大事业，做共产主义远大理想和中国特色社会主义共同理想的坚定信仰者、忠实

---

① 习近平：《庆祝中国共产主义青年团成立100周年大会上的讲话》，《人民日报》2022年5月11日第2版。

实践者。将终身学习转化为发展动能，在博采众长中稳重自持，在矢志坚守中自觉成为堪当民族复兴大任的时代新人，让个人的发展与国家的发展、民族的发展同频共振。心中有理想，脚下有力量，为了理想坚持不懈，才能创造无愧于伟大时代的精彩人生。

（二）汲取奋进力量，做勤学善思者

优秀的人往往都是"终身学习者""终身成长者"，把学习作为一种责任、一种精神追求、一种生活方式，养成良好的学习习惯。青年是苦练本领、增长才干的黄金时期。要始终保持对学习如饥似渴的态度，始终保持对工作如切如磋的劲头，始终保持对事业如琢如磨的精神。

21岁的杨倩首次参加奥运会便以出色的成绩摘得两块金牌；

23岁的陈雨菲历经82分钟鏖战赢得胜利，让中国羽毛球队时隔9年重夺奥运会女单金牌；

14岁的全红婵首次参加奥运会，就以"三跳满分"，勇夺跳水女子10米台金牌；

19岁的谷爱凌在2022年北京冬奥会获得两金一银的好成绩，分别是自由式滑雪女子大跳台金牌、女子自由式滑雪坡面障碍技巧银牌、自由式滑雪女子U形场地技巧金牌……

在东京奥运会和北京冬奥会上，一个个年轻小将，以永不言弃的昂扬精神，用高超稳定的竞技水平，拼搏奋斗、为国争光，展示了不懈奋斗的青春风采。实现奥运金牌的一次次突破绝不是轻轻松松敲锣打鼓就能实现的。当然"内功"的练就也不是一朝一夕的事，更不是要要嘴皮子就能练成的。青年人一旦在工作中选择"摸鱼""躺平"，"混"字当头，心思漂浮，未来就可能会陷入"年与时驰，意与日去，遂成枯落"的悔恨中。

未来社会比学历更重要的是学习力，比知识更重要的是创造力。青年一代要有"欲穷千里目"的志向，要把挫折摔打作为一种人生历练，将干事热情作为提升个人能力的"催化剂"，把"本领恐慌"转化成我们抓学习、勤学习、善学习的内生动力。要用奋斗作桨、以梦想为帆，多几次"热锅上蚂蚁"的经历，多几次"辗转反侧"的过程，在干事中锤炼意志、增长才干、丰富阅历，把学习当作贯穿自己一生的事业，成为终身学习者、终身成长者。

（三）赓续精神血脉，做不懈奋斗者

习近平总书记曾说过："没有广大人民特别是一代代青年前赴后继、艰苦卓绝的接续奋斗，就没有中国特色社会主义新时代的今天，更不会有实现中华民族伟大复兴的明天。""今天，我们的生活条件好了，但奋斗精神一点都不能少，中国青年永久奋斗的好传统一点都不能丢。"[1] 对当代青年来说，一方面要树立"天生我材必有用"的自信，把个人职业和人生理想与中华民族伟大复兴中国梦结合起来，发挥自己的长处和优势，让自己的工作卓有成效，通过努力奋斗实现自己的人生价值；另一方面要深刻领会"学以为己"的古训，践行终身学习和终身成长的理念，要认识到读书和学习的目的不是为了向别人夸耀自己掌握了多少知识，更不应该只是为了应付考试，而在于成为更好的自己。

青年一代是国家的希望，民族的希望。无论是革命战争年代战火纷飞的战场，还是和平年代没有硝烟的抗疫战场；无论是祖国的西北边陲，还是洪水滔天的防汛一线。哪里有困难，哪里有危险，哪里就有中国青年冲锋在前、拼搏奋斗的身影。一代代中国青年以铁肩担道义、以生命赴使命，始终坚持"敢教日月换新天"的英雄气概和"千磨万击还坚劲"的斗争品格，书写了青春奋斗的壮美华章。

奋斗是青春最亮丽的底色，青春因奋斗而精彩无限。青年一代要主动接"烫手的山芋"、啃"最硬的骨头"，在矛盾冲突面前不退缩，在危机困难面前不畏惧，做到敢于斗争、善于斗争，迎难而上、攻坚克难，让青春在坚持奋斗、不懈奋斗中绽放最美的花朵。

"自信人生二百年，会当水击三千里。"中华民族伟大复兴的使命要靠一代又一代中国青年的努力奋斗来实现，青年个人人生理想的风帆也

---

[1] 习近平：《论中国共产党历史》，中央文献出版社2021年版，第245页。

要靠努力奋斗来扬起。"请党放心，强国有我!"这是中国青年对党许下的铮铮誓言，更是赓续百年辉煌的时代强音。青年是深圳新一代的建设者和开拓者，更要成为习近平新时代中国特色社会主义思想的信仰者、传承者和践行者。

参考文献

一　著作

《马克思恩格斯文集》，人民出版社 2009 年版。
《马克思恩格斯选集》第 1—4 卷，人民出版社 1995 年版。
《毛泽东选集》第 1—4 卷，人民出版社 1991 年版。
《毛泽东著作选读》，人民出版社 1986 年版。
《朱德选集》，人民出版社 1983 年版。
《邓小平文选》第 2 卷，人民出版社 1994 年版。
《邓小平文选》第 3 卷，人民出版社 1993 年版。
《邓小平与深圳经济特区》，海天出版社 1993 年版。
《邓小平年谱（1975—1997）》上、下，中央文献出版社 2004 年版。
《邓小平与外国首脑及记者会谈录》，台海出版社 2011 年版，
《江泽民文选》第 1—3 卷，人民出版社 2006 年版。
《习近平谈治国理政》，外文出版社 2014 年版。
《习近平谈治国理政》第 2 卷，外文出版社 2017 年版。
《习近平谈治国理政》第 3 卷，外文出版社 2020 年版。
《习近平关于社会主义文化建设论述摘编》，中央文献出版社 2017 年版。
习近平：《决胜全面建成小康社会　夺取新时代中国特色社会主义伟大胜利——在中国共产党第十九次全国代表大会上的报告》，人民出版社 2017 年版。
习近平：《思政课是落实立德树人根本任务的关键课程》，人民出版社 2019 年版。

习近平：《论中国共产党历史》，中央文献出版社 2021 年版。

习近平：《在党史学习教育动员大会上的讲话》，人民出版社 2021 年版。

习近平：《在庆祝中国共产党成立 100 周年大会上的讲话》，人民出版社 2021 年版。

习近平：《高举中国特色社会主义伟大旗帜　为全面建设社会主义现代化国家而团结奋斗——在中国共产党第二十次全国代表大会上的报告》，人民出版社 2022 年版。

《三中全会以来重要文献选编》上，人民出版社 1982 年版。

《十五大以来重要文献选编》中，人民出版社 2001 年版。

《十八大以来重要文献选编》上，中央文献出版社 2014 年版。

《广东区党、团研究史料（1921—1926）》，广东人民出版社 1983 年版。

《东江纵队资料（纪念东江纵队成立四十周年专辑）》，广东省内部刊物 1983 年版。

《东江纵队史》，广东人民出版社 1995 年版。

《东江纵队志》编辑委员会：《东江纵队志》，解放军出版社 2003 年版。

《广东改革开放决策者访谈录》，广东人民出版社 2008 年版。

《怀念习仲勋》，中共党史出版社、中国文史出版社 2005 年版。

《习仲勋主政广东》，中共党史出版社 2007 年版。

《谷牧回忆录》，中央文献出版社 2009 年版。

《李灏深圳工作文集》，中央文献出版社 1999 年版。

《厉有为文集》上、下，海天出版社 2010 年版。

《深圳市宝安区革命老区发展史》，广东人民出版社 2021 年版。

《深圳市大鹏革命老区发展史》，广东人民出版社 2021 年版。

《深圳市福田区革命老区发展史》，广东人民出版社 2021 年版。

《深圳市龙岗区革命老区发展史》，广东人民出版社 2021 年版。

《深圳市龙华区革命老区发展史》，广东人民出版社 2020 年版。

《深圳市罗湖区革命老区发展史》，广东人民出版社 2021 年版。

《深圳市南山区革命老区发展史》，广东人民出版社 2021 年版。

《深圳市坪山区革命老区发展史》，广东人民出版社 2020 年版。

《深圳市盐田区革命老区发展史》，广东人民出版社2021年版。

《深圳文史》第1辑，广东省非营利性出版物1999年版。

《拓荒牛的记忆》，人民出版社2021年版。

白天、李小甘、段亚兵主编：《深圳精神文明建设（群英谱）》，海天出版社1999年版。

白天、李小甘、段亚兵主编：《深圳精神文明建设（文件集）》，海天出版社1999年版。

宝安县地方志编纂委员会编：《宝安县志》，广东人民出版社1997年版。

鲍宗豪：《当代中国文明论：文明与文明城市的理论研究》，东方出版中心2019年版。

鲍宗豪：《华夏城市文明论》，东方出版中心2019年版。

曹赛先、李凤亮主编：《风起南山：文化科技融合创新的深圳之路》，中国社会科学出版社2017年版。

曹天禄主编：《新时代中国经济特区理论与实践》，中国社会科学出版社2020年版。

陈秉安：《大逃港》，广东人民出版社2010年版。

陈家喜、黄卫平等：《深圳经济特区的政治发展（1980—2010）》，商务印书馆2010年版。

陈金龙、蒋积伟主编：《特区精神》，中共党史出版社2019年版。

陈乃刚编著：《岭南文化》，同济大学出版社1990年版。

陈文、谷志军：《奇迹城市——深圳城市治理40年》，上海交通大学出版社2019年版。

陈一民主编：《南北征战录》，广东经济出版社1998年版。

陈寅主编：《外眼看深圳》，深圳报业集团出版社2011年版。

陈永林、郑军编著：《承传与融合：深圳文化创新》，中央编译出版社2017年版。

陈禹山、陈少京：《袁庚之谜》，花城出版社2005年版。

戴北方、林洁主编：《深圳口述史（2002—2012）》上中下，海天出版社2020年版。

戴北方主编：《深圳口述史（1992—2002）》上中下，海天出版社 2017 年版。

段亚兵：《创造中国第一的深圳人》，人民出版社 2010 年版。

段亚兵：《深圳精神文明之路》，海天出版社 2000 年版。

段亚兵：《深圳拓荒人：基建工程兵创业纪实》，人民出版社 2014 年版。

段亚兵主编：《转战南北扎根深圳》，海南出版社 2013 年版。

樊纲、武良成主编：《先进城市建设——深圳的挑战与抉择》，中国经济出版社 2011 年版。

范宏云、金玲主编：《深圳法治建设大事》，海天出版社 2008 年版。

方钦：《观念与制度：探索社会制度运作的内在机制》，商务印书馆 2020 年版。

付莹：《深圳重大改革创新史略（1979—2915）》，社会科学文献出版社 2017 年版。

顾红亮、聂大富：《革命精神世界》，上海人民出版社 2021 年版。

广东妇运史编纂委员会、东江地区东纵编写小组：《东纵女英烈》，内部资料，1987 年版。

广东省政协文史资料研究委员会编：《经济特区的由来》，广东人民出版社 2002 年版。

韩强：《岭南文化概说》，广东人民出版社 2020 年版。

洪远主编：《特区人物志·深圳卷》第 1 卷，广东人民出版社 2009 年版。

胡波：《岭南文化与孙中山（修订版）》，中山大学出版社 2017 年版。

胡野秋：《深圳传：未来的世界之城》，新星出版社 2020 年版。

胡政主编，张后铨编著：《招生局与深圳：一个百年企业与一座年轻城市的交响》，花城出版社 2007 年版。

黄玲主编：《共忆峥嵘岁月：原粤赣湘边纵队深圳市战友回忆录》，海天出版社 2007 年版。

黄玲主编：《黄学增与中国革命学术研讨会论文集》，深圳报业集团出版社 2021 年版。

蒋积伟主编：《改革开放精神》，中共党史出版社 2020 年版。

鞠天相：《争议与启示：袁庚在蛇口纪实》，中国青年出版社1998年版。

李权时、李明华、韩强主编：《岭南文化（修订本）》，广东人民出版社2010年版。

李小甘：《文化的力量》，中国社会科学出版社2020年版。

李小甘主编：《深圳十大文化名片》，人民日报出版社2018年版。

李小甘主编：《深圳文化创新之路》，中国社会科学出版社2018年版。

李永清：《深圳行政变革大事》，海天出版社2008年版。

李咏涛：《大道30：深南大道上的国家记忆》上，深圳报业集团出版社2009年版。

李忠杰：《改革开放关键词：中国改革开放历史通览》，人民出版社2018年版。

厉有为、邵汉青主编：《深圳经济特区的探索之路》，广东人民出版社1995年版。

梁英平、谢春红：《深圳十大观念解读》，中山大学出版社2012年版。

刘开明：《边缘人》，新华出版社2003年版。

刘深：《谁说深圳是小渔村》，深圳报业集团出版社2011年版。

刘小敏：《古今镜像：广东人精神之经纬》，广东人民出版社2005年版。

刘志山主编：《移民文化及其伦理价值》，商务印书馆2010年版。

罗汉平主编：《红船精神》，四川人民出版社2019年版。

马中红主编：《解码深圳：粤港澳大湾区青年创新文化研究》，北京大学出版社2021年版。

南大校友会编：《南方大学校友在深圳》，海天出版社2007年版。

彭冰冰：《红船精神：深刻内涵、精神实质与新时代意义》，人民出版社2021年版。

秋丽云：《海纳百川：广东人的开放精神》，广东人民出版社2005年版。

荣跃明等：《城市精神引领上海创新实践》，上海人民出版社2021年版。

深圳创新发展研究院编著：《改革着：百位深圳改革人物》，中信出版社2019年版。

深圳大学中国文化与传播系主编：《文化与传播》（第三辑），海天出版社 1995 年版。

深圳市档案馆编：《民国时期深圳档案文献演绎》第 1—4 卷，花城出版社 2001 年版。

深圳市地方志编纂委员会编：《深圳市志·政党政权卷》，方志出版社 2009 年版。

深圳市科技创新委员会编：《深圳创业故事》，海天出版社 2019 年版。

深圳市史志办公室编：《李灏深圳特区讲话集》，深圳报业集团出版社 2015 年版。

深圳市史志办公室编：《深圳改革开放实录》第 3 辑，深圳报业集团出版社 2019 年版。

深圳市史志办公室编：《深圳英烈（1900—1950）》，深圳报业集团出版社 2016 年版。

深圳市史志办公室编：《中国共产党深圳历史（1924—1950）》第 1 卷，中共党史出版社 2012 年版。

深圳市史志办公室编：《中国共产党深圳市历次代表大会及全会重要文献选编》，内部发行，2005 年 4 月。

深圳市史志办公室编：《中国经济特区的精神文明建设·深圳卷》，中共党史出版社 2003 年版。

深圳市史志办公室编著：《深圳改革开放纪事（1978—2009）》，海天出版社 2009 年版。

深圳市政协文化文史和学习委员会编：《深圳文史》第 13 辑，海天出版社 2012 年版。

深圳市政协文化文史和学习委员会编：《深圳文史》第 4 辑，海天出版社 2002 年版。

深圳市政协文化文史和学习委员会编：《深圳文史》第 7 辑，海天出版社 2005 年版。

深圳市政协文化文史和学习委员会编：《深圳文史》第 8 辑，海天出版社 2006 年版。

深圳市政协文化文史和学习委员会编：《追梦深圳：深圳口述史精编》

全三册，中国文史出版社 2020 年版。

深圳市政协文化文史和学习委员会、深圳博物馆编：《深圳文史》第 14 辑，海天出版社 2014 年版。

深圳市政协文化文史和学习委员会、深圳市档案馆编：《深圳文史》第 10 辑，海天出版社 2012 年版。

深圳市政协文史和学习委员会编：《一个城市的奇迹》，中国文史出版社 2008 年版。

沈福煦：《城市文化论纲》，上海锦绣文章出版社 2012 年版，

沈杰主编：《深圳观念改革大事》，海天出版社 2008 年版。

舒扬、莫吉武：《现代城市精神与法治》，中国社会科学出版社 2007 年版。

斯培森：《我们深圳四十年》，江苏人民出版社 2018 年版。

苏东斌、钟若愚：《中国经济特区导论》，商务印书馆 2010 年版。

苏东斌、钟若愚主编：《曾经沧海：深圳经济体制创新考察》，广东经济出版社 2004 年版。

陶一桃等：《中国经济特区简史》，学林出版社 2020 年版。

陶一桃主编：《深圳经济特区年谱（1978—2018）》上、下，社会科学文献出版社 2018 年版。

涂俏：《袁庚传奇》，深圳报业集团出版社 2020 年版。

王见敏、赵飞：《深圳市户籍制度改革研究》，中国社会科学出版社 2019 年版。

王京生：《城市文化"十大愿景"》，中国人民大学出版社 2015 年版。

王京生：《观念的力量》，人民出版社 2012 年版。

王京生主编：《深圳十大观念》，深圳报业集团出版社 2011 年版。

王穗明主编：《深圳口述史（1982—1992）》全 2 册，海天出版社 2015 年版。

王卫宾：《深圳掌故》，海天出版社 2013 年版。

王鑫主编：《深圳党的建设大事》，海天出版社 2008 年版。

王喆：《深圳用足用好经济特区立法权实施路径研究》，经济日报出版社

2021年版。

王智主编：《雨花英烈精神》，人民出版社2020年版。

王作尧：《东纵一叶》，广东人民出版社1983年版。

韦森：《文化与秩序：修订增补版》，上海三联书店2020年版。

韦森：《社会秩序的经济分析导论》（第二版），上海三联书店2020年版。

温诗步主编：《深圳文化变革大事》，海天出版社2008年版。

文朝利：《深圳语录》，海天出版社2010年版。

我为伊狂：《深圳，谁抛弃了你》，江苏人民出版社2003年版。

吴俊忠编著：《读懂深圳——四十年四十个观点》，中山大学出版社2020年版。

吴俊忠主编：《深圳文化三十年：民间视野中的深圳文化读本》，商务印书馆2010年版。

吴松营、段亚兵主编：《深圳精神文明建设（论文集）》，海天出版社1996年版。

吴松营、段亚兵主编：《深圳精神文明建设（文件汇编）》，海天出版社1996年版。

吴松营：《深圳的艰难与辉煌》，广东人民出版社2015年版。

吴予敏等著：《城市公共文化研究》，中国社会科学出版社2017年版。

吴予敏主编：《深圳传媒三十年》，商务印书馆2010年版。

吴忠：《城市文化论稿》，海天出版社2019年版。

吴忠、王为理等著：《城市文化论》，海天出版社2014年版。

武力主编：《改革开放40年：历程与经验》，当代中国出版社2020年版。

奚洁人等：《世界城市精神文化论》，学林出版社2010年版。

夏晋祥、陈忠宁主编：《深圳改革与发展的实践研究》，上海财经大学出版社2021年版。

谢言：《东纵人，深圳情》，羊城晚报出版社2014年版。

徐海峰：《马克思的精神观念研究》，中国社会科学出版社2021年版。

薛凤旋：《中国城市文明史》，三联书店（香港）有限公司2020年版。

鄢一龙等著：《大道之行：中国共产党与中国社会主义》，中国人民大学出版社2015年版。

严晓明等编著：《深圳侨务史志》，海天出版社2012年版。

杨宏海：《我与深圳文化：一个人与一座城市的文化史》，花城出版社2011年版。

杨宏海主编：《深圳文化研究》，花城出版社2000年版。

叶风主编：《鹏城人物》第1—3卷，中国文史出版社2014年版。

袁晓江主编：《深圳经济特区40年》，中国社会科学出版社2020年版。

张军、黄永健编著：《城市文化：在流动与积淀中创新演进——以深圳的文化发展为例》，北京大学出版社2021年版。

张黎明：《记忆的刻度：东纵的抗战岁月》，群众出版社2006年版。

张荣臣、蒋成会主编：《力量：中国共产党的伟大精神》，红旗出版社2021年版。

张雄文：《潮卷南海：深圳风雨一百年》，海天出版社2021年版。

张运涛：《四十七个深圳》，郑州大学出版社2021年版。

张政主编：《红船初心："红船精神"的理论与实践》，人民出版社2019年版。

张志松、黄化：《红船精神：史学探源及其教育实践研究》，浙江大学出版社2014年版。

赵剑英：《深圳经验与中国特色社会主义道路》，中国社会科学出版社2020年版。

赵金永、吕延勤主编：《红船精神》，中共党史出版社2017年版。

赵云献、吴松营、李统书主编：《深圳特区党的建设》，人民出版社1993年版。

郑永年：《中国的文明复兴》，东方出版社2018年版。

郑永年：《中国的知识重建》，东方出版社2018年版。

中共广东省委文明办、深圳市委文明办编：《丛飞——践行社会主义荣辱观的杰出典范》，广东人民出版社、深圳报业集团出版社2006年版。

中共广东省委宣传部、中共深圳市委宣传部编：《丛飞——感动中国》，广东人民出版社 2007 年版。

中共深圳市委办公厅、中共深圳市委党史研究室编：《初心使命：深圳红色故事》，深圳报业集团出版社 2020 年版。

中共深圳市委党史文献研究室编：《深圳市革命遗址统览》，广东人民出版社 2021 年版。

中共深圳市委党史研究室、深圳市史志办公室编：《深圳大事记（1978—2020）》，深圳报业集团出版社 2021 年版。

中共深圳市委党史研究室、深圳市史志办公室编著：《深圳改革开放四十年》，中共党史出版社 2018 年版。

中共深圳市委宣传部、深圳市社科院编：《新时代深圳精神》，海天出版社 2020 年版。

中共深圳市委宣传部、深圳市文明办编写：《文明深圳》，人民日报出版社 2020 年版。

中共深圳市委政法委员会编：《深圳法治建设大事记（1979—2017）》，法律出版社 2019 年版。

中国人民政治协商会议广东省深圳市委员会编：《敢闯敢试：改革开放以来深圳创造的全国"率先"》全三册，海天出版社 2018 年版。

中共深圳市委党校、深圳市建设中国特色社会主义先行示范区研究中心：《深圳战役动员力报告》，2020 年 7 月。

钟坚：《大实验：中国经济特区创办始末》，商务印书馆 2010 年版。

周溪舞：《亲历深圳工业经济的崛起》，海天出版社 2006 年版。

朱赤主编：《羊台山、母亲山、英雄山》，羊城晚报出版社 2010 年版。

朱崇山、陈荣光：《深圳市长梁湘》，花城出版社 2011 年版。

庄秋主编：《特区不会忘记·深圳卷》第 1 卷，中国文史出版社 2011 年版。

左功叶、李小春、占冯：《红船精神研究史略》，中国社会科学出版社 2020 年版。

［德］韩炳哲：《精神政治学》，关玉红译，中信出版社 2021 年版。

［德］黑格尔：《历史哲学》，王造时译，上海书店出版社2006年版。

［德］黑格尔：《精神现象学》上、下，贺麟、王玖兴译，商务印书馆2019年版。

［德］黑格尔：《精神哲学》，杨祖陶译，人民出版社2017年版。

［古希腊］亚里士多德：《政治学》，吴寿彭译，商务印书馆1997年版。

［加］贝淡宁、［以］艾维纳：《城市的精神Ⅰ：全球化时代，城市何以安顿我们》（修订本），吴万伟译，重庆出版社2018年版。

［加］贝淡宁、［以］艾维纳主编：《城市的精神Ⅱ：包容与认同》，刘勇军译，重庆出版社2017年版。

［加］简·雅各布斯：《美国大城市的死与生（纪念版）》，金衡山译，译林出版社2008年版。

［加］托马斯·A. 赫顿：《城市与文化经济》，上海社会科学院公共文化服务与文化治理研究创新团队译，上海社会科学院出版社2018年版。

［美］傅高义：《先行一步：改革中的广东》，凌可丰、丁安华译，广东人民出版社2008年版。

［美］傅高义：《邓小平时代》，冯克利译，生活·读书·新知三联书店2013年版。

［美］刘易斯·芒福德：《城市文化》，宋俊岭等译，中国建筑工业出版社2008年版。

［美］刘易斯·芒福德：《城市发展史：起源、演变与前景》，宋俊岭、宋一然译，上海三书店2021年版。

［美］马立安、［美］乔纳森·巴赫、［加］黄韵然主编：《向深圳学习：中国改革开放时期从经济特区到模范城市的试验》，王立弟译，海天出版社2020年版。

［美］斯蒂芬·平克：《人性中的善良天使：暴力为什么会减少?》上下，安雯译，中信出版社2021年版。

［印度］阿玛蒂亚·森：《以自由看待发展》，任赜、于真译，中国人民大学出版社2002年版。

［英］特里·伊格尔顿：《马克思为什么是对的》，李杨等译，重庆出版

社 2020 年版。

二 期刊论文

白积洋:《"有为政府+有效市场":深圳高新技术产业发展 40 年》,《深圳社会科学》2019 年第 5 期。

鲍宗豪:《城市精神文化论》,《学术月刊》2006 年第 1 期。

本刊评论员:《跨越:从"引进来"到"走出去"——纪念深圳经济特区成立 20 周年系列评论之三》,《特区理论与实践》2000 年第 10 期。

本刊评论员:《深圳精神要与时俱进》,《特区理论与实践》2002 年第 4 期。

车孟杰:《深圳特区精神的发展、现实意义及弘扬路径》,《南方论丛》2020 年第 9 期。

陈汉欣:《深圳文化创意产业的新跨越》,《经济地理》2012 年第 3 期。

陈雷刚:《论特区精神的生成逻辑、基本内涵与时代价值》,《红色文化学刊》2020 年第 4 期。

陈磊:《深圳经验与中国道路》,《特区经济》2021 年第 6 期。

龚长宇、王遥、朱然:《城市精神建设:柔型社会治理的重要手段》,《齐齐哈尔大学学报》(哲学社会科学版)2017 年第 5 期。

关山:《东江纵队与盟军情报合作始末》,《纵横》2003 年第 11 期。

广州地区老游击战士联谊会东江纵队分会:《东江纵队在八年抗战中的主要贡献》,《源流》2015 年第 9 期。

黄震:《深圳"滨海客家"定位初探》,《深圳信息职业技术学院学报》2021 年第 6 期。

课题组:《深圳经济特区 40 年探索现代化道路的经验总结》,《特区经济》2020 年第 8 期。

林伟京:《论东江纵队的政治动员》,《党史文苑》2006 年第 16 期。

刘启强、孙进:《全球创新指数 2020 报告:深圳—香港—广州创新集群跃居全球第 2 位》,《广东科技》2021 年第 1 期。

刘文韶:《深圳精神的由来与发展》,《特区理论与实践》2002 年第

6 期。

刘志山：《移民文化与深圳精神》，《特区理论与实践》2002 年第 5 期。

罗清和、张畅：《深圳经济特区四十年"四区叠加"的历史逻辑及经验启示》，《深圳大学学报》（人文社会科学版）2020 年第 2 期。

马卫红：《观念、制度与繁荣：深圳经济特区的发展经验与启示》，《深圳社会科学》2020 年第 5 期。

青山：《应当重视发掘深圳人文历史资源》，《特区理论与实践》1996 年第 5 期。

苏艳丽：《深圳精神要超越金钱和效率》，《特区经济》2021 年第 2 期。

孙惠爱：《深圳崛起》，《经济师》1992 年第 4 期。

孙久文、张翱：《深圳经济特区建立 40 周年的发展经验与启示》，《特区实践与理论》2021 年第 1 期。

孙晓玲：《深圳精神与中国特色社会主义城市自觉》，《特区经济》2020 年第 9 期。

汪建华、刘文斌：《深圳流动人口治理的历史演变与经验》，《文化纵横》2018 年第 2 期。

王连喜：《重铸深圳精神的基本原则与思路》，《特区理论与实践》2002 年第 4 期。

王玉荣：《特区精神：彰显大破大立 追赶世界潮流的责任担当》，《党史文汇》2021 年第 10 期。

王卓民、李国娟、李倩：《论精神内涵及机理》，《运城学院学报》2020 年第 5 期。

魏达志：《深圳 40 年的发展经验与先行示范区的发展趋势》，《特区实践与理论》2020 年第 5 期。

吴启泰、段亚兵：《深圳·两万人的苦痛与尊严》，《特区文学》1986 年第 5 期。

吴松营：《深圳精神文明建设的回顾与展望》，《深圳实践与理论》2020 年第 2 期。

吴新叶、付凯丰：《"人民城市人民建、人民城市为人民"的时代意涵》，

《党政论坛》2020 年第 10 期。

孝纪：《弘扬东纵精神　启迪年轻一代》，《源流》2004 年第 8 期。

肖毅：《试论华南抗日武装——东江纵队的历史功绩》，《红广角》2011 年第 10 期。

徐海峰：《马克思精神整体性思想及其当代启示》，《中共中央党校（国家行政学院）学报》2019 年第 4 期。

杨果：《深圳青年创新文化基因解码：孵化场域、精神传承与内在动力》，《广东青年研究》2021 年第 1 期。

杨汉卿：《论东江纵队在抗日战争时期的历史贡献》，《军事历史研究》2011 年第 3 期。

杨华：《新时期深圳精神之思想探源》，《中共天津市委党校学报》2013 年第 4 期。

杨龙芳：《深圳：一个制度识别的本土化样本》，《中国社会导刊》2005 年第 22 期。

杨龙芳：《试论深圳特区地方立法创新》，载黄卫平、汪永成主编《当代中国研究报告 II》，社会科学文献出版社 2003 年版。

杨增崒、赵月：《深圳特区精神与改革开放精神的逻辑关系》，《特区实践与理论》2021 年第 4 期。

于东：《井冈大道通深圳——论井冈山精神与深圳精神的继承》，《毛泽东思想研究》1993 年第 1 期。

于平：《深圳观念：朝气蓬勃的文化记忆——现阶段文化建设需要传扬"深圳观念"》，《艺术百家》2012 年第 4 期。

袁义才：《深圳经济特区 40 年发展的阶段性特征与经验》，《特区实践与理论》2020 年第 6 期。

张革华、陆钰霜：《深圳精神于"深圳人"教育价值之实现路径》，《广西教育学院学报》2019 年第 5 期。

张江明：《也谈东江纵队的特点》，《广东党史》2006 年第 1 期。

张守连、肖建杰：《"红船精神"研究述评》，《思想理论教育导刊》2019 年第 4 期。

张树剑、谷志军、黄卫平：《深圳经济特区 40 年：实践经验及理论贡献》，《深圳社会科学》2020 年第 5 期。

张文娟、冯颜利：《改革开放精神的发生逻辑与时代特质》，《人民论坛》2021 年第 12 期。

张一鸣：《深圳精神的生成逻辑与时代价值》，《特区经济》2021 年第 1 期。

张一鸣：《深圳特区移民文化资源融入高校思政课教学研究》，《广东交通职业技术学院学报》2021 年第 4 期。

张正：《东江纵队在反法西斯战争中的地位和作用》，《华南师范大学学报》（社会科学版）1985 年第 3 期。

赵朝峰：《从井冈山精神到特区精神》，《中国党政干部论坛》2021 年第 6 期。

郑群：《东江纵队的特点及其精神》，《广东党史》2005 年第 4 期。

朱小丹：《在纪念东江纵队成立七十周年大会上的致辞》，《红广角》2013 年第 12 期。

邹强、黄业：《东江纵队》，《军事历史》1984 年第 2 期。

三　报纸文章

《2021 年农民工监测调查报告》，《中国信息报》2022 年 5 月 6 日第 2 版。

《发扬"三牛"精神，奋斗开创新局》，《新华每日电讯》2021 年 1 月 2 日第 1 版。

《中共深圳市委关于制定深圳市国民经济和社会发展第十四个五年规划和二〇三五年远景目标的建议》，《深圳特区报》2020 年 12 月 31 日第 A1 版。

《中共中央　国务院关于支持深圳建设中国特色社会主义先行示范区的意见》，《人民日报》2019 年 8 月 19 日第 1 版。

《中央城市工作会议在北京举行　习近平李克强作重要讲话》，《人民日报》2015 年 12 月 23 日第 1 版。

参考文献

包力：《深圳学位建设驶入"快车道"》，《深圳商报》2022年4月21日第A2版。

常昊：《激扬"深圳精神"》，《天津日报》2010年8月24日第3版。

戴晓蓉、李宇：《深圳"绿色公交"模式将在189个国家推广》，《深圳特区报》2021年11月16日第A5版。

党文婷、严圣禾：《深圳全力保障随迁子女接受优质义务教育》，《光明日报》2021年11月17日第15版。

杜翔翔：《深圳文化产业从业者超百万》，《深圳商报》2022年1月19日第A3版。

段功伟、王进江、邓红辉、王巍：《深圳"特"在"改革、创新、开放"》，《南方日报》2007年5月17日第A5版。

傅江平：《春天在这里永驻——深圳传承东纵精神　弘扬特区精神　奋力创新发展》，《中国质量报》2021年7月9日第1版。

盖龙云：《东江纵队：广东人民解放的一面旗帜》，《战士报》2014年4月29日第4版。

韩文嘉：《"新时代深圳精神"发布　叩响时代强音》，《深圳特区报》2020年10月12日第A1版。

韩文嘉：《深圳：一座城的"幸福账单"》，《深圳特区报》2021年10月12日第A2版。

胡谋：《三十而立，再塑深圳精神》，《人民日报》2010年8月7日第1版。

滑翔：《珍藏城市的记忆——"深圳改革开放十大历史性建筑"评选纪实》，《深圳特区报》2005年10月30日第A16版。

靳晓燕等：《"闯""创""干"一个不能少——特区精神述评》，《光明日报》2021年8月31日第5版。

课题组：《弘扬"新时代深圳精神"建设先行示范区》，《学习时报》2021年1月15日第8版。

李成刚、张孔娟：《刘波：深圳开放的两次思想解放》，《中国经济时报》2014年12月24日第9版。

李舒瑜：《外来工入户深圳试行"积分制"》，《深圳特区报》2010 年 9 月 2 日第 A4 版。

梁湘：《建设经济特区的决策是完全正确的》，《人民日报》1984 年 3 月 29 日。

毛剑锋：《传承伟大建党精神 弘扬新时代深圳精神》，《深圳特区报》2021 年 9 月 7 日第 B1 版。

欧阳洁、林丽鹂、罗珊珊：《发扬特区精神 深化改革开放》，《人民日报》2021 年 8 月 30 日第 6 版。

綦伟：《深圳先行示范区建设两周年大事记》，《深圳特区报》2021 年 8 月 18 日第 A3 版。

綦伟：《向道德模范学习——王伟中会见第八届全国道德模范张莹莹》，《深圳特区报》2021 年 11 月 19 日第 A1 版。

孙飞：《春天的故事，不朽的传奇：特区精神述评》，《新华每日电讯》2021 年 8 月 31 日第 5 版。

陶一桃：《深圳经验印证中国道路历史必然性》，《中国社会科学报》2013 年 11 月 8 日第 A6 版。

汪洋：《坚持社会主义市场经济的改革方向 加快转型升级建设幸福广东》，《南方日报》2012 年 5 月 16 日第 A01 版。

王海荣：《到 2035 年深圳建成全球创新创业创意之都》，《深圳商报》2021 年 2 月 26 日第 A3 版。

王荣：《立足"文化立市" 推进"文化强市"》，《中国文化报》2012 年 3 月 8 日第 12 版。

尉承栋：《发扬特区精神 将改革开放继续推向前进》，《中国纪检监察报》2021 年 9 月 5 日第 1 版。

魏达志：《重铸深圳精神 创造让世界刮目相看的新的更大奇迹》，《深圳特区报》2020 年 11 月 10 日第 B1 版。

吴德群：《创新发展的特区样本》，《深圳特区报》2015 年 5 月 14 日第 A1 版。

吴凡：《扎根深圳缘于"包容开放"——中国平安集团董事长兼首席执

行官马明哲谈"深圳最有影响力十大观念"》,《深圳特区报》2010 年 12 月 18 日第 A3 版。

吴忠:《论加强城市人文精神建设》,《深圳特区报》2007 年 1 月 9 日第 A7 版。

武彩霞:《深圳:六个"90%"背后的逆向创新》,《新华每日电讯》2010 年 8 月 28 日第 3 版。

习近平:《弘扬"红船精神" 走在时代前列》,《光明日报》2005 年 6 月 21 日。

习近平:《弘扬"红船精神" 走在时代前列》,《人民日报》2017 年 12 月 1 日第 2 版。

习近平:《在哲学社会科学工作座谈会上的讲话》,《人民日报》2016 年 5 月 19 日第 2 版。

习近平:《在深圳经济特区建立 40 周年的讲话》,《人民日报》2020 年 10 月 15 日第 2 版。

习近平:《庆祝中国共产主义青年团成立 100 周年大会上的讲话》,《人民日报》2022 年 5 月 11 日第 2 版。

徐松兰:《用民间话语表述深圳精神》,《深圳商报》2010 年 11 月 10 日第 A4 版。

杨春南、徐江善、郭嘉玮:《特区精神》,《新华每日电讯》2000 年 11 月 15 日第 2 版。

叶晓滨:《"东纵精神"是特区发展不竭动力》,《深圳特区报》2006 年 6 月 30 日第 A1 版。

艺衡:《打造中华大地上的城市文明典范》,《深圳特区报》2021 年 12 月 10 日第 A12 版。

易运文:《客家文化如何保护?》,《光明日报》2013 年 12 月 17 日第 5 版。

尤波:《发扬东纵精神续写春天故事》,《深圳特区报》2021 年 6 月 1 日第 B4 版。

袁晓江:《经济特区的深圳模式与深圳经验》,《深圳特区报》2020 年 6

月 23 日第 B1 版。

张志勇:《解读温家宝"路线图"》,《中华工商时报》2003 年 10 月 9 日。

赵继东、雷群昆:《传承东江纵队精神 更好履行职责使命》,《南方日报》2016 年 12 月 3 日第 F2 版。

郑群:《纪念东江纵队成立七十周年》,《南方日报》2013 年 12 月 14 日第 4 版。

钟素兰:《东江纵队少年五英雄》,《中国档案报》2014 年 10 月 17 日第 2 版。

后　　记

《深圳精神研究》一书是深圳市哲学社会科学规划2021年度重点课题《从"红船精神"到"深圳精神"研究"》（SZ2021A002）的最终研究成果。改革开放40多年来，深圳经济特区始终坚持"两手抓，两手都要硬"，在物质文明建设和精神文明建设两方面都取得了令世人瞩目的伟大成就，形成了内涵丰富、独具特色的"深圳精神"，演绎了精彩动人的"春天的故事"。我们全面梳理了不同历史时期"红船精神""东纵精神""拓荒牛精神""特区精神""深圳精神""深圳十大观念""新时代深圳精神"等在深圳的精彩实践，并将研究成果撰写成符合要求的书稿。课题组成员深感责任重大，并为之付出了艰苦的努力。

2021年8月，课题获准立项后，课题组及时明确分工，由深圳开放大学刘剑副教授牵头，与黄震、周济两位老师一起探讨，共同设计课题整体研究思路。各位课题组成员不怕困难，敢打硬仗，加班加点，认真负责，保证了写作任务的顺利完成。全书由刘剑负责设计整体研究思路，组织统筹课题组写作并负责完成第二章第二、三节、第三和第六章；黄震老师负责参与设计整体研究思路、主讲课题开题报告并完成第一章；马克思主义学院周济副院长全力支持课题研究和写作；曾昭腾老师参与完成第二章第一节，黄芬丽和汪炜两位老师分别完成第四和第五章。全书最后由刘剑负责统稿。

在课题研究和书稿撰写过程中，我们得到了学校领导、同事和师友们的关心、支持和帮助，在此一并致谢。感谢深圳开放大学钟志红书记校长、熊坤副校长、唐伟志副校长、黄化平委员对本课题研究的鼎力支持；感谢科研与发展规划处叶庆良处长和全体老师的热心帮助；感谢马克思主义学院负责人和各位老师对本课题的大力支持；感谢深圳大学杨龙芳教授的鼓励督促和时常提醒；感谢中山大学郭巍青教授、肖滨教授，华南理工大学黄岩教授，华南师范大学阮思余副教授以及东莞理工学院夏志有副教授对课题初稿提出的宝贵意见和修改建议；感谢中国社会科学出版社编辑喻苗老师为本书出版所做的大量工作。

  由于我们水平所限，书中难免有缺陷和不足，欢迎有识之士指正。我的电子邮箱是：1160988268@qq.com。

  我们的研究暂告一段落，但深圳精神在建设中国特色社会主义先行示范区的伟大实践中继续得到丰富，深圳的经济社会仍然继续向前发展，会有许多新问题需要我们去观察思考和深入研究。我们会继续努力，为传承和弘扬"深圳精神"贡献自己的力量。

刘　剑

2022 年 3 月 28 日完稿

2023 年 3 月 15 日修改